国家社科基金青年项目：环境损害司法鉴定意见可采性问题研究（批准号：17CFX038）

天大法学文库　　孙佑海　主编

HUANJING SUNHAI
SIFA JIANDING FAXUE

环境损害
司法鉴定法学

田亦尧 / 主编

法律出版社
LAW PRESS · CHINA
北京

图书在版编目(CIP)数据

环境损害司法鉴定法学 / 田亦尧主编. -- 北京 : 法律出版社, 2023
(天大法学文库 / 孙佑海主编)
ISBN 978 -7 -5197 -8043 -2

Ⅰ. ①环… Ⅱ. ①田… Ⅲ. ①环境污染–司法鉴定–法学–研究 Ⅳ. ①D912.604

中国国家版本馆 CIP 数据核字(2023)第 113941 号

天大法学文库	环境损害司法鉴定法学 HUANJING SUNHAI SIFA JIANDING FAXUE	田亦尧　主编	策划编辑 似　玉 责任编辑 似　玉 装帧设计 鲍龙卉

出版发行 法律出版社
编辑统筹 法律应用出版分社
责任校对 朱海波
责任印制 刘晓伟
经　　销 新华书店

开本 710 毫米 × 1000 毫米　1/16
印张 17.25　**字数** 255 千
版本 2023 年 6 月第 1 版
印次 2023 年 6 月第 1 次印刷
印刷 北京虎彩文化传播有限公司

地址:北京市丰台区莲花池西里 7 号(100073)
网址:www.lawpress.com.cn
投稿邮箱:info@lawpress.com.cn
举报盗版邮箱:jbwq@lawpress.com.cn

销售电话:010 - 83938349
客服电话:010 - 83938350
咨询电话:010 - 63939796

书号:ISBN 978 -7 -5197 -8043 -2　**定价**:78.00 元
凡购买本社图书,如有印装错误,我社负责退换。电话:010 - 83938349

本书编辑委员会

主　编　田亦尧

副主编　赵　燊　王常阳　朱金锦

撰稿人（按姓氏拼音排序）

迟　璐　田亦尧　王常阳　吴　蔚

武润良　张亚池　赵　燊　朱金锦

总　　序

作为中国第一所现代化大学,天津大学已经走过了一百二十余载的风雨历程,其前身北洋大学是中国教育史乃至整个近现代史的一座伟大丰碑。如今,当人们谈起这座位于渤海之滨的学术殿堂时,首先想到的或许是其工科特色。的确,天津大学的建筑学、精密仪器学等学科远近闻名。然而,天津大学不仅有严谨、担当的工科,还有深厚的法科底蕴。在北洋大学创办之初,法科(律例学门)就位列各学科之首,开创了中国现代高等法学教育的先河。作为中国的第一所现代化大学,天津大学颁发出我国第一张大学文凭不足为奇,巧合的是,第一张大学文凭的获得者恰恰是法科学生——王宠惠。这不仅是天大法学人的骄傲,更是值得中国法学界铭记的历史。

北洋法学有着辉煌的历史,曾培养出张太雷、王宠惠、徐谟、王正廷等杰出校友。张太雷同志是杰出的无产阶级革命家,著名的政治活动家、宣传家,是中国共产党和人民军队早期重要领导人之一,为中国革命作出卓越贡献。王宠惠先生曾将德文版《德国民法典》译成英文作为英美法系国家的法学教材,并赢得法学界的广泛赞誉,他还代表中国参加《开罗宣言》的起草,代表中国参加《联合国宪章》的签署,为维护我国国家利益进行不懈斗争。徐谟先生学贯中西,国际法功底深厚,担任国际法院大法官。王正廷先生是著名的国际法学家,为废除不平等条约作出了重要贡献,还积极推动了奥林匹克运动在中国的发展,被誉为"中国奥运之父"。

由于种种原因,天津大学的法科教育一度中断,直到 1994 年设立经济法专业,1997 年成立法学系。2015 年是天大法学发展的重要时刻,在党和国家领导人与学校的大力支持下,天津大学正式复建法学院。自法学院复建以来,在全体教师共同努力和社会各界的支持下,天津大学法学院在教书育人、高水平论文、科研项目、国际化、新法科建设等方面都取得了重要突破。2019 年,在社会各界的大力支持下,天津大学获批法学一级学科博士学位授予权,这既是对天津大学法学的肯定,也是对我们的鞭策。

"天大法学文库"旨在继承和发扬前辈艰苦奋斗、勇于创新的精神,鼓励和促进天津大学法学院教师探索学术前沿、勇攀科学高峰,展示天大法学人的研究成果,加强与学界同人的交流与合作,为中国的法治事业略尽绵薄之力。

孙佑海

2019 年 12 月

编写说明

《环境损害司法鉴定法学》的编写是基于国家社科基金青年项目《环境损害司法鉴定可采性问题研究》(17CFX038)研究形成的最新研究成果。自2016年“环境损害司法鉴定”作为第四类司法鉴定被纳入统一登记管理后,环境科学、司法鉴定学、法学等多个学科围绕这一主题进行了大量的研究。目前与该领域相关的教学内容分别需要从“环境法学”“民事证据法”“司法鉴定学”“环境损害评估技术”等领域的教材中选取部分相关内容进行摘取,且指导思想、体例、内容皆不统一。在环境损害司法鉴定法学领域,无论是学术研究,还是教学工作,都迫切需要一本专门的教材。

《环境损害司法鉴定法学》是为了面向高等学校法学专业本硕博学生学习环境法学的需要而编写的教材。环境损害司法鉴定是指在环境诉讼过程中聘请具有专门知识的鉴定人对于案件中的专门性问题作出科学判断的活动。本书力图全面、深入地向学生讲授环境损害司法鉴定的有关理论和司法实践问题。本书以法学专业为本体,介绍环境自然科学相关的原理,吸收先进的社会科学方法和自然科学实验经验,使学生广泛涉猎相关的专业知识,了解并掌握环境司法鉴定的管理、技术与法律制度的基础理论,了解环境损害鉴定的技术方法,能够掌握和运用环境损害鉴定在司法应用方面的基础知识。

《环境损害司法鉴定法学》主要有以下几点特色:一是顺应时代,坚持政治引领知识体系建设。党的二十大报告指出,要“推动绿色发展,促进人与自然和谐共生”。以习近平生态文明思想和习近平法治思想为指导,研究和普及环境损害司法鉴定法学的知识体系,体现了鲜明的时代要求和实践关怀。环境损害司法鉴定法学研究和实践应用,是生态环境治理现代化和环境司法现代化的重要组成部分。二是立足本位,突出法学专业性。本书立足于环境损害司法鉴定的功能定位,以司法审判为中心,服务审判工作。本书的编写工作立足于法学专业,围绕科学与法律关系、环境损害的法律表达、司法鉴定的功能旨趣、司法行政制度、司法采纳制度等一系列法律理论与实践问题。三是横向交叉,突出学科融合性。本书的适用对象既包括法学专业中对环境法学特别是环境诉讼法学有兴趣的学生,也包括环境科学、环境工程等专业中对法学知识有基本需求的学生,本书以法学相关知识为主,以环境损害鉴定所需之科学技术和科学标准介绍为辅,轻重有别、“法工兼顾”。四是纵向兼蓄,突出内容层次性。本书可供本硕博不同阶段的学生按照需求选用学习,特别能够满足我国各

“双一流”高校正在普遍开展的本硕博贯通课程的教学改革需要。本书既有基础知识的陈列，收纳了大量环境司法实践中的典型案例，也针对相关领域的前沿问题进行引导式介绍，既能够夯实专业基础知识，也能够培养学生问题意识和发散性思维。五是领域创新，突出学科前瞻性。环境损害司法鉴定是环境法学研究和环境司法实践中产生的全新领域，理论新、体例新、方法新、视角新、内容新、案例新。六是重视实践，突出可应用性。本书并非学术型专著，而是对相关知识全面介绍的教学用书。本书充分结合最新的司法鉴定科学技术，如光谱分析、核磁、纳米粒度分析，红外、原子吸收、比表面分析、ICP-MS 等可用于环境损害鉴定的先进技术手段，可供教师有针对性地选择实践性教学。同时本书通过收集近 6 年的司法裁判案例，向学生介绍最新司法实践经验，有助于指导和促进对学生的教学与司法实践相结合。

本书包括七个章节。

第一章“环境损害司法鉴定概述”包括环境损害司法鉴定的基本概念、特点和功能、分类、基本原则及制度体系。

第二章“我国环境损害司法鉴定的发展”包括我国环境损害司法鉴定的制度发展和我国环境损害司法鉴定的理论发展两部分内容。

第三章“环境损害司法鉴定的主体”包括民事诉讼程序中的环境损害司法鉴定主体、刑事诉讼程序中的环境损害司法鉴定主体、行政诉讼程序中的环境损害司法鉴定主体三部分内容。

第四章“环境损害司法鉴定的对象”包括环境损害司法鉴定的对象概述、环境污染类案件中环境损害司法鉴定的对象、生态保护类案件中环境损害司法鉴定的对象和资源开发利用类案件中环境损害司法鉴定的对象四部分内容。

第五章“环境损害司法鉴定行政管理”包括环境损害司法鉴定行政管理概述、环境损害司法鉴定行政管理的相关主体、环境损害司法鉴定行政管理的制度体系和环境损害司法鉴定行政管理的改革路向四部分内容。

第六章“环境损害司法鉴定意见的司法证据制度”包括环境损害司法鉴定意见的司法证据制度概述、环境损害司法鉴定意见的证据资格审查制度、环境损害司法鉴定意见证明强度的审查制度、环境损害司法鉴定意见鉴定程序的审查制度四部分内容。

第七章“环境损害司法鉴定的技术规范”包括环境损害司法鉴定的流程规范、水质及污水环境损害鉴定评估相关国家标准、土壤环境损害鉴定评估相关国家标准、大气环境损害鉴定评估相关国家标准、噪声环境损害鉴定评估相关国家标准五部分内容。

本书由田亦尧负责统稿，赵燊、王常阳协助统稿，全书各章节具体编写分工如下：

第一章　田亦尧

第二章　田亦尧　迟　璐　朱金锦

第三章　王常阳

第四章　王常阳　赵　燊

第五章　吴　蔚　朱金锦

第六章　田亦尧　赵　燊　王常阳

第七章　张亚池　武润良

本书如有疏漏之处,敬请读者批评指正。

本书所涉规范性文件简称一览表

文件名称	本书使用的简称
《中华人民共和国民法典》	《民法典》
《中华人民共和国民事诉讼法》(2021 年)	《民事诉讼法》
《中华人民共和国刑事诉讼法》(2018 年)	《刑事诉讼法》
《中华人民共和国刑法》(2020 年)	《刑法》
《中华人民共和国行政诉讼法》(2017 年)	《行政诉讼法》
《中华人民共和国行政许可法》(2019 年)	《行政许可法》
《中华人民共和国人民检察院组织法》(2018 年)	《人民检察院组织法》
《中华人民共和国监察法》(2018 年)	《监察法》
《中华人民共和国环境保护法》(2014 年)	《环境保护法》
《最高人民法院关于适用〈中华人民共和国民事诉讼法〉的解释》(法释〔2015〕5 号)	《民事诉讼法解释》(2015 年)
《最高人民法院关于适用〈中华人民共和国民事诉讼法〉的解释》(法释〔2022〕11 号)	《民事诉讼法解释》(2022 年)
《最高人民法院关于民事诉讼证据的若干规定》(法释〔2019〕19 号)	《民事证据规定》(2019 年)
《最高人民法院关于民事诉讼证据的若干规定》(法释〔2001〕33 号)	《民事证据规定》(2001 年)
《最高人民法院关于审理环境侵权责任纠纷案件适用法律若干问题的解释》(法释〔2020〕17 号)	《环境侵权责任纠纷解释》
《最高人民法院关于审理环境民事公益诉讼案件适用法律若干问题的解释》(法释〔2020〕20 号)	《环境民事公益诉讼解释》

续表

文件名称	本书使用的简称
《最高人民法院、最高人民检察院关于检察公益诉讼案件适用法律若干问题的解释》(法释〔2020〕20号)	《检察公益诉讼解释》
《最高人民法院关于审理生态环境损害赔偿案件的若干规定(试行)》(法释〔2020〕17号)	《生态环境损害赔偿案件规定》
《最高人民法院关于适用〈中华人民共和国刑事诉讼法〉的解释》(法释〔2012〕21号)	《刑事诉讼法解释》(2012年)
《最高人民法院关于适用〈中华人民共和国刑事诉讼法〉的解释》(法释〔2021〕1号)	《刑事诉讼法解释》(2021年)
《最高人民法院、最高人民检察院关于办理环境污染刑事案件适用法律若干问题的解释》(法释〔2016〕29号)	《环境污染刑事案件解释》
《最高人民法院关于适用〈中华人民共和国行政诉讼法〉的解释》(法释〔2018〕1号)	《行政诉讼法解释》
《最高人民法院关于行政诉讼证据若干问题的规定》(法释〔2002〕21号)	《行政诉讼证据规定》

目　　录

第一章　环境损害司法鉴定概论

第一节　环境损害司法鉴定的基本概念

环境损害司法鉴定作为诉讼过程中最重要的证据之一，能够通过专门性知识解决损害数额认定、责任主体确定、修复生态依据制定等法律问题，研究如何建构符合我国现实需求的环境损害司法鉴定行政管理和司法审查制度具有重大理论价值和现实意义。因此，本书将从发展历史、法律关系、行政管理制度、技术规范等方面对环境损害司法鉴定进行系统阐述和深入分析，以期对环境损害司法鉴定制度发展有所裨益。

一、环境损害的概念

研究环境损害司法鉴定，首先需要廓清环境损害的概念。在法理上，环境损害应当包括生态破坏，且生态破坏也一般被认定为环境公共利益的损害。在规范语境下，《民法典》及相关司法解释承认了环境损害的范畴起码应当包括环境污染和生态破坏两个方面。

（一）环境损害概念的法理表达

环境法学对“环境损害”这一概念的理解经历了由狭隘模糊到内涵丰富的变化过程。回顾环境法的发展历程，勃兴初期的环境法以治理工业发展带来的环境污染为目的，因此当时人们对环境损害的认识大多局限在今天所论的“环境破坏”范畴内。由于当时环境科学和环境法学的发展尚不健全，生态系统中不同环境要素间的密切联系没有被充分揭示，环境损害概念的内涵和外延界定并不明确。后来，随着环境法治建设的持续深入，对“环境损害”概念界定不清的局限性逐渐显现，学者们遂开始重新审视这一基本环境法概念，生态损害被认为应纳入环境损害的范畴中。目前，国外学者的论述主要有以下内容。

环境损害最初以“生态损害”（ecological damage）的概念出现，由德帕克斯提出，其目的在于区别传统环境侵权行为致人之损害和因该侵权行为而伴随的人之外的纯粹环境损害事实。在德国，关于环境损害的研究始于20世纪80年代，1990年《联邦德国环境影响评价法》颁布后，环境的生态功能进一步明确。列宾捷尔教授从立法中“环境影响”的概念出发，主张民事侵权中的自然环境应当包括物权法和环境法两个层面的含义，对环境之损害应当为“对水、土壤、空气、气候、植物和动物以及它们之间的相互关系的侵害”。该观点将环境损害中环境的概念明确为环境要素以及生态关系,同时强调了自然物之双重属性,将德国法系非财产损害的范围扩充到生态领域,从而为生态损害民事赔偿提供了私法上的可能性。①

我国学者同样认同这一观点,且进一步指出生态破坏属于对环境公共利益的损害。例如,吕忠梅教授认为,“生态破坏的对象是生态环境及其生态服务功能”,《民法典》在环境侵权原因行为上确立了环境污染和生态破坏的双重认定,“在救济对象上从单一的私益转向私益与公益的双重保护”。② 孙佑海教授认为,回顾《民法典》的立法过程,立法者在制定侵权责任编第七章“环境污染和生态破坏责任”内容时,主要目的是将生态环境损害赔偿责任纳入其中。生态环境损害赔偿责任“在一定程度上扩大民事法律的调整范围,将环境侵害责任的损害后果要件从‘对人的损害’增至‘对人的损害和对生态环境的损害’,进而严格生态环境保护制度”。③ 徐以祥教授认为,“生态环境损害是有特定含义的狭义概念,指向的是生态环境本身这一环境公共权益的损害,并不是广义的与人身、财产损害相并列的生态环境权益损害”。④

综上所述,学理上环境损害的内涵应当包括组成环境的各要素和以环境要素为基础的生态关系,环境之损害后果则包括了环境污染和生态功能减损。此外,若按照当代环境法环境、生态、资源“一体三面”的理论,更可将环境损害的范畴由环境污染、生态破坏进一步扩张至资源不当开发导致的环境权益减损,未来环境损害概念的内涵还有进一步拓展的空间。

(二)环境损害概念的规范表达

由《民法典》第1229~1235条、《环境侵权责任纠纷解释》以及有关环境标准,可以归纳出我国实在法规范语境下的环境损害概念。此处需要解释的是,环境标准的法源地位存在争议,考虑到鉴定人在进行鉴定评估时必须依据有关环境标准,环境标准有实际上的强制约束力,本书采用常纪文教授的观点,认同环境标准的法律地位是“环境法律法规授权国家有关部门和省级政府统一制定的独立于环境法律法规和规章的具有法律效力的环境保护技术要求和检验方法”⑤,并据此将其作为规范视角下环境损害概念的分析依据。

---

① 参见[日]岡田幸代:《ドイツ環境法における生態損害賠償について》,载《早稲田法学会誌》2005年第55卷。转引自鄢斌、吕忠梅:《论环境诉讼中的环境损害请求权》,载《法律适用》2016年第2期。

② 吕忠梅:《公益诉讼守护长江生物多样性——王小朋等59人非法捕捞、贩卖、收购鳗鱼苗案》,载《法律适用》2022年第3期。

③ 孙佑海、张净雪:《生态环境损害惩罚性赔偿的证成与适用》,载《中国政法大学学报》2022年第1期。

④ 徐以祥:《〈民法典〉中生态环境损害责任的规范解释》,载《法学评论》2021年第2期。

⑤ 常纪文:《环境标准的法律属性和作用机制》,载《环境保护》2010年第9期。

综观我国的环境法律体系,并没有法律直接对环境损害的概念加以确定。不过,《民法典》第1229条关于环境污染和生态破坏责任的规定从立法上拓展了环境侵权原因行为样态①,将"污染环境、破坏生态造成他人损害的"规定为环境侵权,以及认为环境损害和生态破坏均属于民事法教义学语境下的环境侵权原因行为。比较原《侵权责任法》(已废止)第八章,旧法并未在法律条文中直接写明环境侵权原因行为的二元性,仅将污染环境行为规定为环境侵权的原因行为。《民法典》侵权责任编的修改是对学理上环境破坏行为内涵体系的权威化表达②,受到了理论和实务界的赞誉。由此,在《民法典》语境下,结果意义上的环境损害也包括环境污染与生态破坏两种,不应仅将之等同于环境破坏。

除了从法律层面进行环境损害概念的间接推演,也可以从环境标准中找到对环境损害的直接定义。原环境保护部《环境损害鉴定评估推荐方法(第Ⅱ版)》第4.1条规定,环境损害是指"因污染环境或破坏生态行为导致人体健康、财产价值或生态环境及其生态系统服务的可观察的或可测量的不利改变"。此条文从技术规范的角度表述了环境损害的概念。该标准制定于2014年,足见早在《民法典》施行7年前,环境科学界就已达成环境损害应当包括环境污染和生态破坏两个方面的共识,且进一步将损害类型化界分为人体健康损害、财产损害和生态系统服务功能的损害。

二、司法鉴定的概念

(一)司法鉴定概念的法理表达

司法鉴定在我国从概念翻译演变为法律定义,其理论研究也渐从微观的部门工作探讨延伸到宏观层面国家法制建设的设计。从苏联专家楚贡诺夫为北京政法大学编写的《司法鉴定讲义》(1956年)开始,国内诸多学者从刑事诉讼法学、民事诉讼法学视角对司法鉴定进行了分析和解释。郑钟璇指出,司法鉴定是"为刑事侦查和司法审判服务,是法制建设中必不可少的科学助手"③。金光正(1985年)认为,司法鉴定是"公安司法机关的一种法定的侦查措施和调查手段,鉴定结论是法定的诉讼证据之一"④。黎镇中、肖允中(1987年)认为,司法鉴定是"一种特殊的诉讼活动,是在诉讼过程中根据侦查和审判机关的决定,由具有专门知识的人或专门机构对案件中某些专门性的问题所进行的检验和判断"⑤。张玉镶(1990年)对"同一鉴定"问题进行分析,指出"必须给作为鉴定中一种的同一鉴定正名",并以法律规定为依据,将

① 参见吕忠梅、张宝:《环境问题的侵权法应对及其限度——以〈侵权责任法〉第65条为视角》,载《中南民族大学学报(人文社会科学版)》2011年第2期。

② 参见竺效:《论环境侵权原因行为的立法拓展》,载《中国法学》2015年第2期。

③ 郑钟璇:《应用现代科学技术加强司法鉴定工作》,载《法学》1984年第11期。

④ 金光正:《必须加强司法鉴定工作》,载《政法论坛》1985年第4期。

⑤ 黎镇中、肖允中:《改革我国司法鉴定制度刍议》,载《现代法学》1987年第1期。

"同一鉴定"这一概念作如下表述:"侦查部门指派、聘请有专门知识的人运用专门技术手段鉴别和确定犯罪造型体在发生质变前的相对稳定阶段,在总的方面、在特性方面是否仍然是它自己本身的活动。"①王传道(1997 年)对我国司法鉴定体制的改革与完善予以分析,指出应当制定鉴定方面的法律法规,将鉴定的性质、任务、机构、鉴定人资格与职责、鉴定程序和技术标准等以法律的形式固定下来,使鉴定逐步走向法制化、规范化。②

其后跟随中央加快司法鉴定立法的脚步,一批学术研究涌现,其多从现有体制存在的弊端进行分析,以国外相关制度作为参照,动用现有的理论资源对司法鉴定制度的改革进行解释,在一定程度上弥补了理论研究的不足。例如,刘之雄、唐金波(1999 年)从现代诉讼立法的价值追求出发,对我国司法鉴定的管理体制、机构设置、鉴定级别制度、鉴定主体的资格确认、鉴定决定权和委托权的行使以及司法鉴定结论的法庭质证等提出了系统化的立法构想。③

姜志刚(1999 年)从加强立法、建立规范的司法鉴定体制等方面出发对我国司法鉴定的完善提出构想。④ 孙业群(1999 年)指出应当"明确鉴定人的权利与义务""建立鉴定人的法律责任制度"⑤。吴军(1999 年)指出需要"设立取得执业资格的面向社会服务的司法鉴定人"⑥。张永泉(2000 年)认为民事诉讼中"应当把鉴定人的性质定位于既作为法官辅助人员又作为证据方法,二者并重"⑦。何效红(2000 年)在对彼时司法鉴定体制弊端分析的基础上提出,应当建立"统一的管理体制、统一的司法鉴定体系、统一的鉴定人管理制度"以重塑司法鉴定体制。⑧ 霍宪丹(2001 年)对司法鉴定的概念予以明晰,并分析了司法鉴定科学性和法律性的统一关系,论证了司法鉴定的准司法性、中立性和客观性的本质属性,对司法鉴定结论的特殊功能、司法鉴定的分类标准以及面向社会服务司法鉴定的含义予以阐述。⑨ 汪建成(2001 年)对鉴定的提出、鉴定人的选任等方面进行分析,指出了上述事项中存在的问题及解决方式。⑩ 也有部分学者针对司法鉴定中的重点问题进行了专门性研究。例如,章礼

---

① 张玉镶:《刑事侦查中同一鉴定的几个问题》,载《中外法学》1990 年第 5 期。

② 参见王传道:《论我国司法鉴定体制的改革与完善》,载《法学论坛》1997 年第 2 期。

③ 参见刘之雄、唐金波:《我国司法鉴定制度改革与立法完善之构想》,载《中国法学》1999 年第 5 期。

④ 参见姜志刚:《对司法鉴定现状的思考》,载《湖南省政法管理干部学院学报》1999 年第 2 期。

⑤ 孙业群:《构筑我国司法鉴定新体制》,载《现代法学》1999 年第 6 期。

⑥ 吴军:《如何使司法鉴定工作面向社会服务社会》,载《当代司法》1999 年第 11 期。

⑦ 张永泉:《论民事鉴定制度》,载《法学研究》2000 年第 5 期。

⑧ 参见何效红:《现行司法鉴定体制之弊端与重塑》,载《中国司法》2000 年第 7 期。

⑨ 参见霍宪丹:《司法鉴定概念试析》,载《中国司法鉴定》2001 年第 3 期。

⑩ 参见汪建成、孙远:《刑事鉴定结论研究》,载《中国刑事法杂志》2001 年第 2 期。

明(2006年)着眼鉴定申请权与决定权配置的梳理①,郭华(2007年)就《司法鉴定程序通则》适用予以分析②,季美君(2008年)就澳大利亚专家证据可采性规则进行归纳总结③,张军(2008年)就司法鉴定启动程序、司法鉴定权威性、鉴定人执业制度、执业监管制度的完善作了重点论述④。王敏远(2010年)指出,"从诉讼法的角度来看,司法鉴定只是一种证据,同样要经受质证等程序才能认可",故应当准确定位"国家级资质的司法鉴定机构"⑤。

2009年至2010年学界出版了大量有关司法鉴定的专著,如霍宪丹《司法鉴定通论》(2009年)、《司法鉴定学》(2010年),杜志淳《司法鉴定概论》(2010年)。法理上的司法鉴定概念至此有了基本共识:司法鉴定是指在诉讼活动中鉴定人运用科学技术或者专门知识对诉讼涉及的专门性问题进行鉴别和判断并提供鉴定意见的活动。

(二)司法鉴定概念的规范表达

我国的立法对司法鉴定概念的认知经历了不同阶段。⑥"司法鉴定"最早出自最高人民法院、最高人民检察院、公安部、原卫生部1989年出台的《精神疾病司法鉴定暂行规定》,将司法鉴定界定为:"司法鉴定是鉴定人运用专门性问题进行检验、鉴别和判断并提供鉴定结论的活动。"2005年正式出台的全国人民代表大会常务委员会《关于司法鉴定管理问题的决定》对司法鉴定的定义是"司法鉴定是指在诉讼活动中鉴定人运用科学技术或者专门知识对诉讼涉及的专门性问题进行鉴别和判断并提供鉴定意见的活动"。《司法鉴定程序通则》同样采用了全国人民代表大会常务委员会《关于司法鉴定管理问题的决定》对司法鉴定的定义。在鉴定之前冠以司法,表明的是司法鉴定是在司法过程中开展的,这样定义只是分类学上的定义,并非说明该鉴定是由司法机关作出或者带有司法属性。

根据全国人民代表大会常务委员会《关于司法鉴定管理问题的决定》和《司法鉴定程序通则》中对司法鉴定的定义说明,判断司法鉴定的标准是鉴定是否针对诉讼中涉及的专门性问题,即以鉴定能否为诉讼活动提供支持为标准,而非以纳入统一登记管理作为判断标准。

---

① 参见章礼明:《鉴定申请权与决定权配置的重构》,载《中国司法鉴定》2006年第3期。

② 参见郭华:《论〈司法鉴定程序通则〉的变化与适用思路》,载《中国司法》2007年第11期。

③ 参见季美君:《澳大利亚专家证据可采性规则研究》,载《证据科学》2008年第2期。

④ 参见张军:《我国司法鉴定制度的改革与完善》,载《中国司法鉴定》2008年第2期。

⑤ 王敏远:《关于进一步深化司法鉴定管理体制改革的若干意见》,载《中国司法鉴定》2010年第6期。

⑥ 参见郭华:《鉴定结论论》,中国人民公安大学出版社2007年版,第18~20页。

三、环境损害司法鉴定的概念

明确环境损害和司法鉴定的概念之后，还应对环境损害司法鉴定的概念和内容进行明确。一方面，审视当前规范性文件中环境损害司法鉴定的定义，在环境损害司法鉴定纳入统一管理之前，环境损害司法鉴定有着不同的表述，如在原环境保护部《关于开展环境污染损害鉴定评估工作的若干意见》中使用了"环境污染损害鉴定评估"并给出了定义："环境污染损害鉴定评估是综合运用经济、法律、技术等手段，对环境污染导致的损害范围、程度等进行合理鉴定、测算，出具鉴定意见和评估报告，为环境管理、环境司法等提供服务的活动。"司法部、生态环境部《环境损害司法鉴定执业分类规定》和司法部与原环境保护部发布的《关于规范环境损害司法鉴定管理工作的通知》均将环境损害司法鉴定界定为"在诉讼活动中鉴定人运用环境科学的技术或者专门知识，采用监测、检测、现场勘察、实验模拟或者综合分析等技术方法，对环境污染或者生态破坏诉讼涉及的专门性问题进行鉴别和判断并提供鉴定意见的活动"。

另一方面，审视当前学理上关于环境损害司法鉴定的定义，可以发现其整体上与政策文本的定义相似。有的学者提出，环境损害司法鉴定是"鉴定主体运用环境保护专业知识，采用环境科学技术，对环境侵权私益诉讼、环境公益诉讼、环境刑事诉讼等环境司法中的特定事项进行描述、界定与分析的行为"①。也有学者提出，环境损害司法鉴定是"在涉及到环境损害的诉讼活动中，鉴定人运用与环境信息收集以及测量相关的技术或者与之匹配的知识，采用实地勘探、监测、长效实时预警等技术方法，对环境污染或者生态破坏诉讼中所涉及到的专门性问题进行信息的重新收集，已有信息的鉴别和判断将提供具有建设意义的鉴定意见的活动"。② 亦有学者对具体鉴定行为予以简化："环境损害司法鉴定是司法鉴定活动的一种，是在有关环境损害的诉讼活动中对诉讼涉及的专门性问题进行鉴别和判断并提供鉴定意见的活动。"③

综上，结合司法部和原环境保护部对环境损害司法鉴定的定义，本书认为环境损害司法鉴定是鉴定主体在诉讼中对环境领域的专门性问题，使用专业知识与技术出具鉴定意见的活动。

---

① 侯艳芳：《环境损害司法鉴定的现实与理想》，载《山东社会科学》2017 年第 10 期。

② 蒋亚娟、肖歌予：《环境损害司法鉴定制度研究》，载《中国司法鉴定》2021 年第 3 期。

③ 郎建、张卫东等：《浅谈环境损害司法鉴定》，载《中国司法鉴定》第 2016 年第 2 期。

第二节　环境损害司法鉴定的特点和功能

一、环境损害司法鉴定的特点

环境损害司法鉴定作为专门解决环境类问题的司法鉴定，具有科学性、中立性、即时性、复杂性等特点。

（一）科学性

科学性是环境损害司法鉴定最基本的特征①，是指环境损害司法鉴定需要运用生态环境科学和工程技术等专门知识在司法活动中解决专门性问题。作为证明环境案件待证事实的关键性证据，环境损害司法鉴定需要用科学方法尽量还原案件真实。具言之，在运用专门性问题查明争议事实的过程中，鉴定人需要运用专业技术和技能，准确地定性污染物尤其是污染环境的行为，科学判断环境损害行为与损害后果间的因果关系和损害程度、损害范围、损失数额等，为处置环境污染纠纷和惩治环境犯罪提供关键性技术支撑。② 环境损害司法鉴定的科学性要求鉴定人员和鉴定机构有专业的环境科学知识背景，要求据以得出鉴定意见的科学方法和科技设备符合环境科学界确定的科学标准，要求得出鉴定意见的实验过程符合透明、可溯源的实验室流程规范。

（二）中立性

中立性是指环境损害司法鉴定的立场应当中立，中立性要求鉴定人忠于科学，在出具鉴定意见时不受科学之外的因素影响。鉴定意见之所以能够获得当事人的信任和认可，是因为作为科学专家的鉴定人完全站在科学的立场上对案件事实进行还原，试图从科学的第三方视角提供不能直接为自然人感知的环境要素变化信息。但上述运作机制生效的前提是，鉴定人确实中立于产生争议的双方当事人，且不受到司法、行政力量干预。实际上，一旦鉴定受到外部力量干预，鉴定意见的公信力就会急剧下降。为此，中立性应当被作为环境损害司法鉴定的基本要求，鉴定人和鉴定机构在进行鉴定活动时务必不偏不倚，忠实于科学和事实，作出客观公正的鉴定意见。与此关联，出于环境损害司法鉴定中立性特征的要求，目前我国鉴定机构已完成“脱钩”，取消了直接隶属司法机关和行政机关的“红顶中介”管理模式，鉴定人员也不直接介入

---

① 参见金自宁：《作为科学证据的环境损害鉴定评估——基于环境司法案例的考察》，载《法学评论》2021 年第 5 期。

② 参见孙佑海：《环境损害司法鉴定：如何依法有序发展？》，载《环境保护》2016 年第 24 期。

侦查、起诉、审判活动,实施鉴定只对案件中的专门性问题负责。[①]

(三)即时性

即时性是指环境损害司法鉴定在收集鉴定材料时应当保证效率,应当于生态环境损害发生后最短时间内完成鉴定材料的收集。鉴于生态系统有较强的自愈功能,发生生态污染和环境破坏后,被损害的环境要素会在自然循环过程中逐渐恢复或扩散稀释。例如,在一起大气工业污染导致果园减产案件中,大气污染源一旦停止排污,风力会在数日之内将污染空气驱散,受到损害的果树也会在数年生长后恢复产量。因此,环境损害专门性问题的解决依赖于在第一时间进行采样和检测,一旦错过取样的最佳时机,就可能发生污染物性质变化,导致环境损害司法鉴定的难度大大增加,在极端情况下还可能导致不能查清因果关系和责任主体,进而引起因事实不清产生的诉讼僵局。

(四)复杂性

复杂性是指相较于其他三类鉴定,环境损害司法鉴定的对象具有宏观性和复杂性,一般表现为宏观的生态系统,或在生态系统中不断运动的某种环境要素。需要鉴定的污染物种类繁多,污染的成因、方式、途径千变万化,被污染的客体涉及大气、河流、海洋、土地、林地、农作物等,污染结果和污染物之间的因果关系有强有弱,对环境损害导致的损失进行货币化评估错综复杂,解决这些问题所需的专业技术具有复杂性和多学科性。[②] 在进行科学研判时,需要考虑特定环境要素损害导致的生态功能整体损失,相关指标多,鉴定难度大。例如,在"绿孔雀案"中,想要证明戛洒江一级水电站淹没区对绿孔雀栖息地及热带雨林整体生态系统存在重大风险,需要考虑当地的地形、水文、生物种群、水电站运作影响等自然地理和人文地理变量,想要得出可靠的科学意见需要极为扎实的科学知识基础。

二、环境损害司法鉴定的功能

环境损害司法鉴定意见作为诉讼中的重要证据,在实体法律关系中能起到证明构成要件、查明案件情况的作用;在诉讼程序中则能够起到实现程序正义和提升效率的作用。

(一)证明案件事实

环境损害司法鉴定意见是复杂环境诉讼中不可或缺的证据材料,成为构成诉讼证据链条的关键环节。鉴定意见对于事实认定起着决定性作用[③],往往能够直接证

---

① 参见裴小梅:《司法鉴定的"中立性"特质》,载《中国司法鉴定》2008 年第 2 期。

② 参见王元凤等:《我国环境损害司法鉴定的现状与展望》,载《中国司法鉴定》2017 年第 4 期。

③ 参见吕忠梅、张忠民、熊晓青:《中国环境司法现状调查——以千份环境裁判文书为样本》,载《法学》2011 年第 4 期。

明要件事实。

在司法实践中，对于涉及环境科学领域专业性知识的案例，诉讼论证链条中污染行为的认定、因果关系的认定、损害后果和环境修复费用的认定、修复方案的选取，都需要环境损害司法鉴定给予解答、论证和确认。① 例如，在广东省环境保护基金会与焦某水污染责任纠纷案[（2016）粤 01 民初 51 号]中，确认有违法性排污行为、认定所造成环境损害、判断排污行为与环境损害后果的因果关系以及被污染水体是否可以恢复，计算无法恢复所需要的环境修复费用，均需要环境损害司法鉴定发挥作用。可以说，环境类案件中任何疑难科学问题都需要环境损害司法鉴定的支持。

（二）提供赔偿依据

环境类案件中，环境损害赔偿数额的确定是一个疑难问题，而环境损害司法鉴定是确定赔偿数额的重要依据。由于生态环境损害的价值减损具有广泛复杂性，不仅包括有形的直接使用价值减损，还包括大量的无形价值②，此类损失往往难以通过市场价格等关联数额进行推算，必须依赖专业人士进行鉴定评估。

除通过诉讼解决环境争议外，环境类案件中也常见通过调解、磋商等多元化纠纷解决方式结案的情况。在这些案件中，环境损害司法鉴定同样发挥着提供赔偿依据的作用。例如，由于生态环境损害赔偿诉讼采取磋商前置的程序设计③，且环境案件容易对企业形象产生负面影响，大企业在面对环境公益诉讼或者生态环境损害赔偿诉讼时往往倾向于以调解或磋商的方式结案。④ 调解和磋商结案的案件不经历法庭调查程序，赔偿数额的确定反而更加依赖环境损害司法鉴定的支持，甚至在很多案件中，司法鉴定确定的数额与调解协议或磋商达成的生态环境损害赔偿协议中的数额完全一致。

（三）保障程序正义

美国著名法官弗兰克曾说，司法不仅在实质上必须公正，在外观上的公正也是需要的。司法鉴定既涉及对案件专门性问题进行判断的实体性规则，也涉及如何运用专门知识对这种专门性问题进行判断的程序性规则。⑤

---

① 参见李义松、霍玉静、刘铮：《环境公益诉讼专门性问题解决机制的实证分析》，载《环境保护》2017 年第 24 期。

② 参见程玉：《论生态环境损害的可保性问题——兼评〈环境污染强制责任保险管理办法（征求意见稿）〉》，载《保险研究》2018 年第 5 期。

③ 根据《生态环境损害赔偿案件规定》第 5 条，“与被告进行磋商但未达成一致或者因客观原因无法与被告进行磋商的说明”是提起生态环境损害赔偿诉讼的必备材料。

④ 例如，中国生物多样性保护与绿色发展基金会与大众汽车（中国）销售有限公司大气污染责任纠纷公益诉讼一案，大众汽车作为被告选择二审当庭调解结案，以捐赠 1480 万元成立慈善信托承担其生态修复责任。参见天津市高级人民法院（2020）津民终 909 号。

⑤ 参见霍宪丹主编：《司法鉴定学》，中国政法大学出版社 2016 年版，第 12 页。

一方面，环境损害司法鉴定的运作过程体现平等原则和辩论主义，诉讼中双方有平等的机会申请鉴定，并在司法鉴定的质证活动中享有对等的发言权。在大陆法系国家的司法鉴定审查环节，虽然法官具有引导控辩双方的程序控制权，但是其中一个重点是维持诉讼双方之间的平衡，尽量避免力量失衡现象的出现。在英美法系国家，当事人均有权邀请专家证人出庭，采用多元的方式对科学问题进行分析解释，在交叉质证中充分展示己方观点。

另一方面，环境损害司法鉴定体现了诉讼的效率追求。相较于其他判断案件事实的证据方法，环境损害司法鉴定在效率上具有明显的优势，司法鉴定在判断同类问题上的可重复性和便捷性，使得司法鉴定具备较小的投入产出比，可以保证以较小的成本和相对较短的时间获得有关案件事实客观公正的意见。①

第三节　环境损害司法鉴定的分类

环境损害司法鉴定的合理分类既是司法鉴定规范化建设的基础，也是规范司法鉴定管理工作的前提条件。在对环境损害司法鉴定进行类型化界分时，可以依据鉴定事项的不同进行划分。根据环境损害司法鉴定的鉴定事项不同划分类别的意义在于，每一种类的环境损害司法鉴定对相应环境损害司法鉴定机构和人员的要求不同，此种分类是实现我国环境损害司法鉴定人员准入与资质管理的重要前提。根据《环境损害司法鉴定机构登记评审细则》中的附件二《环境损害司法鉴定机构和人员专业能力要求》的规定，不同的环境损害司法鉴定事项对应不同的人员专业要求与专业能力要求，只有符合上述要求，才有机会从事相应种类的环境损害司法鉴定活动。

司法部、生态环境部印发的《环境损害司法鉴定执业分类规定》明确了环境损害司法鉴定七大类鉴定事项，对更加清晰准确地界定环境损害司法鉴定机构和鉴定人执业类别和范围，方便环境损害司法鉴定委托，切实提高环境损害司法鉴定管理工作的针对性、规范性和科学性具有重要意义。《环境损害司法鉴定执业分类规定》明确了七大类鉴定事项，每类鉴定事项下又可细分各类别。

（一）污染物性质鉴定

污染物性质鉴定可以细分为 8 种类型。第一类是固体废物鉴定，包括通过溯源及固体废物鉴别标准判断待鉴定物质是否属于固体废物。第二类是危险废物鉴定，包括：依据《危险废物鉴别标准　通则》中规定的程序，判断固体废物是否属于列入

① 参见汪建成：《司法鉴定基础理论研究》，载《法学家》2009 年第 4 期。

《国家危险废物名录》的危险废物，以及鉴别固体废物是否具有危险特性；确定危险废物的合法、科学、合理的处置方式，制订处置方案建议，按照处理成本、收费标准等评估处置费用等。第三类到第八类分别是：有毒物质（不包括危险废物）鉴定，放射性废物鉴定，含传染病病原体的废物（不包括医疗废物）鉴定，污染物筛查及理化性质鉴定，有毒物质、放射性废物致植物损害鉴定以及有毒物质、放射性废物致动物损害鉴定。①

污染物性质鉴定主要是根据相关标准进行危险废物鉴定和环境污染物类别、性质和毒性毒理鉴定的能力，定性和定量分析污染物浓度，预测污染物理化性质、环境行为和毒性特征。

（二）地表水与沉积物环境损害鉴定

根据生态环境部发布的《生态环境损害鉴定评估技术指南　环境要素　第2部分：地表水和沉积物》（GB/T 39792.2－2020），地表水是指存在于陆地表面各种形态的水体，主要包括各种河流（包括运河、渠道）、湖泊和水库，根据地表水管理现状，还包括淡水河口。沉积物则是指可以由地表水体携带并最终沉着在水体底部，形成底泥状的任何物质。其通常是黏土、泥沙、有机质及各种矿物的混合物，经过长时间物理、化学、生物等作用及水体传输而沉积于水体底部形成。地表水与沉积物环境损害鉴定即为，因污染环境或破坏生态导致的涉及地表水和沉积物的生态环境损害鉴定评估。

地表水与沉积物环境损害鉴定包括4种类型：污染环境行为致地表水与沉积物环境损害鉴定、污染环境行为致水生态系统损害鉴定、地表水和沉积物污染致植物损害鉴定与地表水和沉积物污染致动物损害鉴定。② 我国地表水生态环境污染与破坏形势较为严峻，近年来涉及地表水的环境污染与生态破坏事件急剧增多，包括环境排污、非法捕捞、非法采砂、违规工程建设、侵占围垦、物种入侵等，这些事件导致地表水生态环境及生态系统服务功能遭受不同程度的损害。通过地表水与沉积物环境损害鉴定，可以确定生态环境基线、分析生物多样性损害因果关系、量化生态系统服务功能损害。③

（三）空气污染环境损害鉴定

空气污染环境损害鉴定是指因环境污染造成的环境空气损害，以及由于空气污染导致的生物资源和生态系统服务的损害，对相应损害进行环境空气中特征污染物

---

① 参见《环境损害司法鉴定执业分类规定》第4～11条。

② 参见《环境损害司法鉴定执业分类规定》第12～15条。

③ 参见郭培培等：《我国地表水与沉积物生态环境损害鉴定评估技术方法研究》，载《环境保护》2021年第14期。

监测、污染源强计算、污染物扩散转化模拟、暴露反应关系量化分析、损害确定和量化、因果关系分析、健康风险评估的鉴定。①

空气污染环境损害鉴定包括5种类型：污染环境行为致环境空气损害鉴定、环境空气污染致植物损害鉴定、环境空气污染致动物损害鉴定、室内空气污染损害鉴定以及室内空气污染致人体健康损害鉴定。②

（四）土壤与地下水环境损害鉴定

近年来，我国工业化进程和城市化进程迅速推进，因此带来的环境问题也不容忽视，非法倾倒危险废物导致的土壤与地下水污染问题、历史遗留工业场地的土壤与地下水污染问题、工业排污和污水灌溉导致的农田土壤污染问题均十分突出。由于土壤介质中的污染物易于向地下水迁移，同时地下水中的污染物也可能通过挥发和地下水水位变化等原因污染土壤，土壤与地下水生态环境损害的鉴定评估不可分割。因此将其作为环境损害司法鉴定的一个种类。③

土壤与地下水环境损害鉴定包括7种类型：污染环境行为致土壤环境损害鉴定、污染环境行为致地下水环境损害鉴定、污染环境行为致土壤生态系统损害鉴定、土壤污染致植物损害鉴定、地下水污染致植物损害鉴定、土壤污染致动物损害鉴定和地下水污染致动物损害鉴定。④ 土壤和地下水环境损害是目前废弃物、废水倾倒场地、历史遗留工业场地、矿区常见的环境损害类型，也是目前环境损害鉴定评估方法和标准体系研究的重点。⑤

（五）近岸海洋与海岸带环境损害鉴定

近岸海洋与海岸带环境损害鉴定是指因环境污染或生态破坏造成的海洋水质、海洋生物、沉积物等环境资源、海岸带与海洋生物资源以及海岸带与海洋生态系统服务损害的鉴定。需要进行近海海洋与海岸带水环境质量及生态系统人类活动识别、污染物识别、污染物迁移转化模拟、因果关系分析、生态风险评估、损害确定和量化、恢复方案设计及费用计算、恢复效果评估等鉴定活动。⑥

近岸海洋与海岸带环境损害鉴定包括4种类型：污染环境行为致近岸海洋与海岸带环境损害鉴定、污染环境行为致近岸海洋与海岸带生态系统损害鉴定、近岸海洋

---

① 参见《环境损害司法鉴定机构和人员专业能力要求》第三部分。

② 参见《环境损害司法鉴定执业分类规定》第16～20条。

③ 参见於方等：《〈生态环境损害鉴定评估技术指南 土壤与地下水〉解读》，载《环境保护》2019年第5期。

④ 参见《环境损害司法鉴定执业分类规定》第21～27条。

⑤ 参见赵丹等：《土壤地下水环境损害因果关系判定方法及应用》，载《环境科学研究》2016年第7期。

⑥ 参见《环境损害司法鉴定机构和人员专业能力要求》第五部分。

与海岸带环境污染致海洋植物损害鉴定、近岸海洋与海岸带环境污染致海洋动物损害鉴定。①

（六）生态系统环境损害鉴定

随着人口的快速增长和经济社会的快速发展，生态系统损害事件频发，导致不同生态系统的结构和功能受到不同程度的影响与破坏。据统计，我国生态环境损害赔偿事件以每年25%的比例上升，业界对于生态环境损害的鉴定评估以及赔偿价值量化的鉴定更加重视。② 生态系统环境损害鉴定是指因环境污染或生态破坏造成的植物、动物等生物资源与森林、草原、湿地、耕地等生态系统服务损害的鉴定。

生态系统环境损害鉴定包含13种类型：生态破坏行为致植物损害鉴定，生态破坏行为致动物损害鉴定，生态破坏行为致微生物损害鉴定，生态破坏行为致森林生态系统损害鉴定，生态破坏行为致草原生态系统损害鉴定，生态破坏行为致湿地生态系统损害鉴定，生态破坏行为致荒漠生态系统损害鉴定，生态破坏行为致海洋生态系统损害鉴定，生态破坏行为致河流、湖泊生态系统损害鉴定，生态破坏行为致冻原生态系统损害鉴定，生态破坏行为致农田生态系统损害鉴定，生态破坏行为致城市生态系统损害鉴定，以及矿产资源开采行为致矿山地质环境破坏、土地损毁及生态功能损害鉴定。③

（七）其他环境损害鉴定

司法部、生态环境部发布的《环境损害司法鉴定执业分类规定》将噪声损害鉴定、振动损害鉴定、光损害鉴定、热损害鉴定、电磁辐射损害鉴定、电离辐射损害鉴定纳入其他环境损害鉴定的范畴。不同于上述其他6种环境损害司法鉴定，“其他环境损害鉴定”中造成损害的污染源特殊性体现为物理污染。其中，噪声污染是日常生活中最为常见的，指在工业生产、建筑、交通和社会生活中所产生的，影响周围生活环境的声音。环境噪声污染是指排放的环境噪声超过国家规定的环境噪声标准，妨碍人们的工作、学习、生活和其他正常活动的现象。④ 其他类型的物理性污染也会不同程度地影响人们的正常生活，需要通过损害鉴定确认损害的发生、查明因果关系以及

---

① 参见《环境损害司法鉴定执业分类规定》第28～31条。

② 参见李爽等：《草原生态系统损害鉴定评估体系及管理建议》，载《生态学报》2022年第1期。

③ 参见《环境损害司法鉴定执业分类规定》第32～44条。

④ 需要特殊说明的是，根据最高人民法院于2015年发布的典型环境侵权案例“沈某俊诉机械工业第　设计研究院噪声污染责任纠纷案”，最高人民法院认为，噪声污染侵权的归责原则与一般环境侵权不同，适用过错责任原则，而非无过错原则。判断侵权行为人主观上是否存在过错的主要依据即对噪声污染是否超出声环境质量标准进行的鉴定，因此噪声损害鉴定相较于其他类鉴定在司法审判中起到了更加重要的作用。参见刘卫先：《环境噪声污染侵权归责原则再议》，载《中国地质大学学报（社会科学版）》2021年第3期；安徽省蚌埠市禹会区人民法院民事判决书，（2015）禹环民初字第00001号；安徽省蚌埠市中级人民法院民事判决书，（2015）蚌民一终字第00679号。

对损害进行量化。

第四节　环境损害司法鉴定的基本原则

环境损害司法鉴定的基本原则是鉴定主体开展司法鉴定活动的行为准则，是制定环境损害司法鉴定实施程序、技术标准等规范性文件的法律依据与理论依据，是环境损害司法鉴定管理要实现的基本目标。[①] 本书认为，根据环境损害司法鉴定原则实现价值的不同，可以将环境损害司法鉴定基本原则分为科学类原则与法律类原则。科学类原则旨在从技术层面保障司法鉴定手段的合理性、鉴定意见的科学性；法律类原则旨在从法律和管理层面实现环境损害司法鉴定更好服务事实查明和司法裁判的需要。

一、科学类原则

环境损害司法鉴定的本质特征就是科学性，鉴定意见编制过程是运用科学手段对争议事实进行科学认识的过程[②]，因此环境损害司法鉴定活动应遵循科学类原则。具言之，科学类原则是指环境损害司法鉴定意见编制活动必须合乎有关的科学要求，包括实验样本收集的科学性要求、科学原理的可靠性要求和鉴定过程的可溯源性要求。

（一）样本科学原则

样本科学原则，是指环境损害司法鉴定所依据的鉴定材料必须通过科学的采样方法进行收集，以期保证依据鉴定材料开展的环境科学实验能够正确还原案发现场真实情况。从文本内容来看，鉴定意见是对科学实验过程和结果的记录，实验本身的科学性决定了鉴定意见的科学性。开展科学实验的前提之一，是获得真实可靠的鉴定材料，如果鉴定材料被调换、污染，或者取样方法不具科学性，实验结果就难以保证真实反映环境损害的成因、范围、程度，鉴定意见真实性存疑。为此，在环境损害鉴定活动中，需要重视检验样本的采样科学性、样本充分性、样本真实性，以保证鉴定材料的样本科学性。

首先，采样科学性要求收集样品的过程和方法具有科学性。环境类案件中，受污染环境的空间范围较大，不同监测点的检测结果存在较大差异。例如，在家居用品引发的室内环境污染侵权案件中，导致人身损害的环境要素常常是家具散发的甲醛等

---

① 参见霍宪丹主编：《司法鉴定学》，中国政法大学出版社 2016 年版，第 48 页。

② 参见樊崇义：《司法鉴定制度改革应遵守的原则》，载《中国司法鉴定》2003 年第 4 期。

致癌物质,室内空间点位距离污染物(家具)和门窗通风口的水平和垂直距离都将极大地影响该点位的甲醛含量。对此,要按照科学的选点方法,将监测点位平均分布在室内空间之中,选点方法一般规定于环境标准当中,需要鉴定人严格遵守。

其次,样本充分性要求鉴定人在收集鉴定材料时收集多份材料以备实验所需,原因如下:一是单一鉴定材料难以反映环境损害的全貌,得出的结果相对片面,可能产生科学误差;二是一份鉴定材料可能无法完成实验,如果鉴定材料耗尽但实验尚未得出结论,则鉴定只能被迫终止①;三是鉴定材料可能因储存不当、编码混乱等人工管理因素发生污染、混淆、丢失等情况,准备多份鉴定材料可以规避管理风险。样本数据充分是进行因果关系分析的基础,样本数据充分才可能进行科学的分析,减少片面性和偏差,推导出越发接近真实情况的结论。②

最后,样本真实性要求收集到的实验样本真实地取自受到污染或生态破坏的现场空间,真实反映环境问题的现实表征。环境污染和生态破坏造成的影响会随着时间流逝变弱,许多案件又往往在环境损害结果实害化后方才诉诸法院,时间距离案发时较远,因此许多环境案件的现场取证工作只能当场由当事人完成,甚至部分极端情况下无法取证。例如,在某起农业损害案件中,暴雨导致储存高浓度工业溶液的容器满溢,流至周边稻田。在此情况下,暴雨导致的突发性环境问题会在雨停后快速消退,如果待数周后禾苗枯死后果显现方才进行鉴定材料提取,则直接引发农业损失的污染水样无从采集,此时进行现场取样难以反映暴雨当天的溶液外泄情况。对此,除非经过技术溯源和质证,不能随意接受一方当事人提供的环境问题发生时自行收集的鉴定材料,因为此类鉴定材料无法保障真实性,可能导致鉴定意见失真。

(二)原理科学原则

原理科学原则,是指环境损害司法鉴定所依据的鉴定技术必须符合环境科学原理。环境损害司法鉴定的科学性依赖于科学原理的可靠性,进行环境损害司法鉴定活动时,需要保证运用的环境科学技术方法和科学原理相对真实且能与时俱进。一方面,科学原理需要具有相对真实性。科学技术的创新需要经过大量的实验摸索,许多技术在研发初期存在一定技术风险。鉴定意见作为具备法律效力的证据,在接纳新技术时应当保持开放但审慎的态度,即在采纳新技术时要求技术已经相对成熟,理论研究已经公开发表、得到同行认可并已付诸实践。③ 另一方面,在科学技术迅猛发展的今天,鉴定的技术手段必须吸收最新的科研成果才能保持先进性,做到科学、准

---

① 参见《司法鉴定程序通则》第29条第1款第2项。

② 参见刘鑫、方玉叶:《我国环境损害司法鉴定模式的问题与对策》,载《中国司法鉴定》2016年第2期。

③ 参见杜志淳、宋远升:《司法鉴定证据制度的中国模式》,法律出版社2013年版,第7页。

确、真实。[①] 特别是环境损害司法鉴定以环境问题为研究对象，地球科学、生态学和人体健康等相关理论领域正处于高速发展时期，环境损害司法鉴定的技术标准需要不断接受这些科学学科的新理念、新方法，保证鉴定意见的可靠性和公信力。

目前，我国保障环境损害司法鉴定原理科学性的主要方法是制定环境标准，鉴定人在鉴定过程中需要按照环境标准规定的特定数种技术方法进行环境科学实验。[②] 在国家环境标准制定过程中，国家有关单位会组织环境科学界和环境法学界的专家学者对环境损害司法鉴定的技术规范进行论证研讨，以期为环境类鉴定提供权威可靠的技术支持。需要指出的是，环境标准确定的检验方法并不具备排除其他技术方法适用的可能，如果在诉讼中当事人及专家辅助人基于与环境标准不同的技术方案陈述辩论意见，法官应当根据此种技术方法的同行评价、论文发表、实践应用情况等因素综合考虑技术可靠性，进而确定专家意见的证明价值。

（三）程序科学原则

程序科学原则，是指环境损害司法鉴定的鉴定意见编制过程应当保证公开、透明、可溯源，鉴定人的鉴定活动应当接受监督，以保证鉴定意见的公正性。这是因为，除鉴定材料和科学原理外，鉴定实验程序的规范性和透明度也将影响实验结果的可靠性和说服力，进而影响鉴定意见的证据价值。在鉴定过程中，鉴定人需要针对专门性问题展开实验，由于实验过程专业性较强，鉴定人进行实验的过程也相对封闭，实验活动中存在一定的虚假鉴定风险，需要通过鉴定记录制度加以控制，确保鉴定的每一个环节都处于有效监督下并具有可追溯性，进而确保鉴定意见客观公正。[③]

从执行角度来看，鉴定记录制度要求司法鉴定人应当采取笔记、录音、录像、拍照等方式对鉴定过程进行实时记录并签名。记录应当载明主要的鉴定方法和过程，检查、检验、检测结果，以及仪器设备使用情况等，鉴定记录应当真实、客观、准确、完整、清晰，所有记录应当由司法鉴定人签名并存入鉴定档案，确保鉴定意见的得出有据可循。[④] 为此，司法鉴定机构应当根据自身运作情况，建立规范的过程记录和档案管理制度，司法鉴定人也应当按照规定的记录要求，对于处理的每起鉴定委托，以符合规

---

① 参见樊崇义：《司法鉴定制度改革应遵守的原则》，载《中国司法鉴定》2003 年第 4 期。

② 参见《司法鉴定程序通则》第 23 条："司法鉴定人进行鉴定，应当依下列顺序遵守和采用该专业领域的技术标准、技术规范和技术方法：（一）国家标准；（二）行业标准和技术规范；（三）该专业领域多数专家认可的技术方法。"

③ 参见司法部公共法律服务管理局组编：《〈司法鉴定程序通则〉释义》，中国政法大学出版社 2020 年版，第 79 页。

④ 参见《司法鉴定程序通则》第 27 条。

范的方式记录并存档，保证鉴定过程合法公正、技术运用正确合规、鉴定意见准确客观。①

二、法律类原则

与单纯的科学实验不同，司法鉴定活动的目的是查明纠纷解决程序中的专门性问题。从这个意义上讲，司法鉴定不是纯粹的科学探索，而是一种实证活动，目的是运用科学方法来解决诉讼中的专业技术问题。这也是司法鉴定的"法律性"的重要体现。② 因此，鉴定活动在科学类原则之外还应遵守若干法律类原则。

(一)以审判为中心原则

以审判为中心原则，是指"推进以审判为中心的诉讼制度改革，确保侦查、审查起诉的案件事实证据经得起法律的检验"。③ 推进以审判为中心的诉讼制度改革，实际上是要实行以司法审判标准为中心。

具体到环境损害司法鉴定实践中，出于对鉴定意见专业性的信任和"责任规避"的立场，部分法官在过去不经审查就将鉴定意见作为认定案件事实的根据，与以审判为中心原则存在背离。然而，虽然司法鉴定具有科学性，但这并不意味着司法鉴定意见享有超出其他法定证据的超然地位，可以不经质证直接作为确定案件事实的依据。从科学角度分析，司法鉴定活动所依据的材料和信息是有限的，鉴定人作出专业性判断的时间也是有限制的，鉴定意见不可能像科学研究一样能作出"绝对客观"的结论。④ 因此，鉴定意见虽然具有科学性，但无法代表绝对的客观真实，只能反映相对靠近绝对真实的相对真实。科学角度之外，检材是否受到污染、样本的选择是否受到人为干预、仪器是否正常运转、检验人员的操作等因素均会影响环境损害司法鉴定意见的客观性。⑤ 因此，环境损害司法鉴定意见的审查应当坚持以审判为中心的原则，明确鉴定意见并非当然反映绝对真实，与其他证据一样，需要在法庭上经过严格的庭审质证才可予以采信。为此，要以鼓励和增强环境损害司法鉴定意见庭审质证的专业性为导向，要求质证各方论证实验过程以及技术影响因素。同时，明确当事人可以委托专家辅助人进行专业辅助，以到庭参加现场庭审、提供书面咨询意见等形式帮助

---

① 参见司法部公共法律服务管理局组编：《〈司法鉴定程序通则〉释义》，中国政法大学出版社 2020 年版，第 80～81 页。

② 参见刘宇、方芳、赵锐：《司法鉴定公信力视野下的"错误鉴定"相关问题研究》，载《中国司法鉴定》2021 年第 5 期。

③ 中共中央《关于全面推进依法治国若干重大问题的决定》。

④ 参见杜志淳、廖根为：《论我国司法鉴定人出庭质证制度的完善》，载《法学》2011 年第 7 期。

⑤ 参见朱晋峰：《以审判为中心诉讼制度改革背景下科学证据审查的困境及出路》，载《法律适用》2018 年第 13 期。

当事人乃至法官了解鉴定意见内容以及证明事项①,从而加强对鉴定意见的质证,使庭审过程实质化,实现以审判为中心。

(二)诚实客观原则

诚实客观原则,是指环境损害司法鉴定意见编制过程中,各方主体必须诚实守信,进行环境损害鉴定活动必须遵循客观规律,鉴定步骤、方法、标准需要科学、全面,鉴定结果真实、可靠,杜绝虚假性鉴定、随意性鉴定、片面性鉴定。② 对此,《民事证据规定》(2019 年)第 33 条第 1 款规定:"鉴定开始之前,人民法院应当要求鉴定人签署承诺书。承诺书中应当载明鉴定人保证客观、公正、诚实地进行鉴定,保证出庭作证,如作虚假鉴定应当承担法律责任等内容。"

诚实客观原则体现于司法鉴定的各个环节,需要各方主体共同遵守,使每个鉴定环节都符合客观要求。首先,鉴定主体的鉴定活动必须诚信,坚持客观公正的鉴定立场,严格遵守职业道德与职业纪律。鉴定人必须崇尚法治、尊重科学、实事求是地进行鉴定。不因案情、人情、私利、鉴定机构内外干扰等因素的影响而偏离科学鉴定轨道,这是鉴定主体坚持客观鉴定的前提和思想保障。其次,鉴定材料需要客观,当事人、鉴定委托方向鉴定机构与鉴定人提供的鉴定材料必须真实、可靠、全面,不能出现检材造假的情况。鉴定材料是鉴定的基础,鉴定材料必须满足鉴定技术标准规定的数量、质量要求。如果鉴定对照材料虚假、不全面,将导致鉴定难以进行或者鉴定结果的片面性、虚假性。鉴定材料的数量、质量和真实性是客观鉴定的物质保证。最后,鉴定步骤、方法、技术标准必须客观。客观鉴定原则要求鉴定材料的提取、收集、保存、复制等符合要求;鉴定材料的数量、质量要符合规定的鉴定条件;鉴定的步骤要符合科学规则;鉴定手段、方法、依据要具备科学性、有效性、先进性;鉴定意见要符合科学标准;鉴定原理和方法必须获得科学与法律的确认。③

(三)生态环境保护与恢复原则

生态环境保护与恢复原则,是指在环境损害司法鉴定意见的编制过程中,应当以保护和恢复生态价值为首要价值追求。环境损害案件中,生态环境修复已经成为救济环境公共利益损害的主导性救济方式。最高人民法院明确提出树立修复为主的现代环境资源司法理念,将生态环境修复作为环境司法审判的根本价值取向。④ 在环境损害司法鉴定语境下,生态环境保护与恢复原则体现为鉴定评估的对象不仅包括

---

① 参见王灿发、张天泽:《环境诉讼中鉴定意见与专家意见证明力研究》,载《中国司法鉴定》2021 年第 5 期。

② 参见霍宪丹主编:《司法鉴定学》,中国政法大学出版社 2016 年版,第 53 页。

③ 参见霍宪丹主编:《司法鉴定学》,中国政法大学出版社 2016 年版,第 53 ~ 54 页。

④ 参见李挚萍:《生态环境修复责任法律性质辨析》,载《中国地质大学学报(社会科学版)》2018 年第 2 期。

环境的实际损失,还包括修复环境和恢复生态所需支出的费用。当存在多种修复方案时,修复成本不应成为修复方案选择的唯一考量因素,对环境的修复程度应当得到充分考虑。

环境修复或生态恢复是环境损害鉴定评估中的重要环节,是履行环境民事公益诉讼中恢复原状、赔偿损失等民事责任的基础和依据。环境损害司法鉴定活动需要在前期环境损害性质、程度、范围等调查的基础上,提出修复目标和具体修复要求,确定修复的总体思路,筛选实用的修复技术并提出修复方案。[①] 对于具有"可恢复性"的受损生态环境,生态环境修复具有优先地位,原环境保护部发布的《环境损害鉴定评估推荐方法(第Ⅱ版)》第4.10条和第4.14条提到的"可接受风险水平"和第4.11条的"基线状态"就是针对不同修复对象及考量因素的两种修复标准。[②]

第五节　环境损害司法鉴定的制度体系

我国目前尚无专门规定环境损害司法鉴定制度的统一规范性法律文件。环境损害司法鉴定主体准入资质、审核制度、技术标准等相关规定散见于各部法律、部门规章和其他规范性文件中,本书集中对管理制度、技术标准和司法审查制度作出梳理。

一、环境损害司法鉴定行政管理制度

环境损害司法鉴定行政管理从狭义解释,是指司法行政机关对申请设立环境损害司法鉴定机构,确定环境损害司法鉴定许可以及对环境损害司法鉴定执业活动所进行的审核登记、行政许可、名册编制、执业监督、违规处理、教育培训、质量建设、资质评估、检查指导等活动。从广义解释,除司法行政主管部门对司法鉴定机构的管理外,司法鉴定行政管理还包括鉴定机构的自身管理和司法鉴定协会的行业自治管理。[③] 本书仅讨论狭义的环境损害司法鉴定行政管理制度。目前,我国的环境损害司法鉴定行政管理主要包括资质管理、质量管理和监督管理三个方面。

第一,资质管理主要指鉴定人和鉴定机构的资质管理。环境损害司法鉴定人和鉴定机构的资质管理主要依托《关于将环境损害司法鉴定纳入统一登记管理范围的通知》《环境损害司法鉴定机构登记评审评分标准》《环境损害司法鉴定机构和人员专业能力要求》《环境损害司法鉴定机构登记评审工作方案(参考模板)》《环境损害司法鉴定机构审核登记评审办法》《环境损害司法鉴定机构登记评审专家库管理办

① 参见於方等:《环境损害鉴定评估关键技术问题探讨》,载《中国司法鉴定》2016年第1期。

② 参见吕忠梅、窦海阳:《修复生态环境责任的实证解析》,载《法学研究》2017年第3期。

③ 参见霍宪丹主编:《司法鉴定学》,中国政法大学出版社2016年版,第69页。

法》《环境损害司法鉴定机构实验室和仪器设备配置要求》等规范性文件。上述规范对鉴定机构的人员组成、机构规模、实验室仪器配备、仪器精度以及鉴定人的专业方向、专业能力等均提出了具体要求，并通过专业评分表进行量化评分。环境损害司法鉴定机构和鉴定人执业分类管理的不断细化也是资质管理制度发展的明显趋势。《环境损害司法鉴定执业分类规定》明确了环境损害司法鉴定的七大鉴定事项和细化后的 47 个执业类别，有助于确保执业范围与能力水平相适应、相匹配。

第二，鉴定质量管理制度指通过对环境损害司法鉴定机构鉴定过程中的质量的持续监督使鉴定意见质量符合标准。在这个意义上，行政管理制度中的资质认定也起到控制环境损害司法鉴定质量的重要作用。从实践来看，司法部、国家市场监督管理总局联合印发《关于规范和推进司法鉴定认证认可工作的通知》，规定从事法医物证、法医毒物、微量物证、环境损害鉴定的司法鉴定机构，必须具备通过认证认可的检测实验室。中国实验室的认可是由中国合格评定国家认可委员会（China National Accreditation Service for Conformity Assessment，CNAS）统一负责的。司法鉴定实验室的能力验证是按照《检测和校准实验室能力的通用要求》（ISO/IEC17025）等国际标准的相关规定。实验室认证认可对实验室的管理工作提出了较高的要求，资质认定和实验室认可均要求实验室根据《实验室资质认定评审准则》和《检测和校准实验室能力认可准则》建立、运行质量管理体系，并持续改进，使实验室的质量管理规范化、标准化、科学化。

第三，监督管理制度主要体现为对鉴定主体的诚信要求、违法监督和失信惩戒等制度中。例如，司法部积极推进建立环境损害司法鉴定黑名单制度，对环境损害司法鉴定机构和鉴定人失信情况进行记录、公示和预警，对于存在违规收取高额费用、无故拖延鉴定期限、无正当理由拒绝接受鉴定委托、与有关人员串通违规开展鉴定等不良执业行为，或其他违反司法鉴定管理规定行为的鉴定机构和鉴定人，纳入环境损害司法鉴定黑名单，及时向社会公开，并推送给委托人。①

二、环境损害司法鉴定技术标准

标准是指农业、工业、服务业以及社会事业等领域需要统一的技术要求，②是为了在一定的范围内获得最佳秩序，经协商一致制定，并由相应机关批准，共同使用和重复使用的一种规范性文件。③ 环境损害司法鉴定评估工作作为颇具科学性与专业性的专门活动，需要标准化进行规范和指引。

目前，我国已经基本形成了系统完备、结构合理、运行有效的环境标准体系，主要

---

① 参见《关于进一步做好环境损害司法鉴定管理有关工作的通知》。

② 参见《标准化法》第 2 条第 1 款。

③ 参见《标准化工作指南 第 1 部分：标准化和相关活动的通用术语》（GB/T 20000.1－2014）。

包括水环境保护标准、大气环境保护标准、环境噪声与震动环境标准、土壤环境保护标准、固体废物与化学品环境污染控制标准、核辐射与电磁辐射环境保护标准、生态环境保护标准、环境影响评价标准、排污许可标准和其他环境保护标准十大方面。

第一,水环境保护标准包括水环境质量标准、水污染物排放标准和其他相关标准。其中水环境质量标准包括:《渔业水质标准》(GB 11607 - 89),旨在防止和控制渔业水域水质污染,保证鱼、虾、贝、藻类正常生长、繁殖和水产品的质量;《海水水质标准》(GB 3097 - 1997),旨在规定海域各类使用功能的水质要求;《地表水环境质量标准》(GB 3838 - 2002),旨在基于地表水环境功能分类和保护目标,规定水环境质量应控制的项目及限值以及水质评价、水质项目的分析方法;《农田灌溉水质标准》(GB 5084 - 2021),旨在规范农田灌溉水质要求、监测和监督管理要求。水污染物排放标准包括电子工业、石油炼制工业、无机化学工业等 60 余种工业领域的水污染物排放标准。其他标准则包括水质 pH 的测定方法、水中氘的分析方法等 40 余项关涉技术规范的标准。

第二,大气环境保护标准包括大气质量环境标准、大气固定源污染物排放标准、大气移动源污染物排放标准和其他标准。大气质量环境标准中《室内空气质量标准》(GB/T 18883 - 2022)规定了住宅和办公建筑物室内空气质量参数及检验方法;《乘用车内空气质量评价指南》(GB/T 27630 - 2011)规定了车内空气中苯、甲苯、二甲苯、乙苯、苯乙烯、甲醛、乙醛、丙烯醛的浓度要求;《环境空气质量标准》(GB 3095 - 2012)规定了环境空气功能区分类、标准分级、污染物项目、平均时间及浓度限值、监测方法、数据统计的有效性规定及实施与监督等内容。大气固定源污染物排放标准则规定了包括煤炭、水泥等 39 项工业的大气污染物排放标准。大气移动源排放标准规定了机动车、非道路柴油移动机械、重型柴油车、气体燃料车、摩托车、船舶等主要交通工具移动污染源的污染物排放限值及测量方法。其他相关标准包括《生活垃圾焚烧飞灰污染控制技术规范》《工业企业挥发性有机物泄漏检测与修复技术指南》等不便归入其他类别的大气污染物排放标准。

第三,环境噪声与震动环境标准包括声环境质量标准与环境噪声质量标准。声环境质量标准中,《机场周围飞机噪声环境标准》(GB 9660 - 88)规定了适用于机场周围受飞机通过所产生噪声影响的区域的噪声标准值;《声环境质量标准》(GB 3096 - 2008)规定了五类声环境功能区的环境噪声限值及测量方法;《声环境功能区划分技术规范》(GB/T 15190 - 2014)规定了声环境功能区划分的原则和方法。环境噪声排放标准规定了各类车辆、施工场所、工业企业等的环境噪声排放标准。

第四,土壤环境保护标准囊括了建设用地土壤污染、农用地土壤污染的风险评估、污染地块修复、土壤中各类沉积物的测定等方面的技术标准。

第五，固体废物与化学品环境污染控制标准包括固体废物污染控制标准、危险废物鉴别方法标准和其他相关标准。固体废物污染控制标准涉及《医疗废物处理处置污染控制标准》（GB 39707－2020）、《危险废物焚烧污染控制标准》（GB 18484－2020）、《一般工业固体废物贮存和填埋污染控制标准》（GB 18599－2020）、《低、中水平放射性固体废物近地表处置安全规定》（GB 9132－2018）等相关标准。危险废物鉴别方法标准则包括《危险废物鉴别技术规范》（HJ 298－2019）等一般性规范以及针对毒性物质含量鉴别（GB 5085.6－2007）、反应性鉴别（GB 5085.5－2007）、易燃性鉴别（GB 5085.4－2007）、浸出毒性鉴别（GB 5085.3－2007）等具体鉴别规范。

第六，核辐射与电磁辐射环境保护标准包括电磁辐射标准、放射性环境标准、相关监测方法标准以及其他相关标准。电磁辐射标准包括《电离辐射监测质量保证通用要求》（GB 8999－2021）、《核动力厂取排水环境影响评价指南（试行）》（HJ 1037－2019）、《核动力厂运行前辐射环境本底调查技术规范》（HJ 969－2018）、《电磁环境控制限值》（GB 8702－2014）。放射性环境标准包括放射性固体废物、放射性物品运输容器、核燃料设施等环境标准。相关监测方法标准包括短波广播发射台电磁辐射环境监测方法、辐射环境监测技术规范、输变电、直流输电工程、5G 移动通信基站电磁辐射等标准。

第七，生态环境保护标准包括生态问题、生态系统服务功能、项目尺度生态影响等方面的标准，以及有关生态保护红线监管、生物多样性观测、生物遗传资源采集、化肥使用安全等标准。

第八，环境影响评价标准除包括规划与建设项目环境影响评价技术标准和验收技术规范外，还包括土壤环境、铀矿冶、铀矿冶退役、地表水环境、城市轨道交通、大气环境、医疗机构、制药、涤纶等方面的标准。

第九，排污许可标准包括生活垃圾焚烧，危险废物焚烧，工业固体废物和危险废物治理，食品制造工业，废弃资源加工工业，无机化学工业，人造板工业，电子工业，畜禽养殖行业，酒、饮料制造工业，家具制造工业等多个领域的内容。

第十，其他环境保护标准包括清洁生产标准、环境影响评价技术导则、环保验收技术规范、环境标志产品标准、环保产品技术要求、环境保护工程技术规范、环境保护信息标准和其他标准。其他环境保护标准实现了对上述各类环境保护标准的补充和完善。

三、环境损害司法鉴定意见司法审查制度

尽管科学技术一定程度上为环境损害司法鉴定还原客观真实的能力进行了“背书”，但科学技术在运用到具体案件时仍有失真的可能，在具体的案件中，法庭只有严格适用证据审查制度，用完善的证据规则来排除其可能的失真性，进而才能将环境

损害司法鉴定意见作为定案根据。

(一)环境损害司法鉴定意见审查规则的内涵与特殊性

因环境损害司法鉴定审查关涉的证据属性较多,本书依据证据属性反映证据能力还是证明力不同,将环境损害司法鉴定审查中需要审查的证据属性做类型化界分,提出证据资格审查中需审查合法性、相关性、科学可靠性,证明强度审查中需审查似真性、充分性、科学充分性,并对应提出证据资格审查标准应包括合法性标准、相关性标准、科学可靠性标准,证明强度审查标准应包括似真性标准、充分性标准、科学充分性标准。①

建立专门的审查规则是因为环境损害及其鉴定意见具有独特性。环境损害司法鉴定的目的在于为环境司法审判提供确实充分的证据支持。无论是在管理、技术抑或司法层面,都需解决环境损害司法鉴定从科技语言向法律语言、从技术判断向法律判断、从科学事实向法律事实的转化问题。从环境损害司法鉴定意见的本质属性看,其科学技术性、时效性和复杂性对其审查规则提出了不同于其他证据的新要求。从环境损害司法鉴定意见的内容上看,环境损害司法鉴定不同于传统的 DNA、指纹、笔迹、电子数据等仅在案件事实的认定中就某一方面给出科学证明的其他科学证据,而是对于环境损害案件全案的各个方面皆有证明的可能性。因此,除一般证据审查需要考量的真实性、合法性、关联性 3 种一般属性,环境损害司法鉴定还需根据其科学特征,重点审查科学可靠性、一般充分性、科学充分性 3 种特殊属性。

(二)环境损害司法鉴定意见证据资格审查的标准

鉴定意见资格审查规则,是指有关人员在诉讼过程中对证据进行考察、分析、研究进而作出被审查的鉴定意见是否具备证据资格的判断,即考察证据能否被准许进入诉讼的大门。②

在证据资格审查上,应当审查证据的合法性、相关性和科学可靠性。其中,合法性和相关性属于传统"证据三性"之二,为传统证据审查应当关注的证据属性,但在环境损害司法鉴定中也表现出一定特殊性。科学可靠性,则是基于环境损害司法鉴定作为科学证据的本质属性而需要进行的判断,是环境损害司法鉴定作为科学证据具有的独特属性。

1."合法性"标准

合法性审查是对环境损害司法鉴定意见证据资格审查的第一环节,目前我国三

---

① 证据资格审查和证明强度审查的概念以及具体的审查规则将在本书第六章详述。

② 在大陆法系,证据审查即是对证据能力的审查,而在英美法系,证据资格审查又被称为证据可采性的审查,从目的上看皆是针对证据资格设定的若干标准,差异则体现在不同法系中法庭的职权以及对鉴定机构、鉴定人的态度上。

大诉讼法对证据的合法性均有所规定①，为环境损害司法鉴定的合法性审查提供指引。在实践层面，司法部及生态环境部陆续制定了一系列规范性文件，对环境损害司法鉴定的主体、程序等问题进行规定；国务院其他相关部门陆续出台了一系列技术指导标准，对相关领域的环境损害司法鉴定活动进行指导。上述规定对我国环境损害司法鉴定的合法性审查具有重要意义，但是在当前环境审判"三审合一"的框架下，不同部门法之间的矛盾冲突导致环境损害司法鉴定意见的合法性审查面临一系列挑战。

2. "相关性"标准

所谓相关性审查，是指在初步完成形式上的合法性审查之后，对环境损害司法鉴定意见的实质内容与案件待证事实之间是否具有关联性进行审查。考察他国经验不难发现，大陆法系国家较少规定相关性审查规则，英美法系国家则对相关性展开了充分的探讨。英美法系国家认为相关性的判断是一个逻辑上的问题，司法执业人员基于逻辑和经验法则，对该证据材料进行判断，明确其是否能从实质上对待证事实起到证实或否定的作用，继而得出其是否具有相关性的论断。② 我国当前立法中对相关性审查予以规定的具体条文不多，且仅泛泛规定证据应具有关联性。因而，实践中对于相关性的审查更多地依赖于法官的主观心证，由此也导致了在司法责任制不断深入的当下，司法人员为减轻自身审判责任而出现"无鉴定不审判"等过度依赖、盲目采纳鉴定意见的情况。

3. "科学可靠性"标准

对于科学可靠性的审查，是在环境损害司法鉴定意见经审查具备合法性和相关性要素之后，司法执业人员从法律的角度对其所依赖的科学技术进行科学性的判断，判断的核心是明确这种科学技术是否可靠、可信。从广义上看，科学证据审查规则主要包括科学证据的鉴定人资格、相关性、必要性、无偏见性、排除性规则和科学性。③ 但除科学性内容外的其他内容已涵盖在合法性和相关性的审查规则中，故此处应当采取狭义的仅针对科学证据科学性问题的审查标准。事实上，我国的诉讼制度更多地倾向于大陆法系的职权主义模式，因此法官担负着查明案件事实的主要职责，而我国当前对于科学证据可靠性审查的立法空白，使得法官在面对科学证据时难以回避科学不确定性带来的审判风险。结合当前司法责任制对司法执业人员的高要求，法

---

① 参见《刑事诉讼法》第52条、第56条，《行政诉讼法》第43条。《民事诉讼法》并没有明确条款规定证据合法性问题，但是在《民事诉讼法解释》第106条、《民事证据规定》(2019年)第68条对此进行了规定。

② 参见俞亮：《证据相关性研究》，北京大学出版社2008年版，第15页。

③ 参见刘晓丹：《论科学证据》，中国检察出版社2010年版，第79~86页。

官在审查案件时往往对于鉴定意见过度依赖,甚至出现以鉴定意见代替审判的越位情况,因此急需对环境损害司法鉴定意见的科学可靠性审查思路予以明确,以指引相关司法执业人员更好地审理案件。

(三)环境损害司法鉴定意见证明强度审查的标准

在证明强度审查上,我国现行法律对证据的采信标准设定为"证据确实充分"。本书认为,此处"确实"的主要含义为"似真性","充分"的主要含义为"充分性"。此外,环境损害司法鉴定的证明强度审查还需从科学证明强度的角度关注"科学充分性"。

1."似真性"标准

似真性是指证据所体现的证据内容应具有较高的可信度,以及能够反映案件的事实关系的程度。采信证据最为核心的标准即对证据似真性展开审查,这是定案之前必须经过的程序。例如,《民事诉讼法》第 66 条第 2 款规定,"证据必须查证属实,才能作为认定事实的根据"。《刑事诉讼法》第 50 条第 3 款也规定,"证据必须经过查证属实,才能作为定案的根据"。《刑事诉讼法解释》(2021 年)第 97 条还规定:"对鉴定意见应当着重审查以下内容:……(九)鉴定意见与勘验、检查笔录及相关照片等其他证据是否矛盾……"

2."充分性"标准

充分性主要是指作为定案根据的证据,其涵盖的证据事实与事实关系所存在的密切联系程度。"证据充分"简单而言是指证据所具有的证明强度能够为事实的判定提供良好的支持。"证据充分"可以针对某个证据,同时能够针对一组证据或所有证据,它应当是针对证据的证明效果,但并不影响其他证据对诉讼事实认定所起到的作用。在现行立法层面,《刑事诉讼法解释》(2021 年)第 97 条规定:"对鉴定意见应当着重审查以下内容:……(七)鉴定意见是否明确……"

3."科学充分性"标准

科学充分性是指司法鉴定所依据科学技术的先进性或者标准的严格程度对证据能够科学证明待证事实证明程度的标准。对环境损害司法鉴定而言,环境科学专业性的认定工作也是不可缺少的。但这里所提到的科学技术或者标准首先应当是经过验证的"正确方法",否则错误的技术或标准直接影响的是证据资格而非证明强度了。因此,在对证据进行科学性认定的过程中,科技的可靠性更偏向于证据能力的认定,科学充分性则偏向于对证明强度的界定。因此本书提出,环境损害司法鉴定意见采信标准涵盖三个方面,分别是证据似真性、一般证据充分性以及科学证据的科学充分性。

第二章　我国环境损害司法鉴定的发展

2011 年 5 月 25 日，环境保护部发布《关于开展环境污染损害鉴定评估工作的若干意见》，同时《环境污染损害数额计算推荐办法（第 I 版）》作为附件一起发布，正式开启了我国环境损害鉴定工作。①

第一节　我国环境损害司法鉴定的制度发展

本书将我国环境损害司法鉴定的相关制度分为行政管理制度、技术鉴定标准以及司法审查制度。随着生态环境部和司法部相关文件的不断颁布，行政管理制度、司法审查制度以及技术鉴定标准均经历了逐步发展、逐步完善的过程。

一、环境损害司法鉴定管理制度发展

2005 年，司法鉴定统一登记管理制度得到确立并执行②，但当时环境损害司法鉴定的发展并不成熟，在实践中没有得到广泛适用，因而未被纳入司法鉴定行政管理制度体系。直到 2015 年 12 月 21 日，最高人民法院、最高人民检察院、司法部共同发布《关于将环境损害司法鉴定纳入统一登记管理范围的通知》，方才明确将环境损害司法鉴定纳入统一登记管理范围。环境损害司法鉴定管理的具体办法由司法部会同原环境保护部制定。同时，司法部、原环境保护部公布的《关于规范环境损害司法鉴定管理工作的通知》（司发通〔2015〕118 号）在第四部分"监督管理"中提出，"对环境损害司法鉴定机构和鉴定人实行动态管理，完善退出机制。妥善处理信访投诉，加强执业监督，依法查处违法违规执业行为，依法淘汰不合格的鉴定机构和鉴定人"。但上述规范仅作出动态化管理的倡导性规定，并未形成具体的管理制度。

2016 年 10 月 12 日，司法部、环境保护部发布《环境损害司法鉴定机构审核登记评审办法》与《环境损害司法鉴定机构审核登记评审专家库管理办法》。上述两个文件规定了以下三个方面的内容。第一，明确环境损害司法鉴定的管理主体为司法部与原环境保护部，国家建立全国环境损害司法鉴定机构登记评审专家库，并制定相应

① 参见张强等：《我国生态环境损害司法鉴定发展历程与问题研究》，载《中国司法鉴定》2021 年第 4 期。

② 参见王灿发等：《中国环境损害司法鉴定的发展路径与管理探索》，载《环境保护》2017 年第 9 期。

管理办法。① 第二，明确从事环境损害司法鉴定业务的法人或者其他组织应当符合相关职称与资金要求。第三，明确环境损害司法鉴定机构评审专家库由国家库和地方库组成，并分别规定了入选国家库与地方库的相关标准。

2018 年 6 月，司法部印发《关于全面推动长江经济带司法鉴定协同发展的实施意见》(司发〔2018〕4 号)，明确将以健全统一司法鉴定管理体制为目标，以环境损害司法鉴定为先导，推动长江经济带 11 省(市)司法鉴定规划布局、管理措施、执业规范、质量建设等的一体化，不断提高司法鉴定发展质量和水平，在更高格局、更大范围内推进司法鉴定行业规范、健康、有序、协同发展，引领和推动全国司法鉴定行业转型升级，保护长江母亲河，服务长江经济带发展。为适应环境资源诉讼、环境行政执法和生态环境损害赔偿等制度改革需求，2018 年 9 月，司法部办公厅印发《关于进一步做好环境损害司法鉴定机构和司法鉴定人准入登记有关工作的通知》，提出各省要科学统筹生态环境、自然资源、农业农村、水利、林业草原等不同部门及高等院校、社会机构等科研力量，加快准入一批诉讼急需、社会关注的鉴定机构，鼓励和引导优质科研院所、高等院校申请准入登记。司法部在全面梳理全国环境损害司法鉴定机构情况的基础上，督促机构少、力量薄弱的省份加快准入一批诉讼急需、社会关注的环境损害司法鉴定机构，同时加强工作督导。

2019 年 5 月，司法部办公厅发布的《关于进一步做好环境损害司法鉴定管理有关工作的通知》指出，要及时推出一批检察公益诉讼中不预收鉴定费的鉴定机构。明确各省要全面梳理已登记的环境损害鉴定机构情况，主动与相关鉴定机构对接沟通，鼓励引导综合实力强、高资质高水平环境损害司法鉴定机构在不预先收取鉴定费的情况下，能够及时受理检察机关委托的环境公益诉讼案件，依法依规开展鉴定活动，出具鉴定意见。未预先收取的鉴定费待人民法院判决后由败诉方承担。对于积极主动承担环境公益诉讼业务且不预收鉴定费的鉴定机构，要在政策、资金等方面给予扶持。②

2021 年 6 月 5 日，司法部发布《环境损害司法鉴定白皮书》(2021 年)，指出我国环境损害司法鉴定统一登记制度全面确立，管理框架明确，准入登记工作依法有效开展，并且在推进标准统一、加强案例指导、从严监督管理等方面不断优化。

2022 年 6 月 5 日，司法部发布"2021 年度十大环境损害司法鉴定指导案例"，指出各级司法行政机关认真学习贯彻习近平生态文明思想，深入贯彻落实习近平总书记关于公共法律服务工作的重要指示精神，大力加强环境损害司法鉴定规范化、法治化、标准化建设，充分发挥职能作用，积极服务长江经济带、黄河流域高质量发展和检

① 参见《环境损害司法鉴定机构审核登记评审办法》第 3 条。

② 参见《环境损害司法鉴定白皮书》(2021 年)第二部分。

察环境公益诉讼，有力满足环境资源诉讼、环境行政执法和生态环境损害赔偿制度改革等鉴定需求。截至2021年年底，经司法行政机关登记的环境损害司法鉴定机构220家，环境损害司法鉴定人3800余名，环境损害鉴定2021年业务量2.06万件，同比增长36%。环境损害司法鉴定为打赢污染防治攻坚战，建设美丽中国作出了积极贡献。①

二、环境损害司法鉴定意见审查制度发展

环境损害司法鉴定的司法审查制度集中体现在法庭举证质证环节中法院对于鉴定意见的审查与采信。鉴于我国没有专门针对环境损害司法鉴定的司法规范性文件，故考察我国的环境损害司法鉴定意见的司法审查制度，需要从诉讼法文本及相关司法解释入手，分析其发展过程。

（一）《刑事诉讼法》及相关司法解释

在刑事诉讼中，我国1979年《刑事诉讼法》将鉴定意见表述为"鉴定结论"，并且仅要求鉴定人出具"鉴定结论后签名"，而未对其真实性和证据性质作出规定，缺乏对司法鉴定意见的有效审查。1996年修正后的《刑事诉讼法》规定了鉴定人故意作虚假鉴定应当承担相应法律责任，但仍未改变"鉴定结论"的立法用词。在2012年《刑事诉讼法》修正之后，鉴定意见不再是不得质疑的"结论"，而是明确经人民法院通知，鉴定人拒不出庭作证，鉴定意见就不能作为定案根据的规定。上述规定强化了刑事诉讼中对鉴定意见的质证程序。

在《刑事诉讼法解释》（2012年）中，在第四章专设第五节规范对鉴定意见审查与认定活动。对于鉴定意见的审查，《刑事诉讼法解释》（2012年）明确规定司法审判中需要着重审查鉴定机构和鉴定人是否具有法定资质；鉴定人是否存在应当回避的情形；检材的来源、取得、保管、送检是否符合法律、有关规定，与相关提取笔录、扣押物品清单等记载的内容是否相符，检材是否充足、可靠；鉴定意见的形式要件是否完备，是否注明提起鉴定的事由、鉴定委托人、鉴定机构、鉴定要求、鉴定过程、鉴定方法、鉴定日期等相关内容，是否由鉴定机构加盖司法鉴定专用章并由鉴定人签名、盖章；鉴定程序是否符合法律、有关规定；鉴定的过程和方法是否符合相关专业的规范要求；鉴定意见是否明确；鉴定意见与案件待证事实有无关联；鉴定意见与勘验、检查笔录及相关照片等其他证据是否矛盾；鉴定意见是否依法及时告知相关人员，当事人对鉴定意见有无异议。

2021年修订的《刑事诉讼法解释》基本保留了上述审查要求和规定，将"检材充

---

① 参见《司法部发布2021年度十大环境损害司法鉴定指导案例》，载《法治日报》2022年6月6日，第7版。

足、可靠”的要求修改为“检材可靠”；删去了“加盖司法鉴定专用章”的要求，改为由鉴定机构盖章即可。对于鉴定意见与勘验、检查笔录及相关照片等其他证据存在矛盾的情况，不同于《刑事诉讼法解释》(2012 年)“不得作为定案依据”的规定，《刑事诉讼法解释》(2021 年)着重考虑此种矛盾能否得到合理解释，如果可以得到令人信服的解释，则不会影响司法鉴定作为定案的依据。

(二)《民事诉讼法》及相关司法解释

在民事诉讼中，环境损害司法鉴定的司法审查也需要遵循一般司法鉴定意见的审查标准。1991 年公布的《民事诉讼法》一律将鉴定意见称作“鉴定结论”，但是并未完全排除对“鉴定结论”的合理怀疑，其第 125 条的规定就赋予了当事人向鉴定人发问的权利。2012 年《民事诉讼法》正式将“鉴定结论”的表述修改为“鉴定意见”，明确鉴定意见作为一种法定证据种类，同当事人的陈述、书证、物证、视听资料、证人证言等其他证据一样，必须查证属实才能作为认定事实的根据。① 2012 年《民事诉讼法》修改在两个方面对司法鉴定审查作出了重大的调整：一是规定司法鉴定人应具备相应资格，关注到了鉴定人资质问题；二是规定当事人可以申请有专门知识的人出庭，就鉴定人作出的鉴定意见或者专业问题提出意见，确认了专家辅助人制度。在 2012 年《民事诉讼法》修正注意到司法鉴定人资质的问题之后，最高人民法院于 2020 年 12 月 29 日公布的《生态环境损害赔偿案件规定》专门针对环境损害司法鉴定的鉴定资质提出了要求。其规定环境损害司法鉴定的审查包括鉴定机构是否具备环境损害司法鉴定资质，是否经当事人质证，是否符合证据标准，在满足以上三点的前提下才可以将环境损害司法鉴定意见作为认定案件事实的根据。

在 2012 年《民事诉讼法》规定的基础上，《民事诉讼法解释》(2015 年)亦完善了申请司法鉴定的相关规定，同样适用于环境损害司法鉴定。《民事诉讼法解释》(2015 年)首先明确了申请司法鉴定的前提，即申请鉴定的事项要与待证事实有关联，或者对证明待证事实有意义②；其次重申了专家辅助人可以代表当事人对鉴定意见进行质证，并且对证据的真实性和充分性认证进行了程序性规定。一是在真实性认证方面明确人民法院应当组织当事人围绕证据的真实性进行质证，指出了证据真实性的质证程序。二是在充分性认证方面，明确了人民法院应当组织当事人针对证据有无证明力和证明力大小进行说明和辩论，指明了充分性质证的程序③。

虽然《民事诉讼法解释》(2015 年)在修订过程中强调了对司法鉴定的质证，但

① 参见 2012 年《民事诉讼法》第 63 条。

② 参见《民事诉讼法解释》(2015 年)第 121 条第 1 款：“当事人申请鉴定，可以在举证期限届满前提出。申请鉴定的事项与待证事实无关联，或者对证明待证事实无意义的，人民法院不予准许。”

③ 参见张文河：《环境损害司法鉴定意见采信标准研究》，载《环境与可持续发展》2021 年第 2 期。

是并未细化质证的具体内容。最高人民法院公布的《环境侵权责任纠纷解释》弥补了这一缺憾。《环境侵权责任纠纷解释》针对环境污染司法鉴定的司法审查进行了专门性的规定。其第8条、第9条规定庭审中可以就鉴定意见里涉及的污染物认定、损害结果、因果关系、修复措施等专门性问题进行质证,细化了质证的内容。

《民事证据规定》(2019年)对司法鉴定的审查进行了细化,同样适用于环境损害司法鉴定的审查。第一,《民事证据规定》(2019年)对司法鉴定中的检材作出了相关要求,第24条规定可能需要鉴定的证据,应当遵守相关技术规范,确保证据不被污染。第二,该规定规定了对鉴定材料需要进行质证,未经质证的材料,不能作为鉴定的根据。第三,该规定提出了鉴定人诚实鉴定的相关要求,鉴定人需要签署承诺书,保证客观、公正、诚实地进行鉴定和出庭作证,强调了需要鉴定人诚实信用,忠于事实。第四,司法鉴定的鉴定书内容的形式要求也在《民事证据规定》(2019年)中得以体现。第五,《民事证据规定》(2019年)对重新鉴定的条件和效力作出了明确规定。对于鉴定意见的瑕疵,可以通过补正、补充鉴定或者补充质证、重新质证等方法解决,从而无须进行重新鉴定。由上可以看出,在司法鉴定审查的制度框架下,《民事证据规定》(2019年)对鉴定书内容需要具备的形式要件、重新鉴定的前提、保障检材不受污染等内容作出了细化和完善,使得环境损害司法鉴定的司法审查更具可操作性。

综上,在我国现有的环境损害司法鉴定审查体系中,除了对于证据的一般审查标准,还需要证明检材的同一性、鉴定机构具备相应资质并且经过当事人质证。

三、环境损害司法鉴定技术标准发展

根据生态环境部官网的生态环境标准查询系统①,我国最早出台的环境技术标准为1983年10月1日实施的《船舶污染物排放标准》(GB 3552－83)(已废止)。随后,随着环境保护工作的深入推进,生态环境部陆续颁布了大量环境标准,内容涵盖环境污染治理、生态环境保护、环境影响评价、排污许可等多个工作领域。2011年5月25日,环境保护部发布《关于开展环境污染损害鉴定评估工作的若干意见》(环发〔2011〕60号),同时,技术文件《环境污染损害数额计算推荐方法(第Ⅰ版)》作为附件被一起发布,正式开启了我国生态环境损害鉴定评估工作。

2014年10月24日,环境保护部针对《环境污染损害数额计算推荐方法(第Ⅰ版)》存在的问题与不足,在借鉴国内外环境损害鉴定评估方法并总结国内外环境损害鉴定评估实践经验的基础上,重点修订了生态环境损害鉴定评估方法,并更名为

---

① 生态环境部官网中为生态环境标准设置了专门网页,可以在该网页查询到现行有效和已失效的全部环境标准原文、标准征求意见、标准管理、地方标准备案、国家环境标准工作规划等相关信息。参见https://www.mee.gov.cn/ywgz/fgbz/bz/。

《环境损害鉴定评估推荐方法(第Ⅱ版)》。“环境污染损害”被“环境损害”的名称取代,不再着重强调污染行为而是关注于受体环境的损害事实。

2016年6月29日,环境保护部印发《生态环境损害鉴定评估技术指南　总纲》(已失效)和《生态环境损害鉴定评估技术指南　损害调查》(已失效),至此“环境损害”的名称被全新定义为“生态环境损害”,在环境质量的基础上突出了生态系统,既关注环境污染与生态破坏,也重视对间接生态服务功能的影响,强调生态环境是一个有机的整体。2017年9月15日,针对江苏省环境保护厅《关于生态环境损害评估虚拟治理成本法运用问题的请示》(苏环办〔2017〕29号),环境保护部组织有关单位和专家进行研究论证,结合生态环境损害鉴定评估实践情况,编制了《关于虚拟治理成本法适用情形与计算方法的说明》(环办政法函〔2017〕1488号)(已失效),重点针对虚拟治理成本法的适用条件、虚拟倍数等问题予以答复。

另外,司法部与有关部门、科研机构、专家学者协作,自2017年以来开展了环境损害鉴定评估标准汇编工作,向社会公开出版《生态环境损害鉴定评估法律法规与标准汇编》,为满足当前环境损害司法鉴定工作需要,引导环境损害司法鉴定人科学正确适用环境损害司法鉴定技术规范和标准提供支持。①

2018年12月20日,生态环境部印发《生态环境损害鉴定评估技术指南　土壤与地下水》(已失效)。2020年12月29日,生态环境部为进一步规范生态环境损害鉴定评估工作,联合国家市场监督管理总局发布了《生态环境损害鉴定评估技术指南　总纲和关键环节　第1部分:总纲》(GB/T 39791.1－2020)、《生态环境损害鉴定评估技术指南　总纲和关键环节　第2部分:损害调查》(GB/T 39791.2－2020)、《生态环境损害鉴定评估技术指南　环境要素　第1部分:土壤和地下水》(GB/T 39792.1－2020)、《生态环境损害鉴定评估技术指南　环境要素　第2部分:地表水和沉积物》(GB/T 39792.2－2020)、《生态环境损害鉴定评估技术指南　基础方法　第1部分:大气污染虚拟治理成本法》(GB/T 39793.1－2020)、《生态环境损害鉴定评估技术指南　基础方法　第2部分:水污染虚拟治理成本法》(GB/T 39793.2－2020)6项标准。至此,我国生态环境损害鉴定评估技术规范由生态环境部部门文件上升至国家标准层面,并首次建立了该领域的国家标准体系框架。②

2020年5月,司法部发布《耕地和林地破坏司法鉴定技术规范》(SF/T 0074－2020),规定了对耕地和林地破坏开展司法鉴定时的委托与受理、鉴定程序和方法等要求。2021年1月,司法部印发《司法鉴定教育培训工作管理办法》(司规〔2021〕

① 参见《环境损害司法鉴定白皮书》(2021年)第三部分。

② 参见张强等:《我国生态环境损害司法鉴定发展历程与问题研究》,载《中国司法鉴定》2021年第4期。

1号),明确提出制订教育培训方案,科学规划、合理统筹教育培训基地、教材、师资等建设,细化考核评估和学时管理要求,为加强环境损害司法鉴定人队伍建设奠定了坚实基础。近几年,全国各地举办不同形式的培训班对环境损害司法鉴定人进行培训,进一步提高司法鉴定人业务素质和职业道德水平,加强专业知识学习和业务能力培训。①

第二节　我国环境损害司法鉴定的理论发展

我国关于环境损害司法鉴定的相关研究经过长足发展,已经产生了较为丰硕的成果。学者对于环境损害司法鉴定的理论研究主要集中在强化环境损害司法鉴定机构管理、规范鉴定技术和细化鉴定意见审查等方面。截至2022年10月4日,以“环境损害司法鉴定”为主题在“中国知网”进行检索,可以获得相关期刊文献172篇(如图2-1所示),其中23篇发表于CSSCI期刊。根据理论研究的发表状况,本书认为我国关于环境损害司法鉴定的研究,在2005年至2015年为起步期,在2016年至2022年为快速上升期。

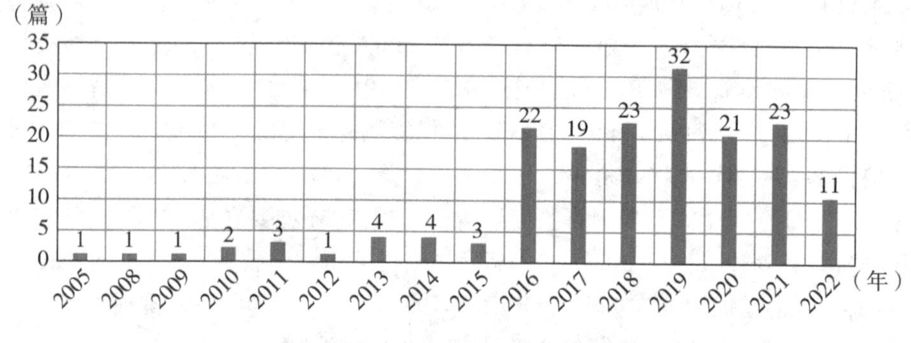

图2-1　环境损害司法鉴定相关文献发表数量

一、起步期

环境损害司法鉴定行政管理理论研究起步较早,我国最先公开发表的环境损害司法鉴定相关研究为尹常庆、尹常健2005年在《中国司法鉴定》上发表的《在环境损害赔偿案中司法鉴定的作用》一文,该文就环境污染赔偿鉴定规范化进行了探讨。②

---

① 参见《环境损害司法鉴定白皮书》(2021年)第三部分。

② 参见尹常庆、尹常健:《在环境损害赔偿案中司法鉴定的作用》,载《中国司法鉴定》2005年第3期。

而后,孙飞在《论环境污染司法鉴定机构的设置》一文中讨论了当时环境损害鉴定机构的弊端,从去行政职权化和满足诉讼需要的角度出发,探讨设置环境司法鉴定机构的必要性和可行性,并建议建立专门从事环境损害司法鉴定的鉴定机构。① 同时,学者提出建立统一的环境污染损害鉴定评估管理体系,建议行业自律与行政监管相结合,制定鉴定机构及人员的准入标准及资质考核方法。②

除了环境损害司法鉴定的行政管理研究在此阶段起步,对于技术规范的探讨也在此阶段初具雏形。刘超等发表于《湖北行政学院学报》的《环境侵权诉讼中损害认定的困境与争议》一文简要提出了对于鉴定技术不够和重复鉴定的担忧。③ 部分学者提出,环境损害司法鉴定机构数量不多、专业化不够④,行业主管部门或环境损害鉴定行业组织应当发挥科学性、专业性优势,制定规范统一的环境损害鉴定评估技术规范和标准,明确环境损害鉴定评估程序规则,制定细致的技术操作指南或手册,保证环境损害司法鉴定的每一个环节、每一个步骤都在严密的规范中运行,在审查鉴定机构和鉴定人是否存在违规操作时有据可依,能比较清晰地判定鉴定行为是否符合规范,能够有效地约束鉴定行为。⑤

除了对鉴定管理与技术标准的研究,学界对于鉴定司法审查的研究也在发展。孙光提出,鉴定意见经过质证才能确定其鉴定内容的证据效力。⑥ 马勇提出,在我国法律针对环境公益诉讼进行了明确规定后,应推行环境司法专门化、设立环境资源审判庭。⑦

二、快速上升期

2015 年 12 月 3 日,中共中央办公厅、国务院办公厅印发《生态环境损害赔偿制度改革试点方案》(已失效),明确通过试点探索建立生态环境损害的修复和赔偿制度。同年最高人民法院、最高人民检察院、司法部于 12 月 21 日通过《关于将环境损害司法鉴定纳入统一登记管理范围的通知》,明确将环境损害司法鉴定纳入统一管理。自此,环境损害司法鉴定作为独立的议题不再依附于环境公益诉讼或司法鉴定之下,相关研究的数量也迅速增多。

第一,本阶段中有关环境损害司法鉴定行政管理问题的研究主要集中于机构监

---

① 参见孙飞:《论环境污染司法鉴定机构的设置》,载《中国司法鉴定》2008 年第 3 期。
② 参见袁春湘:《我国环境司法的现状、问题及相关建议》,载《中国审判》2013 年第 5 期。
③ 参见刘超、林亚真:《环境侵权诉讼中损害认定的困境与争议》,载《湖北行政学院学报》2010 年第 2 期。
④ 参见马勇:《从公益诉讼视角看我国环境损害司法鉴定》,载《中国司法鉴定》2016 年第 1 期。
⑤ 参见於方、田超、张衍燊:《我国环境损害司法鉴定制度初探》,载《中国司法鉴定》2015 年第 5 期。
⑥ 参见孙光:《船舶污染海洋环境损害司法鉴定研究》,载《环境保护》2011 年第 Z1 期。
⑦ 参见马勇:《从公益诉讼视角看我国环境损害司法鉴定》,载《中国司法鉴定》2016 年第 1 期。

管、准入管理、资质评估等方面。部分学者论证了环境损害鉴定评估机构的监管强化的必要性，并提出建立准入管理制度、环境损害鉴定评估资质管理制度和环境损害鉴定评估机构的责任追究机制。① 也有学者提出了司法部门、环保部门和其他有关部门需要建立完善环境损害司法鉴定配套制度和技术标准，包括明确细化环境损害司法鉴定申请登记程序、完善环境损害司法鉴定的监督管理规范和建立明确的环境损害司法鉴定收费标准。② 孙佑海教授提出了建立全国和省级评审专家库及其相关准入管理规范。③

第二，对于环境损害司法鉴定应如何制定技术标准的问题，王灿发教授提出现阶段成熟的质量监督管理体系（如CNAS实验室认可或者CMA计量认证）可以作为"硬"性管理手段，从"人、机、料、法、环"五个方面，对环境损害司法鉴定意见的客观性和公正性进行维护。④ 侯艳芳教授则从实务中鉴定意见冲突时难以决断的困境出发，提出环境损害司法鉴定的发展应坚持"提质"先于"增量"，且尽快确立环境损害司法鉴定中人类法益损害结果的具体鉴定标准。⑤

第三，对于环境损害司法鉴定的司法审查以及在诉讼证明过程、司法认定过程中的作用，田亦尧等指出了关联性证明责任在环境损害司法鉴定环节存在不当加重情形，进而反思了目前环境司法鉴定所作出的因果关系的认定是否与法律司法解释所要求的因果关系系同一内涵。⑥ 金自宁教授认为，法院对证据的审查判断应当先进行证据资格或证据能力的审查判断，然后再审查判断具备资格的证据的证明力大小。但是，从我国司法实践来看，这种区分并不显著，法官仅可能采取遵从模式和教育模式两种处理模式。由于有关环境损害鉴定评估的重要法律文件均未对环境损害鉴定评估之审查判断作出具体规定，金自宁教授认为应当转向适度教育模式，强化专业意见的法庭质证、庭前开示制度及科学证据审查规则的实质化。⑦

同时有学者提出环境损害司法鉴定意见采信的真实性标准面临困境。由于客观事实与法律事实的认定存在天然的科学障碍，科学认知和法律认知的思维差异干扰司法采信是环境损害司法鉴定意见采信的真实性标准面临的最主要困境。在司法诉

---

① 参见王江、魏利青、崔高莹：《论我国环境损害鉴定评估机制的完善》，载《环境保护》2016年第2期。

② 参见田超、张衍桑、於方：《环境损害司法鉴定：打开环境执法与环境司法新局面》，载《环境保护》2016年第5期。

③ 参见孙佑海：《环境损害司法鉴定：如何依法有序发展？》，载《环境保护》2016年第24期。

④ 参见王灿发等：《中国环境损害司法鉴定的发展路径与管理探索》，载《环境保护》2017年第9期。

⑤ 参见侯艳芳：《环境损害司法鉴定的现实与理想》，载《山东社会科学》2017年第10期。

⑥ 参见田亦尧、刘英：《环境侵权诉讼中关联性的证明责任》，载《法律适用》2019年第24期。

⑦ 参见金自宁：《作为科学证据的环境损害鉴定评估——基于环境司法案例的考察》，载《法学评论》2021年第5期。

讼中所提及的“以事实为依据”，其事实是法律事实。但是法律事实并不一定就是客观事实的正确反映。所以有学者建议建立鉴定意见的真实性标准，做好环境损害事实的司法鉴定与法律认定的衔接，在诉讼活动中，正确处理客观事实、科学事实和法律事实三者之间的关系。明确客观事实是科学事实和法律事实的基础，客观事实是司法证明的目的，法律事实是司法证明的标准，科学事实是客观事实和法律事实之间的桥梁。把握好环境损害事实的法律认定与司法鉴定的关系，完善环境损害鉴定评估意见在法庭开庭前的证据交换并坚持技术的同行评价和专家辅助人的质证。此外，确立鉴定意见真实性标准的规范，更好地区分鉴定结果的真实可靠性，方便法官在审理案件过程中面对多种鉴定结果时正确采信。①

① 参见张文河：《环境损害司法鉴定意见采信标准研究》，载《环境与可持续发展》2021年第2期。

第三章　环境损害司法鉴定的主体

环境损害司法鉴定的主体包括鉴定启动主体和委托主体以及司法鉴定意见编制主体，后者主要是鉴定人和鉴定机构，本书将在第五章对其详细论述，本章主要关注鉴定的启动和委托主体。在我国，尽管直接委托鉴定机构进行鉴定的主体一般情况下是司法机关，但在协同主义诉讼模式的要求下①，司法机关委托鉴定并不全部依职权自行决定，在鉴定启动、鉴定机构选择等问题上还应充分尊重当事人处分权。

第一节　民事诉讼程序中的环境损害司法鉴定主体

环境民事诉讼主要包括环境私益诉讼、环境公益诉讼和生态环境损害赔偿诉讼。其中，环境私益诉讼主要处理与环境民事权利相关的平等主体之间的民事纠纷，如环境侵权纠纷、采光权纠纷、取水权纠纷等。环境公益诉讼和生态环境损害赔偿诉讼则属于特殊的民事诉讼。环境公益诉讼主要是环保组织和检察机关针对损害社会公共利益以及有损害社会公共利益重大风险的污染环境和破坏生态行为提起的诉讼。生态环境损害赔偿诉讼则是行政机关针对生态破坏行为提起的具有公益性质的诉讼。在鉴定启动问题上，环境公益诉讼和生态环境损害赔偿诉讼相较于普通的环境私益诉讼有特别的制度安排和实践样态。

一、环境私益诉讼中的环境损害司法鉴定主体

环境私益诉讼中，环境损害司法鉴定的程序规则并无特殊规定，启动主体、委托主体与其他案件中的民事鉴定相同。《民事证据规定》(2019 年)出台后，环境私益诉讼的鉴定规则得到了许多细化和补足，目前已经成为司法鉴定规则最为详尽的一类诉讼。具言之，环境私益诉讼鉴定取证的具体流程包括鉴定启动和鉴定委托两个步骤，本书分而述之。

(一)环境私益诉讼中的环境损害司法鉴定启动主体

环境私益诉讼中，环境损害司法鉴定启动的具体流程包括以下步骤：一是由当事人或法院发起鉴定启动程序；二是法院审查鉴定的必要性，由法院依职权启动鉴定程

---

① 参见杨严炎：《论民事诉讼中的协同主义》，载《中国法学》2020 年第 5 期。

序时，必要性审查为鉴定启动程序的前置程序。若启动鉴定的申请由当事人提出，则法院收到申请后需审查是否确有必要委托鉴定。发起鉴定和审查鉴定的主体不同，相关规定见于《民事诉讼法》第79条、《民事诉讼法解释》第121条和《民事证据规定》(2019年)第30条至第32条、第40条中(见表3-1)。

表3-1 《民事诉讼法》及司法解释中关于鉴定启动与委托的规定

法条名称	规范内容
《民事诉讼法》第79条	当事人可以就查明事实的专门性问题向人民法院申请鉴定。当事人申请鉴定的，由双方当事人协商确定具备资格的鉴定人；协商不成的，由人民法院指定。 当事人未申请鉴定，人民法院对专门性问题认为需要鉴定的，应当委托具备资格的鉴定人进行鉴定
《民事诉讼法解释》第121条	当事人申请鉴定，可以在举证期限届满前提出。申请鉴定的事项与待证事实无关联，或者对证明待证事实无意义的，人民法院不予准许。 人民法院准许当事人鉴定申请的，应当组织双方当事人协商确定具备相应资格的鉴定人。当事人协商不成的，由人民法院指定。 符合依职权调查收集证据条件的，人民法院应当依职权委托鉴定，在询问当事人的意见后，指定具备相应资格的鉴定人
《民事证据规定》(2019年)第30条	人民法院在审理案件过程中认为待证事实需要通过鉴定意见证明的，应当向当事人释明，并指定提出鉴定申请的期间。 符合《民事诉讼法解释》第96条第1款规定情形的，人民法院应当依职权委托鉴定
《民事证据规定》(2019年)第31条	当事人申请鉴定，应当在人民法院指定期间内提出，并预交鉴定费用。逾期不提出申请或者不预交鉴定费用的，视为放弃申请。 对需要鉴定的待证事实负有举证责任的当事人，在人民法院指定期间内无正当理由不提出鉴定申请或者不预交鉴定费用，或者拒不提供相关材料，致使待证事实无法查明的，应当承担举证不能的法律后果
《民事证据规定》(2019年)第32条	人民法院准许鉴定申请的，应当组织双方当事人协商确定具备相应资格的鉴定人。当事人协商不成的，由人民法院指定。 人民法院依职权委托鉴定的，可以在询问当事人的意见后，指定具备相应资格的鉴定人。 人民法院在确定鉴定人后应当出具委托书，委托书中应当载明鉴定事项、鉴定范围、鉴定目的和鉴定期限

续表

法条名称	规范内容
《民事证据规定》(2019 年)第 40 条	当事人申请重新鉴定,存在下列情形之一的,人民法院应当准许:①鉴定人不具备相应资格的;②鉴定程序严重违法的;③鉴定意见明显依据不足的;④鉴定意见不能作为证据使用的其他情形。 存在前款第 1 项至第 3 项情形的,鉴定人已经收取的鉴定费用应当退还。拒不退还的,依照本规定第 81 条第 2 款的规定处理。 对鉴定意见的瑕疵,可以通过补正、补充鉴定或者补充质证、重新质证等方法解决的,人民法院不予准许重新鉴定的申请。 重新鉴定的,原鉴定意见不得作为认定案件事实的根据

首先,民事诉讼中环境损害司法鉴定的启动主体有两类,依申请发起的鉴定程序以当事人为启动主体,依职权启动的鉴定程序以法院为启动主体。依申请启动鉴定程序是指当事人可以就查明事实的专门性问题向人民法院申请鉴定。此种情况下,当事人是鉴定启动程序的发起主体。需要注意的是,当事人的鉴定启动权必须依法行使:一方面,申请启动鉴定的时间限制在举证期限届满前;另一方面,当事人在申请鉴定时需要预交鉴定费用,逾期不提出申请或者不预交鉴定费用的,视为放弃申请。需要说明的是,在鉴定启动申请问题上,法院虽保留了补充性的依职权开启鉴定启动程序的权利,但出于责任规避的考虑,实践中法院依职权主动开启鉴定程序的情况较少,当事人申请已经成为主要的鉴定程序发起方式。

依职权发起鉴定启动程序是指当事人未申请鉴定,人民法院对专门性问题认为需要鉴定的,应当委托具备资格的鉴定人进行鉴定。此种情况下,法院是鉴定启动程序的发起主体。需要注意的是,法院依职权启动鉴定的权力受到限制。一方面,在启动鉴定的事由上,只有出现《民事诉讼法解释》第 96 条第 1 款规定的法院依职权收集证据的情况时,法院方可依职权启动鉴定程序。另一方面,当事人的鉴定启动权在顺位上优于法院。如果当事人和法院都有启动鉴定程序的意愿,应优先由当事人向法院申请启动鉴定程序。如果当事人未申请鉴定,人民法院在审理案件过程中认为待证事实需要通过鉴定意见证明的,应当向当事人释明,并指定提出鉴定申请的期间,不可径行依职权启动鉴定程序。需要指出的是,实践中,法院启动鉴定有以下三项特征:一是基于责任规避的立场和诉讼效率的考虑,依职权启动鉴定的意愿较差;二是受到审判能力与专业性影响,越高等级的法院,启动鉴定的能力和意愿越强;三是部分法官缺乏环境、农业知识背景,启动鉴定时可能导致多次启动、启动受阻或鉴定偏差等问题。如刘某案中,法院委托甲司法鉴定中心对原告苗木受损的原因进行鉴定。但第一次委托被甲司法鉴定中心拒绝,第二次委托其才受理。原因在于,第一次委托事项为原告油松树苗损害与被告排放气体、烟尘的因果关系，超出该机构鉴定能力；第二次委托时，侧重鉴定原告苗木受损的原因，甲司法鉴定中心就此进行鉴定并出具鉴定意见。此案中，由于不清楚鉴定机构的鉴定范围，委托鉴定不成功，耽误诉讼时间，影响诉讼效率。①

其次，依申请启动环境损害司法鉴定程序的，由法院进行启动必要性审查。鉴定程序往往耗时较长、成本巨大，如果以当事人申请作为启动鉴定的唯一条件，则可能引起恶意申请鉴定拖延诉讼进程的情况，有悖诉讼效率原则。因此对于当事人的鉴定申请，法院并非必然同意，而应审查鉴定对案件待证事实证明的作用，若申请鉴定的事项与待证事实无关联，或者对证明待证事实无意义的，人民法院不予准许鉴定申请。其中，"对证明待证事实有意义"是指鉴定事项依据鉴定意见之外的在案证据无法证明待证事实，如果不必进行司法鉴定也可完成证明，则法院应不予准许鉴定申请。值得说明的是，依职权启动鉴定程序时，法院在作出启动鉴定的诉讼指令前需要考虑鉴定的必要性，或者说必要性审查是依职权启动鉴定程序的前置条件。

最后，若当事人对初次鉴定有异议，可以通过鉴定异议程序向法院申请重新启动鉴定程序。依据《民事证据规定》(2019 年)第 40 条第 1 款的规定，重新鉴定应予准许的情形包括鉴定人不具备相应资格，鉴定程序严重违法以及鉴定意见明显依据不足，且若鉴定意见存有上述三类以外但可能无法作为证据使用之情形，法官可以决定是否准许重新鉴定。该规则与司法部颁布的《司法鉴定程序通则》中对重新鉴定的规定是殊途同归的，均反映出法官审查重新鉴定申请的主导地位，审查的内容也均包括鉴定资格、鉴定程序与鉴定依据等证据的可采性判断。②

其中，鉴定人资质的审查可直接参照司法部颁布的《司法鉴定人登记管理办法》的相关规定，鉴定程序的审查可直接参照《司法鉴定程序通则》执行，但依据《民事证据规定》(2019 年)第 40 条第 3 款规定，鉴定意见的程序瑕疵是可补正的，因此《民事证据规定》(2019 年)第 40 条第 1 款中"严重违法"之标准应为无法补正且可能对鉴定意见产生实质性影响的程序违法③。以《司法鉴定程序通则》第 31 条为例，鉴定人应当回避而没有回避的属于鉴定程序严重违法。对鉴定意见依据的审查则较为复杂，包括两个方面。其一是逻辑依据，鉴定分析说明过程与最终形成的鉴定意见之间

① 参见丁霖、余文梦、竺效：《生态环境损害鉴定评估启动的驱动因素与机制完善：基于 949 个案例的实证研究》，载《环境科学研究》2022 年第 6 期。

② 参见金雷霆：《新〈民事证据规定〉视角下重新鉴定制度的解构——兼论〈民事证据规定〉第四十条》，载《中国司法鉴定》2021 年第 6 期。

③ 参见陈瑞华：《鉴定意见的审查判断问题》，载《中国司法鉴定》2011 年第 5 期。

的逻辑衔接需符合一般人的常识认知，满足其作为言词证据的逻辑依据合理性；其二是科学依据，科学依据的有效性应当从科学原理与科学方法两个方面来认识①，即鉴定过程中的观察、检测、试验、分析等必须符合计量认证或实验室认可的要求，判断与推理过程满足相关鉴定技术标准、规范的科学检验流程。除上述应当准予重新鉴定的情形之外，法官审查鉴定意见时对其可靠性存疑也可以要求重新鉴定②，但应考量诉讼成本、审判效率等其他因素。

（二）环境私益诉讼中的环境损害司法鉴定委托主体

民事诉讼中环境损害司法鉴定的鉴定委托工作包含以下两项内容：一是鉴定人选择程序，法庭依据法定程序选择承担鉴定任务的鉴定人；二是由法院依职权委托鉴定人进行鉴定活动。

首先，民事诉讼中，环境损害司法鉴定人的选择主体因鉴定启动依职权或依申请而不同，总体来看重视保障当事人的处分权。依申请启动的鉴定程序中，鉴定人选择主体优先由当事人担当，法院可作为当事人不行使鉴定人选择权时的补充。具言之，法院应当组织双方当事人协商确定具备相应资格的鉴定人。当事人协商不成的，方可由人民法院指定。依职权启动的鉴定程序中，尽管从一般法理上看属于法院依职权查明关涉国家利益、社会公众利益、案外人利益的案件事实，应由法院掌握调查权，但在鉴定制度的具体规则上，法院选择鉴定人，需要在询问当事人的意见后，方可指定具备相应资格的鉴定人。无论鉴定程序依何种方式启动，在选择鉴定人时都必须听取当事人意见，法院选择鉴定人的权力受到很大限制。这是因为如果法官有权任意选取鉴定人，则在此环节极易滋生腐败，鉴定公信力和司法权威都可能受到减损。为此，即便是由法院指定鉴定人的案件，目前在鉴定人选择的具体方法上也普遍采用摇号机制③，以确保鉴定人选择环节的公平性和透明性。

其次，选定鉴定人后，委托鉴定的主体只能是法院。《民事证据规定》（2019 年）第 32 条第 3 款规定，“人民法院在确定鉴定人后应当出具委托书，委托书中应当载明鉴定事项、鉴定范围、鉴定目的和鉴定期限”。由此说明，法院是对外就具体专门性问题委托鉴定的唯一主体，委托行为依职权进行且委托事项必须具体明确。从制度目的上看，鉴定委托权由法院掌握是为了保证鉴定的中立性。在诉讼构造中，法院代表司法权威居中审理案件，双方当事人则代表自身立场提出自身诉求。如果由当事人委托鉴定并直接向鉴定机构支付鉴定费，则鉴定费支付者和鉴定意见编制者之间

---

① 参见张南宁：《科学证据可采性标准的认识论反思与重构》，载《法学研究》2010 年第 1 期。

② 参见刘晓丹：《科学证据可采性规则研究》，载《证据科学》2012 年第 1 期。

③ 以摇号方式随机抽取鉴定机构首见于北京市高级人民法院《关于委托法医、物证、声像等司法鉴定工作的若干规定（试行）》，后来成为鉴定机构选择的普遍做法。

势必产生利益关联，难以排除委托鉴定的当事人对鉴定意见编制活动进行干预的可能。此外，纵使鉴定机构恪守职业道德，从科学原理出发作出了不利于委托鉴定的当事人的鉴定意见，当事人也不会将这份不利于自己的证据提交法庭，只会造成鉴定资源的浪费。由此，当事人诉前与诉中自行委托作出的鉴定意见，应当视为有专门知识的人出具的书面意见，只能根据《民事诉讼法解释》第122条的规定视为当事人陈述，在证据能力和证明力上与法院委托的鉴定存在较大区别。《民事证据规定》(2001年)的措辞一度使诉前鉴定是否属于法定证据种类所指的鉴定意见存在争议[①]，但在《民事证据规定》(2019年)中，最高人民法院进行了调整，将对当事人诉前自行委托的鉴定定性为就专门性问题出具的意见，不再将诉前鉴定定性为鉴定意见。[②]

二、民事公益诉讼中的环境损害司法鉴定主体

民事公益诉讼，是指法律规定的机关和有关组织，对已经损害社会公共利益或者具有损害社会公共利益重大风险的污染环境、破坏生态的行为提起诉讼。[③] 与环境私益诉讼不同，环境民事公益诉讼的起诉主体是代表公共利益的检察机关和社会组织，诉讼客观范围限制在对不特定主体的公共利益侵害所提起的诉讼。[④] 作为特殊的民事诉讼程序，环境公益诉讼制度在我国的发展起步较晚，2012年修正的《民事诉讼法》首次规定了环境民事公益诉讼制度，但直到2014年颁布的《环境保护法》对可以提起公益诉讼的社会组织主体资格正式作出规定后，环境公益诉讼在我国的发展才真正起步。[⑤] 发展至今，环境民事公益诉讼的制度建构已经取得长足进展，但关于鉴定的程序控制规定仍不完善，鉴定启动的专门性规定主要见于《环境民事公益诉讼解释》《检察公益诉讼解释》《人民检察院公益诉讼办案规则》(见表3-2)。实践中，检察院、公益组织及被告污染者单方委托的鉴定占据主流，与环境民事私益诉讼司法实践呈现出迥乎不同的实践特征。

---

① 参见郭华：《司法鉴定机构及鉴定人被告身份及民事责任的反思与省察》，载《中国司法鉴定》2019年第4期。

② 参见《民事证据规定》(2001年)第28条，"一方当事人自行委托有关部门作出的鉴定结论，另一方当事人有证据足以反驳并申请重新鉴定的，人民法院应予准许"。修改后的法条为《民事证据规定》(2019年)第41条，"对于一方当事人就专门性问题自行委托有关机构或者人员出具的意见，另一方当事人有证据或者理由足以反驳并申请鉴定的，人民法院应予准许"。

③ 参见《环境民事公益诉讼解释》第1条。

④ 参见张卫平：《民事公益诉讼原则的制度化及实施研究》，载《清华法学》2013年第4期。

⑤ 参见江必新：《中国环境公益诉讼的实践发展及制度完善》，载《法律适用》2019年第1期。

表 3-2 司法解释中关于环境民事公益诉讼鉴定启动与委托的规定

法条名称	规范内容
《环境民事公益诉讼解释》第 8 条	提起环境民事公益诉讼应当提交下列材料:……(2)被告的行为已经损害社会公共利益或者具有损害社会公共利益重大风险的初步证明材料……
《环境民事公益诉讼解释》第 14 条	对于审理环境民事公益诉讼案件需要的证据,人民法院认为必要的,应当调查收集。 对于应当由原告承担举证责任且为维护社会公共利益所必要的专门性问题,人民法院可以委托具备资格的鉴定人进行鉴定
《检察公益诉讼解释》第 6 条	人民检察院办理公益诉讼案件,可以向有关行政机关以及其他组织、公民调查收集证据材料;有关行政机关以及其他组织、公民应当配合;需要采取证据保全措施的,依照《民事诉讼法》《行政诉讼法》相关规定办理
《人民检察院公益诉讼办案规则》第 35 条	人民检察院办理公益诉讼案件,可以采取以下方式开展调查和收集证据:……(5)委托鉴定、评估、审计、检验、检测、翻译……
《人民检察院公益诉讼办案规则》第 41 条	人民检察院对专门性问题认为确有必要鉴定、评估、审计、检验、检测、翻译的,可以委托具备资格的机构进行鉴定、评估、审计、检验、检测、翻译,委托时应当制作《委托鉴定(评估、审计、检验、检测、翻译)函》
《人民检察院公益诉讼办案规则》第 87 条	人民检察院办理涉及刑事犯罪的民事公益诉讼案件,在刑事案件的委托鉴定评估中,可以同步提出公益诉讼案件办理的鉴定评估需求
《人民检察院公益诉讼办案规则》第 88 条	刑事侦查中依法收集的证据材料,可以在基于同一违法事实提起的民事公益诉讼案件中作为证据使用

(一)诉前单方委托鉴定的启动主体

从起诉主体来看,目前我国的公益诉讼起诉人是社会组织和检察院,两者在起诉前均可能单方委托鉴定机构对案争环境问题进行鉴定。社会组织和检察院在取证能力和起诉动因上存在较大差异,因而不同起诉主体提起的环境公益诉讼中,诉前委托的实践特征也存在较大差异。

1. 社会组织

对社会组织来说,过大的生态损害鉴定成本使得社会组织的起诉意愿降低,诉讼策略趋向谨慎。目前,环境损害司法鉴定收费极高,几十万元、上百万元的鉴定报价屡见不鲜,"鉴定难""鉴定贵"问题突出。例如,在2011年自然之友、重庆市绿色志愿者联合会及曲靖市环保局起诉云南省陆良化工实业有限公司和云南省陆良和平科技有限公司铬渣环境污染一案中,整体鉴定费用高达300万元,这笔相当于起诉人"自然之友"年收入的费用在很大程度上拖延了案件进程。为避免过高鉴定费用风险,环保社会组织会倾向于选择败诉风险小的案件进行诉讼,并利用其他主体诉前的鉴定结果进行诉讼,或在诉讼中申请法院委托鉴定。另外,社会组织在环境公益诉讼中一般倾向于使生态环境得到最大限度的救济,因此自行委托鉴定或向法院申请启动鉴定时,往往会尽可能涵盖所有可能受损的生态环境,诉讼策略又体现出相对激进的一面。例如,在绿发会诉云南泽昌钛业有限公司(以下简称泽昌钛业)一案中,被告泽昌钛业违规修建、使用案涉渣库,致使渣库内囤积的酸性渗滤液外泄至河道,造成案涉渣库下游水体受到污染。公益诉讼起诉人绿发会除主张被告对下游水体污染承担相应责任外,还要求鉴定案涉渣库所在地及周边土壤、地表水、地下水是否被渣库污染。

2. 检察院

对检察院来说,自2019年最高人民检察院提出形成"四大检察"权能配置格局以来,公益诉讼在检察系统内部已经成为与刑事检察、民事检察、行政检察相互独立的专门业务,检察院参与公益诉讼的能力和意愿都较高。目前,检察院已经成为提起环境民事公益诉讼的主导力量,自2017年起,检察环境民事公益诉讼的数量均超出同时期社会组织提起的环境民事公益诉讼近一倍。检察院在提起民事公益诉讼时,有权自行启动环境损害司法鉴定程序。即使在社会组织提起的民事公益诉讼中,检察院也可以以支持起诉人的诉讼地位参与案件证据收集,协助社会组织委托环境损害司法鉴定。

除单独提起民事公益诉讼外,检察院还可依据《检察公益诉讼解释》第20条提起刑事附带民事公益诉讼,此类诉讼可以方便环境刑事司法与民事司法的衔接,在实践中已经成为检察公益诉讼的工作重心。刑事附带民事公益诉讼鉴定启动上,尽管根据《人民检察院公益诉讼办案规则》第88条,刑事诉讼部分的证据在民事公益诉讼中仍然有证据能力,但因刑事鉴定和民事公益诉讼鉴定拟证明的主要内容不同,目前实践中往往需要由刑事侦查机关(主要是公安机关)启动刑事部分的鉴定意见收集程序,由检察机关另行启动附带民事公益诉讼部分的鉴定意见收集程序。

生态环境刑事附带民事公益诉讼案件中,虽然公益诉讼部分的鉴定依托于刑事鉴定,但二者在证明对象方面仍存在明显差异。刑事部分鉴定意见的证明重点主要是根据《环境污染刑事案件解释》,认定特定重金属是否超过国家或者地方污染物排放标准3倍、10倍以上;是否符合通过暗管、渗井、渗坑等逃避监管的方式排放、倾倒、处置有毒物质,或者倾倒、排放危险废物超过3吨等环境刑法的客观要件。公益诉讼证明重点则集中在环境损害结果的量化上。例如，在重金属废水排放类案件中，公益诉讼部门需要就企业生产工艺、废水产生环节、废水具体排放量、正规处理废水的成本、废水排入外环境的水体类型等进行调查取证，与刑事鉴定存在明显差异。考虑到公安机关在业务传统上不收集证明民事公益诉讼中环境损害数额的证据，刑事附带民事公益诉讼实践中常见的情况是，公益损害由检察机关进行，与公安机关启动的刑事鉴定相分离，出现“同案二次鉴定”的现象。二次鉴定的实践样态存在诸多问题，两次启动鉴定不仅容易造成人力、物力、财力的浪费，也可能影响被告人对司法公信力的感受，甚至影响诉讼进程。为此，需要落实《人民检察院公益诉讼办案规则》第87条的规定，增强公安机关、检察机关和环境行政部门协同取证的能力，尽量在侦查阶段公安机关启动初次鉴定时，就要求鉴定机构对民事公益诉讼部分需要鉴定的事项一并进行鉴定。

（二）诉中鉴定的启动主体

环境民事公益诉讼中的鉴定启动与环境民事私益诉讼类似，由法院依职权或依申请启动。进入诉讼程序后，为保障环境诉讼顺利开展，节约社会成本与司法资源，应将各类主体的环境损害鉴定评估启动权限收回，仅由法院启动。其他主体可以根据需要申请法院启动，而是否启动则由法院自行决定。[①] 值得注意的是，《环境民事公益诉讼解释》第14条特别指出，“对于应当由原告承担举证责任且为维护社会公共利益所必要的专门性问题，人民法院可以委托具备资格的鉴定人进行鉴定”。该条在条文性质上属于提示性条款，即使没有《环境民事公益诉讼解释》的专门性规定，依据《民事诉讼法解释》第96条的规定，法官也应主动收集“涉及可能损害国家利益、社会公共利益”的证据。

若存在诉前鉴定评估，则诉中不再另行启动。但若原告或被告要求另行鉴定的，由法院依法判定是否启动。例如，诉前生态环境损害鉴定评估意见的真实性、合法性、关联性存在瑕疵，则法院可重新启动新的生态环境损害鉴定评估。这一启动权限的回收，可以有效避免多头鉴定、重复鉴定等问题，节省司法成本与社会成本。[②] 与环境民事私益诉讼不同的是，对于单方委托的诉前鉴定，经当事人质证和法院依法审查后，可以作为“鉴定意见”用于认定案件事实，不应和环境民事私益诉讼一样仅视为当事人陈述或有专门知识的人出具的书面意见。[③] 这是因为社会组织和检察院提

---

① 参见《民事诉讼法》第79条。

② 参见丁霖、余文梦、竺效：《生态环境损害鉴定评估启动的驱动因素与机制完善：基于949个案例的实证研究》，载《环境科学研究》2022年第6期。

③ 参见田亦尧、赵燊：《司法鉴定人及其意见的法律性质——基于新〈民事证据规定〉的分析》，载《中国司法鉴定》2021年第4期。

起公益诉讼时单方委托的鉴定不会破坏鉴定的中立属性。从法理上看，公益诉讼起诉人代表社会公众行使环境救济权利，诉讼立场带有天然的中立性和公益性；从制度上看，被告败诉后承担环境污染和生态破坏责任所支付的费用并不由起诉人支配，许多时候起诉人支出的诉讼成本都无法通过诉讼收回。[①] 因此，不必以削弱公益诉讼起诉人诉前鉴定证明力的方式，平衡单方委托带来的中立性偏倚风险。可能的顾虑是，相较于诉中鉴定，诉前鉴定的程序控制相对宽松，被告的程序权利保障有所削减。不过，环境民事公益诉讼程序的重要特点是，将公共利益作为优先保护的利益置于当事人程序利益之前，为保护环境公共利益不惜牺牲当事人的程序表达权和程序处分权，这一特点在主体资格、起诉要件、法院职权调查、和解与撤诉等方面均有所体现。[②] 在鉴定启动权设计上，为方便事实调查，赋予代表社会公共利益的公益诉讼起诉人以附条件的诉前鉴定启动权与环境公益诉讼的公益性特征相契合，这一点在生态环境损害赔偿诉讼诉前鉴定启动制度设计上也可得到佐证。[③]

三、生态环境损害赔偿诉讼中的环境损害司法鉴定主体

2015 年，中共中央办公厅、国务院办公厅印发《生态环境损害赔偿制度改革试点方案》，2017 年年底，中共中央办公厅、国务院办公厅印发《生态环境损害赔偿制度改革方案》，明确提出依法确定生态环境损害赔偿额度，规范生态环境损害鉴定评估。2020 年 12 月 29 日，最高人民法院发布《生态环境损害赔偿案件规定》，初步确定了生态环境损害赔偿诉讼的司法规则，并对专门性问题的举证责任和诉前鉴定的使用进行了规定。前述三份文件确定了生态环境损害赔偿诉讼的大致框架（见表3－3），但细化明确的鉴定启动规则仍然缺位。在学界，现有研究主要集中在生态环境损害赔偿诉讼的性质[④]、生态环境损害赔偿诉讼与环境民事公益诉讼的关系[⑤]、生态环境

---

① 参见黄锡生、余晓龙：《社会组织提起环境公益诉讼的综合激励机制重构》，载《法学论坛》2021 年第 1 期。

② 参见段厚省：《环境民事公益诉讼基本理论思考》，载《中外法学》2016 年第 4 期。

③ 参见《生态环境损害赔偿案件规定》第 10 条：当事人在诉前委托具备环境司法鉴定资质的鉴定机构出具的鉴定意见，以及委托国务院环境资源保护监督管理相关主管部门推荐的机构出具的检验报告、检测报告、评估报告、监测数据等，经当事人质证并符合证据标准的，可以作为认定案件事实的根据。

④ 参见彭中遥：《生态环境损害赔偿诉讼的性质认定与制度完善》，载《内蒙古社会科学（汉文版）》2019 年第 1 期；李浩：《生态损害赔偿诉讼的本质及相关问题研究——以环境民事公益诉讼为视角的分析》，载《行政法学研究》2019 年第 4 期；汪劲：《论生态环境损害赔偿诉讼与关联诉讼衔接规则的建立——以德司达公司案和生态环境损害赔偿相关判例为鉴》，载《环境保护》2018 年第 5 期。

⑤ 参见向往、秦鹏：《生态环境损害赔偿诉讼与民事公益诉讼衔接规则的检讨与完善》，载《重庆大学学报（社会科学版）》2021 年第 1 期；巩固：《生态环境损害赔偿诉讼与环境民事公益诉讼关系探究——兼析〈民法典〉生态赔偿条款》，载《法学论坛》2022 年第 1 期；曹明德、马腾：《生态环境损害赔偿诉讼和环境公益诉讼的法理关系探微》，载《海南大学学报（人文社会科学版）》2021 年第 2 期。

损害赔偿责任的构成和量化①、磋商规则的建构与完善②等问题上，对于生态环境损害赔偿的证据规则有所忽视。

表 3－3　司法解释中关于生态环境损害赔偿诉讼鉴定启动与委托的规定

法条名称	规范内容
《生态环境损害赔偿案件规定》第 1 条第 1 款	具有下列情形之一，省级、市地级人民政府及其指定的相关部门、机构，或者受国务院委托行使全民所有自然资源资产所有权的部门，因与造成生态环境损害的自然人、法人或者其他组织经磋商未达成一致或者无法进行磋商的，可以作为原告提起生态环境损害赔偿诉讼：①发生较大、重大、特别重大突发环境事件的；②在国家和省级主体功能区规划中划定的重点生态功能区、禁止开发区发生环境污染、生态破坏事件的；③发生其他严重影响生态环境后果的
《生态环境损害赔偿案件规定》第 5 条	原告提起生态环境损害赔偿诉讼，符合《民事诉讼法》和本规定并提交下列材料的，人民法院应当登记立案：……②符合本规定第 1 条规定情形之一的证明材料……
《生态环境损害赔偿案件规定》第 6 条	原告主张被告承担生态环境损害赔偿责任的，应当就以下事实承担举证责任：①被告实施了污染环境、破坏生态的行为或者具有其他应当依法承担责任的情形；②生态环境受到损害，以及所需修复费用、损害赔偿等具体数额；③被告污染环境、破坏生态的行为与生态环境损害之间具有关联性
《生态环境损害赔偿案件规定》第 10 条	当事人在诉前委托具备环境司法鉴定资质的鉴定机构出具的鉴定意见，以及委托国务院环境资源保护监督管理相关主管部门推荐的机构出具的检验报告、检测报告、评估报告、监测数据等，经当事人质证并符合证据标准的，可以作为认定案件事实的根据

总体来说，生态环境损害赔偿诉讼是一类尚处在摸索创建阶段的新兴诉讼程序，是指发生较大、重大、特别重大突发环境事件，在国家和省级主体功能区规划中划定的重点生态功能区、禁止开发区发生环境污染、生态破坏事件或发生其他严重影响生态环境后果时，省级、市地级人民政府及其指定的相关部门、机构，或者受国务院委托行使全民所有自然资源资产所有权的部门，因与造成生态环境损害的自然人、法人或者其他组织经磋商未达成一致或者无法进行磋商的，可以作为原告提起生态环境损

① 参见冯洁语：《公私法协动视野下生态环境损害赔偿的理论构成》，载《法学研究》2020 年第 2 期；刘静：《生态环境损害赔偿诉讼中的损害认定及量化》，载《法学评论》2020 年第 4 期。

② 参见孙佑海、闫妍：《如何建立生态环境损害赔偿磋商协议的司法确认制度》，载《环境保护》2018 年第 5 期；别涛、刘倩、季林云：《生态环境损害赔偿磋商与司法衔接关键问题探析》，载《法律适用》2020 年第 7 期；董正爱、胡泽弘：《协商行政视域下生态环境损害赔偿磋商制度的规范表达》，载《中国人口·资源与环境》2019 年第 6 期。

害赔偿诉讼。① 具言之,生态环境损害赔偿制度在程序上包括磋商程序和诉讼程序,从程序发生的先后来看,磋商程序是诉讼程序的前置程序,且在磋商过程中,启动鉴定、勘验检查等查明生态环境损害数额等专门性事实属于必经程序,因此鉴定的初次启动绝大多数情况下完成于磋商程序。

(一)磋商阶段的鉴定启动主体

磋商的具体流程是,赔偿权利人通过详细的资料搜索、文件审查、调查访谈等多种方式尽早识别出责任人。识别出责任人后,政府需要向责任人发布通知函和磋商建议书。通知函包括前期调查所确定的生态环境损害事实及相关证据材料、责任人有关信息、责任人承担责任的依据和理由等。② 如果经磋商达成赔偿协议,可以依照《民事诉讼法》向人民法院申请司法确认;如果不能达成赔偿协议,赔偿权利人有权向法院提起生态环境损害赔偿诉讼。

磋商程序中鉴定的启动主体并不统一,实践中各地做法各异,单方鉴定与合作鉴定并存。目前我国生态环境损害赔偿制度尚处于起步阶段,中央文件中尚没有磋商阶段鉴定评估程序的设计。③ 从地方立法情况来看,各省市做法分歧较大,归纳起来,可以分为两类。第一类以贵州、江苏、宁夏、山东为代表,采取单方委托启动模式,要求赔偿权利人在启动生态环境损害赔偿磋商前,须先完成生态环境损害调查和鉴定评估,再告知赔偿义务人启动磋商。④ 第二类以浙江、陕西、上海为代表,体现出"合作评估"的理念,规定赔偿义务人同意磋商的,磋商的一方或双方应委托鉴定评估机构开展调查和鉴定评估工作,形成调查报告和鉴定评估报告,启动磋商程序。⑤ 不过,我国目前地方立法中的"合作评估"限于鉴定委托程序,鉴定启动权由赔偿权利人依行政职权行使。本书认为,第二类"合作评估"模式代表着磋商程序鉴定启动和委托的未来方向。在已有的实践中,鉴于生态环境损害鉴定评估报告直接影响磋商的内容,磋商启动后,赔偿义务人往往会对赔偿权利人单方委托作出的生态环境损害鉴定评估报告提出异议,申请重新鉴定评估,但只要鉴定机构具备相应资质,一般很难得到支持。此种情形出现的原因在于生态环境损害赔偿磋商的本质仍是环境行

---

① 参见《生态环境损害赔偿案件规定》第1条。

② 参见竺效:《生态损害公益索赔主体机制的构建》,载《法学》2016年第3期。

③ 参见李兴宇:《生态环境损害赔偿磋商的性质辨识与制度塑造》,载《中国地质大学学报(社会科学版)》2019年第4期。

④ 参见《贵州省生态环境损害赔偿磋商办法(试行)》(2017年)第11条、《江苏省生态环境损害赔偿磋商办法(试行)》(2018年)第5条、《宁夏回族自治区生态环境损害赔偿磋商办法(试行)》(2019年)第7条、《山东省生态环境损害赔偿磋商工作办法》(2018年)第7条。

⑤ 参见《浙江省生态环境损害赔偿磋商管理办法(试行)》(2018年)第6条、《陕西省生态环境损害赔偿磋商办法(试行)》(2020年)第5条、《上海市生态环境损害调查管理办法》(2020年)第8条。

政权的延伸,赔偿义务人并不信任由赔偿权利人单方委托的环境损害司法鉴定机构①,而重新鉴定的救济渠道受到鉴定费用高昂、资质主义惯性等因素的影响,常常并不通畅。为解决这一问题,必须在初次鉴定的启动和委托中赋予赔偿义务人参与权利,防止当事人的民事程序权利受到行政权力的过分侵蚀。

从作用来看,司法鉴定是磋商程序中赔偿权利人与义务人开展主动磋商的科学依据。根据《生态环境损害赔偿制度改革方案》,"开展生态环境损害调查、鉴定评估"是生态环境损害赔偿权利人预判和发现生态环境损害需要修复或赔偿与否的基础,如果没有鉴定意见提供的科学参考,损害赔偿权利人难以就相对抽象的生态环境损害给出具体的索赔数额。需要指出的是,过度依赖鉴定评估的磋商实践也暴露出一定问题。鉴定评估一旦作出,则赔偿权利人(行政机关)的索赔数额多数情况下会与鉴定意见给出的数额一致,而赔偿义务人作为污染企业,在磋商中很难与赔偿权利人真正平等,缺乏对鉴定确定的数额提出异议的渠道。

(二)诉讼阶段司法鉴定的相关主体

磋商程序中收集的鉴定意见经质证并符合证据标准的,可以在诉讼中作为鉴定意见使用,因此通常情况下庭审阶段不涉及司法鉴定启动问题。具言之,如果磋商未果,诉前鉴定则会进入生态环境损害赔偿诉讼程序。《生态环境损害赔偿案件规定》第 10 条明确规定,诉前当事人委托的鉴定,经法院依法审查、当事人充分质证后,可以作为"鉴定意见"使用。这是在生态环境损害赔偿诉讼这一特殊语境下,对《民事诉讼法解释》中"诉前单方鉴定视为当事人陈述"规则作出的例外规定。对于合作评估模式下双方委托的鉴定,由于双方在磋商程序中已经对鉴定人选择充分发表意见,当事人的鉴定权利可在较大程度上获得保障,适用《生态环境损害赔偿案件规定》有其合理性。对于赔偿权利人单方委托的鉴定,与环境民事公益诉讼类似,赔偿权利人在提起生态环境损害赔偿诉讼时,代表的是环境公共利益,从法理上看,其诉讼立场有天然的中立性,因此也可适用《生态环境损害赔偿案件规定》的特殊规定。

但是,对于磋商程序中收集的鉴定意见,法院仍需依法进行实质性审查,注意避免过度依赖鉴定意见,双方当事人也可就磋商阶段形成的鉴定意见展开辩论。需知,生态环境损害的专门性问题较为复杂,尤其在因果关系、损害后果的评估判断等方面,即使是由具有资质的鉴定机构出具的鉴定意见,亦未必代表绝对的科学真实,其他科学证据和专家意见也可能给出不同意见。② 因此,不宜盲信鉴定给出的意见,

---

① 参见张辉、沈世伟、贾进宝:《生态环境损害赔偿磋商制度的实践研究——聚焦 20 起磋商优秀候选案例》,载《环境保护》2020 年第 11 期。

② 参见吴一冉:《生态环境损害赔偿诉讼举证责任相关问题探析》,载《法律适用》2020 年第 7 期。

“以鉴代审”,而应从裁判方法层面将鉴定意见合理嵌入事实认定模式[①],结合全案证据慎重作出科学问题的法律裁量。例如,对于讨论较多的生态环境损害赔偿额度,有学者提出了“以鉴定为基础 + 法院适度调整 + 法院酌定或类比推定”的裁判方法。第一层次是首先依据鉴定意见,如果经质证,其确定的额度没有疑问,法院直接将其作为认定赔偿额度并进行判决的依据。第二层次为法院适度调整,如果法院审查认为鉴定或专家意见存有疑问,或者原被告质证时对其提出了可以采信的理由,则法院对鉴定或专家意见进行适度调整。适度调整的方式不同于法官自由裁量,前者系基于对鉴定或专家意见的审查判断而做的适度调整,额度确定的总体框架仍然以鉴定或专家意见为蓝本。第三层次是确定污染事实存在,但具体损害无法查明情况下的类比推定或酌定。

第二节 刑事诉讼程序中的环境损害司法鉴定主体

刑事诉讼中环境损害司法鉴定主体包括侦查阶段的鉴定主体和审判阶段的鉴定主体。侦查阶段的鉴定启动和委托主体是侦查机关,鉴定启动权体现着极强的职权主义色彩,委托形式则有指派和聘请两种。审判阶段的鉴定启动与民事诉讼鉴定启动类似,可由法院依职权启动,也可依当事人和辩护人、诉讼代理人申请,由法院批准申请而启动。[②]

一、刑事侦查阶段的环境损害司法鉴定主体

实践中,大部分鉴定程序都是在侦查阶段由侦查机关主动启动,在庭审阶段由法官依职权主动提起或由当事人申请由法官批准的鉴定程序数量极少。因此,研究刑事侦查阶段环境损害司法鉴定的取证规则和调查实践,对理解刑事司法中环境损害司法鉴定的应用有着重要意义。

(一)刑事侦查阶段环境损害司法鉴定的启动主体

由于刑事诉讼不同案件中侦查主体并不唯一,关于侦查阶段鉴定启动的规定散见于《刑事诉讼法》《监察法》《公安机关办理刑事案件程序规定》《监察法实施条例》《人民检察院刑事诉讼规则》之中(见表 3-4)。

---

① 参见陈幸欢:《生态环境损害赔偿司法认定的规则厘定与规范进路——以第 24 批环境审判指导性案例为样本》,载《法学评论》2021 年第 1 期。

② 参见顾永忠:《论我国刑事公诉案件举证责任的突破、误区及理论根基》,载《甘肃社会科学》2015 年第 2 期。

表 3－4 《刑事诉讼法》及司法解释中关于侦查阶段鉴定启动与委托的规定

法条名称	规范内容
《刑事诉讼法》第 146 条	为了查明案情，需要解决案件中某些专门性问题的时候，应当指派、聘请有专门知识的人进行鉴定
《刑事诉讼法》第 148 条	侦查机关应当将用作证据的鉴定意见告知犯罪嫌疑人、被害人。如果犯罪嫌疑人、被害人提出申请，可以补充鉴定或者重新鉴定
《人民检察院刑事诉讼规则》第 218 条	人民检察院为了查明案情，解决案件中某些专门性的问题，可以进行鉴定。 鉴定由人民检察院有鉴定资格的人员进行。必要时，也可以聘请其他有鉴定资格的人员进行，但是应当征得鉴定人所在单位同意
《人民检察院刑事诉讼规则》第 219 条	人民检察院应当为鉴定人提供必要条件，及时向鉴定人送交有关检材和对比样本等原始材料，介绍与鉴定有关的情况，并明确提出要求鉴定解决的问题，但是不得暗示或者强迫鉴定人作出某种鉴定意见
《人民检察院刑事诉讼规则》第 221 条第 2 款	犯罪嫌疑人、被害人或被害人的法定代理人、近亲属、诉讼代理人提出申请，可以补充鉴定或者重新鉴定，鉴定费用由请求方承担。但原鉴定违反法定程序的，由人民检察院承担
《公安机关办理刑事案件程序规定》第 248 条	为了查明案情，解决案件中某些专门性问题，应当指派、聘请有专门知识的人进行鉴定。 需要聘请有专门知识的人进行鉴定，应当经县级以上公安机关负责人批准后，制作鉴定聘请书
《公安机关办理刑事案件程序规定》第 249 条	公安机关应当为鉴定人进行鉴定提供必要的条件，及时向鉴定人送交有关检材和对比样本等原始材料，介绍与鉴定有关的情况，并且明确提出要求鉴定解决的问题。 禁止暗示或者强迫鉴定人作出某种鉴定意见
《监察法》第 27 条	监察机关在调查过程中，对于案件中的专门性问题，可以指派、聘请有专门知识的人进行鉴定。鉴定人进行鉴定后，应当出具鉴定意见，并且签名
《监察法实施条例》第 145 条	监察机关为解决案件中的专门性问题，按规定报批后，可以依法进行鉴定。 鉴定时应当出具《委托鉴定书》，由两名以上调查人员送交具有鉴定资格的鉴定机构、鉴定人进行鉴定

续表

法条名称	规范内容
《监察法实施条例》第 147 条	监察机关应当为鉴定提供必要条件,向鉴定人送交有关检材和对比样本等原始材料,介绍与鉴定有关的情况。调查人员应当明确提出要求鉴定事项,但不得暗示或者强迫鉴定人作出某种鉴定意见。 监察机关应当做好检材的保管和送检工作,记明检材送检环节的责任人,确保检材在流转环节的同一性和不被污染

1. 环境行政执法机关

实践中,针对某一生态破坏或环境污染行为的环境犯罪追诉程序和环境行政调查程序往往存在事实上的关联,且环境行政执法中生态环境行政部门启动鉴定的情况极为普遍,此类鉴定可以在刑事诉讼中作为鉴定意见使用①,因此环境行政执法机关是刑事侦查阶段的环境损害司法鉴定启动主体之一。从实体法的角度看,这是因为环境犯罪有极强的行政属性,属于“行政刑法”的学理范畴。② 环境危害行为是否构成犯罪,取决于行为是否违反行政法的要求,这就使得对环境犯罪的追诉通常以行政执法的介入为前提,行政执法往往是环境刑事司法的必经过程。③

不过,环境行政执法和环境刑事司法对证据的要求不尽相同,环境执法机关在执法过程中收集的环境损害司法鉴定意见在由环境行政证据向环境刑事证据转化的过程中面临着种种挑战。实际上,在一段时间内,学界对鉴定意见能否由行政证据转化为刑事证据曾存在过争议。一种观点认为,环境损害司法鉴定不可由行政证据转化为刑事证据。因为《刑事诉讼法》第 54 条第 2 款及《刑事诉讼法解释》规定的行政证据在刑事诉讼中转化使用的证据范围“物证、书证、视听资料、电子数据等”,不包括鉴定意见。例如,全国人大常委会法制工作委员会的立法解释认为,此规定“涉及的证据材料范围是物证、书证、视听资料、电子数据等实物证据,不包括证人证言等言词

① 参见《环境保护行政执法与刑事司法衔接工作办法》第 28 条:“在联合调查中,环保部门应当重点查明排污者严重污染环境的事实,污染物的排放方式,及时收集、提取、监测、固定污染物种类、浓度、数量、排放去向等。公安机关应当注意控制现场,重点查明相关责任人身份、岗位信息,视情节轻重对直接负责的主管人员和其他责任人员依法采取相应强制措施。两部门均应规范制作笔录,并留存现场摄像或照片。”据此,在公安部门和生态环境部门联合执法的取证分工中,关于环境专门问题的调查主要由生态环境部门负责。

② 行政刑法的主要特点是:第一,所涉及的法律关系比普通部门法复杂,其主体既可以是行政案件的行政相对人,也可以是刑事案件的当事人;第二,行政刑法所保护的客体既可能是行政法所规定的社会公共利益,也可能是刑法规定的个人权利;第三,行政刑法所规制的行政犯罪既是违法行为也是犯罪行为。参见程凡卿:《行政刑法立法研究》,法律出版社 2014 年版,第 28 页。

③ 参见周兆进:《环境行政执法与刑事司法衔接的法律省思》,载《法学论坛》2020 年第 1 期。

证据"①;另一种观点则认为"等"的兜底条款可以理性扩张至鉴定意见等言词证据。② 2017年,环境保护部、公安部、最高人民检察院联合印发《环境保护行政执法与刑事司法衔接工作办法》,在实务层面对该问题进行了明确。根据《环境保护行政执法与刑事司法衔接工作办法》第20条的规定,生态环境部门在行政执法和查办案件过程中依法收集制作的鉴定意见、勘验笔录、检查笔录等证据材料,在刑事诉讼中可以作为证据使用,为刑事诉讼中使用行政执法中收集的专业性意见证据提供了规范前提。当然,生态环境部门在行政执法中启动鉴定的权力在性质上属于行政权力,并非刑事侦查中的鉴定启动权。

目前,行刑衔接案件中对环境专门性问题调查取证的一般样态是,在出现可能违反《刑法》第338条到第346条的破坏环境资源保护行为时,公民或组织发现有污染事实发生后,首先会选择向生态环境部门进行举报,生态环境部门在接到举报后,应当在最短时间内到达现场固定证据,及时进行勘验检查和数据监测,形成行政执法程序中收集的勘查笔录或监测数据。在污染情况较为严重、可能涉及犯罪时,生态环境部门才会联系司法部门进行刑事侦查。侦查机关启动侦查程序后,应当审查行政机关移送的行政证据,如果认为在案勘验笔录、监测数据等行政证据已经达到待证事实的证明标准,就无须另行启动鉴定。需要强调的是,行政执法过程中收集的证据必须经过审查方可在刑事审判中被采纳,否则容易导致侦查机关以行政执法程序替代刑事侦查取证,使侦查监督弱化、证据审查流于形式、犯罪嫌疑人辩护权实质受损。③

除被动接受行政机关移送的证据材料外,侦查机关也被赋予了提前干预环境行政执法的权力,可以借行政程序启动鉴定,但借此收集的鉴定意见同样需要侦查机关审查后方可在刑事案件中使用。一方面,公安机关在刑事立案前就可提前介入环境案件。具言之,生态环境部门在执法检查时,发现违法行为明显涉嫌犯罪的,应当及时向公安机关通报。公安机关认为有必要的可以依法开展初查,对符合立案条件的,应当及时依法立案侦查。④ 另一方面,对于行政执法机关移送涉嫌环境犯罪的案件,公安机关也可要求生态环境部门就特定事项进行取证,借此以行政执法取证替代刑事侦查取证。具言之,公安机关审查发现移送的涉嫌环境犯罪案件证据不充分的,可

---

① 全国人大常委会法制工作委员会刑法室编:《关于修改中华人民共和国刑事诉讼法的决定条文说明、立法理由及相关规定》,北京大学出版社2012年版,第49页。

② 参见江必新主编:《〈最高人民法院关于适用《中华人民共和国刑事诉讼法》的解释〉理解与适用》,中国法制出版社2013年版,第48页;郭泰和:《行政证据与刑事证据的程序衔接问题研究——〈刑事诉讼法〉(2012年)第52条第2款的思考》,载《证据科学》2012年第6期。

③ 参见张泽涛:《论刑事诉讼非法证据排除规则的虚置——行政证据与刑事证据衔接的程序风险透视》,载《政法论坛》2019年第5期;陈刚、蒋勇:《公安机关"两法衔接"中的证据转化隐忧——以警察行政强制权为视角》,载《中国人民公安大学学报(社会科学版)》2014年第3期。

④ 参见《环境保护行政执法与刑事司法衔接工作办法》第26条。

以提出就证明有犯罪事实进行鉴定的补充调查意见，由移送案件的生态环境部门补充调查。生态环境部门应当按照要求补充调查，并及时将调查结果反馈公安机关。[①] 赋予公安机关、检察机关提前介入环境行政执法程序的权力，主要是为了解决行政机关出于经济发展考虑不愿将污染企业移送刑事程序追诉，“有案不移、以罚代刑”的问题。[②] 但在加强侦查机关介入职权的同时，应注意对其取证行为加以控制，保障犯罪嫌疑人、被告人程序权利。

2. 侦查机关

刑事侦查中的鉴定启动权体现着明显的职权主义色彩，以侦查机关为主要启动主体。根据《刑事诉讼法》及相关司法解释，侦查阶段环境损害司法鉴定的启动权由公权力机关享有，只有公安机关、人民检察院、监察机关可以在侦破刑事案件过程中，为了查明案情，解决案件中某些专门性的问题，进行鉴定。在此阶段，犯罪嫌疑人、被告人、被害人或被害人的法定代理人、近亲属、诉讼代理人只能在鉴定意见作出后，针对有异议的鉴定意见，有申请补充鉴定或者重新鉴定的权利。但是，此种情形下初次鉴定已经完成，补充鉴定和重新鉴定的申请权实际上属于鉴定异议权，启动的鉴定程序是重新鉴定程序或补充鉴定程序。之所以将侦查阶段的鉴定启动权全部赋予侦查机关，是因为侦查阶段的司法鉴定与审判阶段的司法鉴定不同。侦查阶段的司法鉴定是侦查机关开展侦查活动采用的侦查方法，由侦查机关对鉴定意见负责，因此侦查机关享有较大决定权；审判阶段的鉴定意见是控方向法庭呈交的证据材料，控辩双方应当对该证据享有平等的举证和辩论权。目前，我国在刑事侦查阶段仍坚持大陆法系国家职权主义的立法传统，有论者将其视为“职权机关办案手足延伸的专门性措施”[③]，认为当事人司法鉴定启动程序的参与权被过分弱化，侦查机关启动鉴定缺乏应有的程序制约。[④]

具体而言，侦查阶段鉴定启动权的直接行使主体是侦查机关，鉴定活动通常以“侦鉴一体”的模式展开。[⑤]《刑事诉讼法》第二编第二章“侦查”中规定，“为了查明案情，需要解决案件中某些专门性问题的时候，应当指派、聘请有专门知识的人进行鉴定”。从体系解释的角度，此规定将鉴定启动权赋予侦查机关，审判机关不享有鉴

① 参见《环境保护行政执法与刑事司法衔接工作办法》第8条。

② 参见沈晓军：《我国环境行政执法与刑事司法衔接机制研究——以行为主体的利益选择为视角》，载《河南财经政法大学学报》2017年第2期。

③ 郭华：《切实保障刑事诉讼法中司法鉴定条款的实施》，载《法学》2012年第6期。

④ 参见顾静薇、郭振：《我国刑事司法鉴定启动程序的改革与完善》，载《中国刑事法杂志》2012年第7期。

⑤ 参见张淑媛：《我国司法鉴定启动机制的改革与完善——以刑事诉讼为视角》，载《中国司法鉴定》2017年第5期。

定启动权。与此相应，主要约束法院的刑事司法解释《刑事诉讼法解释》并无关于鉴定启动的规定，供检察机关、公安机关、监察机关使用的《人民检察院刑事诉讼规则》《公安机关办理刑事案件程序规定》《监察法实施条例》则相对详细地规定了司法鉴定的启动、委托规则。这是因为，在刑事诉讼制度构造中，代表审判权的司法机关和代表追诉权的侦查机关应当分离，尽管两者均属于公权力机关，但彼此间分工明确、相互配合、相互制约，启动鉴定程序查明专门性问题作为侦查活动的一部分，启动主体应当是侦查机关，且在环境刑事案件中主要是公安机关和检察机关。

需要说明的是，除在刑事案件侦查阶段有立案管辖权的侦查机关对案件行使侦查权外，审查起诉阶段，检察机关也可以通过自行补充侦查重启侦查程序，并在补充侦查程序中启动鉴定。侦查结束后，侦查机关需要将案件材料移送至检察院捕诉部门审查起诉，若捕诉部门经审查认为案件证据达不到起诉条件①，可以通过退回侦查机关补充侦查或自行补充侦查的方式启动补充侦查程序。② 从权力性质来看，检察机关在审查起诉阶段决定启动自行补充侦查程序行使的权力属于法律监督权；但在补充侦查程序中以侦查机关的身份决定启动鉴定等侦查手段时，行使的权力属于侦查权。不过，司法实践中由检察机关启动鉴定的情况极少③，一方面是因为自行补充侦查在制度设计上属于补充侦查制度中的例外情况，在适用顺位上劣后于退回公安机关补充侦查；另一方面是因为环境刑事案件中的专门性问题是案件侦查的重点内容，案件证据材料想要满足移送审查起诉的证明标准几乎必须通过司法鉴定、勘验检查笔录等科学证据对要件事实加以证明，而科学证据的证明力往往较强，需要检察院在审查起诉阶段通过补充侦查程序启动鉴定的情况较少。

（二）刑事侦查阶段环境损害司法鉴定的委托主体

在刑事侦查程序中，侦查机关可以自行决定指派、聘请有专门知识的人参与办案，无须征求犯罪嫌疑人的意见。从鉴定委托的形式上看，侦查程序中可以采取指派与聘请两种形式确定鉴定人选。从鉴定委托的对象上看，有专门知识的人既包括有鉴定资质的人，又包括经侦查机关审查具备专业能力的其他人员。

首先，在委托形式上，对侦查机关内的有专门知识的人可“指派”其参与办案，对本级其他侦查机关、下级侦查机关或同一办案组的人员，也可通过“聘请”进行，如对上级、同级或外地侦查部门的人员一般则应通过“聘请”进行。检察机关外的有专门

---

① 需要说明的是，实践中，若捕诉部门对审查起诉案件中涉及专门技术问题的证据材料进行审查存在技术困难的，可以送交检察技术人员或者其他具有专门知识的人员审查。

② 参见《刑事诉讼法》第175条第2款：“人民检察院审查案件，对于需要补充侦查的，可以退回公安机关补充侦查，也可以自行侦查。”

③ 参见汪建成：《中国刑事司法鉴定制度实证调研报告》，载《中外法学》2010年第2期。

知识的人参与办案的方式则为“聘请”。一般来说,考虑程序控制和与侦查团队的熟悉程度,指派侦查机关内部专业技术人员的鉴定委托方式适用频率更高。从程序控制角度来看,内部专业技术人员与侦查人员隶属同一部门,指派工作仅需要内部调动,程序控制较为宽松,因此侦查机关更倾向于优先通过指派的方式为案件侦破寻求专业支持。例如,公安机关对外聘请有专门知识的人进行鉴定,应当经县级以上公安机关负责人批准,而指派有专门知识的人进行鉴定时则并无公安机关负责人批准这一程序要求。① 从与侦查团队的熟悉程度来看,侦查机关内部技术人员相较于外部专家与案件侦办人员更为熟悉,甚至许多侦查部门人员本身就具备鉴定人资质。

其次,从委托对象上看,《刑事诉讼法》规定的广义“有专门知识的人”并不限于有鉴定资质的人员,也包括鉴定人之外的狭义“有专门知识的人”,司法解释将后者定义为运用专门知识参与办案活动,协助解决专门性问题或者提出意见的人。② 但是,鉴定委托的主要对象应当是具有鉴定人资格的鉴定人,其他有专门知识的人可以为有鉴定资质的鉴定人提供特殊帮助,但不能独立出具鉴定意见。③ 实际上,在2021年之前,没有鉴定人资格的有专门知识的人出具的意见,并不具有证据能力,更不属于法定证据种类之一的鉴定意见,但刑事司法实践中专门性问题的解决确实有赖于有专门知识的人的协助,理论界一直存在“赋予虽无法定鉴定资质但有专门知识者给出的专家意见等同于鉴定意见的法定证据地位”的呼声。④ 对此,在2021年《刑事诉讼法解释》修改中,司法解释对有专门知识的人出具的意见的证据地位进行了确认,规定“因无鉴定机构,或者根据法律、司法解释的规定,指派、聘请有专门知识的人就案件的专门性问题出具的报告,可以作为证据使用”⑤,因此,有专门知识的人出具的意见具有证据能力,但不能作为鉴定意见而使用。目前,我国关于有专门知识的人的制度建构尚不完善,有专门知识的人的资格确认由公安机关或检察机关审查确定⑥,下一步改革中,应当从详细厘定“专业知识”的科学性范畴和保证有专门知识的

---

① 参见《公安机关办理刑事案件程序规定》第248条。

② 参见最高人民检察院《关于指派、聘请有专门知识的人参与办案若干问题的规定(试行)》第2条。

③ 参见最高人民法院研究室编著:《新刑事诉讼法及司法解释适用解答》,人民法院出版社2013年版,第243页。

④ 参见李学军:《诉讼中专门性问题的解决之道——兼论我国鉴定制度和法定证据形式的完善》,载《政法论坛》2020年第6期;宋东:《有专门知识的人之意见能作为证据吗?——基于刑事诉讼的思考》,载《证据科学》2021年第4期。

⑤ 《刑事诉讼法解释》(2012年)对有专门知识的人的意见的法律地位规定为“可以作为定罪量刑的参考”,2021年《刑事诉讼法解释》第100条则将其修改为“可以作为证据使用”,由此确定有专门知识的人的意见具备证据资格。

⑥ 参见陈如超:《专家参与刑事司法的多元功能及其体系化》,载《法学研究》2020年第2期。

人的公正性和独立性两方面出发，进一步明确我国有专门知识的人的资格要件。①

最后，从侦查机关和鉴定人员的关系来看，两者相互独立，侦查机关需要为鉴定人员提供必要保障。一方面，为保证鉴定的中立性，鉴定人员和侦查人员应当相互独立。在刑事诉讼构造中，侦查机关与审查起诉机关分工配合，共同行使追诉犯罪的司法权力，鉴定人员和侦查人员相互混同，势必影响到鉴定人的中立地位，进而影响鉴定意见的可靠性和公信力。但是，在我国目前的环境损害司法鉴定实践中，还有以微量毒物致害鉴定为代表的部分环境损害司法鉴定未能达成“侦鉴分离”的要求。在这些案件中，侦查机关内设的司法鉴定机构将负责环境损害司法鉴定的编制，而内设鉴定机构中的许多人员既有侦查人员的身份又有鉴定人的资格，角色混同的情况时有发生。在此语境下，鉴定人鉴定时或多或少会受到侦查办案思路的影响，无法完全独立地、中立地进行科学分析。为此，未来我国侦查过程中要坚持“侦鉴分离”的基本立场，明确鉴定人员需遵守严格的回避制度，不可与侦查人员混同。另一方面，侦查机关有为鉴定人的鉴定活动提供必要支持的法定义务，需要为鉴定提供必要的开展条件，及时向鉴定人送交有关检材和对比样本等原始材料，介绍与鉴定有关的情况，并且明确提出要求鉴定解决的问题。

二、刑事审判阶段的环境损害司法鉴定主体

刑事审判阶段鉴定的规定主要见于《刑事诉讼法》第 196 条，第 197 条第 1 款、第 3 款和《刑事诉讼法解释》第 273 条（见表 3－5）。考虑到刑事审判阶段的鉴定委托工作与民事审判阶段基本一致，此处不做赘述，本书将重点分析刑事审判阶段环境损害司法鉴定的启动主体。

表 3－5 《刑事诉讼法》及司法解释中关于审判阶段鉴定启动与委托的规定

法条名称	规范内容
《刑事诉讼法》第 196 条	法庭审理过程中，合议庭对证据有疑问的，可以宣布休庭，对证据进行调查核实。 人民法院调查核实证据，可以进行勘验、检查、查封、扣押、鉴定和查询、冻结
《刑事诉讼法》第 197 条第 1 款、第 3 款	法庭审理过程中，当事人和辩护人、诉讼代理人有权申请通知新的证人到庭，调取新的物证，申请重新鉴定或者勘验。 法庭对于上述申请，应当作出是否同意的决定

① 参见刘慧：《构建我国“有专门知识的人”的资格要件》，载《中国政法大学学报》2018 年第 1 期。

续表

法条名称	规范内容
《刑事诉讼法解释》第273条	法庭审理过程中，控辩双方申请通知新的证人到庭，调取新的证据，申请重新鉴定或者勘验的，应当提供证人的基本信息、证据的存放地点，说明拟证明的事项，申请重新鉴定或者勘验的理由。法庭认为有必要的，应当同意，并宣布休庭；根据案件情况，可以决定延期审理。人民法院决定重新鉴定的，应当及时委托鉴定，并将鉴定意见告知人民检察院、当事人及其辩护人、诉讼代理人

考虑到环境犯罪属于妨害社会管理秩序犯罪，本节所论刑事审判阶段的鉴定启动，主要是指刑事公诉案件的鉴定启动。与民事审判阶段的鉴定启动类似，刑事审判阶段的鉴定可以依法院职权或依当事人申请而启动。具言之，合议庭如果对证明专门性问题的证据材料有疑问，则可以依职权启动鉴定。被告人如果对涉案专门性问题有异议，可以向法院申请鉴定，由合议庭审查鉴定的必要性，并决定是否同意鉴定申请。

实践中，多数环境刑事案件在侦查阶段已经对环境污染或生态破坏的专业性争议进行过调查，形成了鉴定意见、勘验检查笔录、调查报告、监测数据等科学证据。在随后的刑事诉讼中，公民或组织可以通过法庭要求行政机关出示污染现场的勘验结果和化验结果，并作为证据，被告人没有异议情况下法庭经审查可以直接采信勘验检查笔录或监测数据，以此认定涉案专门性问题的法律事实。此种情况下，被告人对在案能够证明专门性问题的证据以及证明目的没有异议，法院认为在案证据足以达到排除合理怀疑的证明标准，因此无须启动鉴定程序。但如果被告人对行政程序中收集的科学证据有异议且法院认为有必要启动鉴定程序调查核实，或法院认为鉴定意见存在鉴定人缺乏法定资质、鉴定程序严重违法等问题①，则法院应当依被告人申请或依职权启动环境损害司法鉴定。实践中，相较于侦查机关启动鉴定，审判阶段启动鉴定的案件数量较少，侦查阶段启动的鉴定占刑事鉴定总量的98%以上。②

---

① 具言之，实践中法院同意启动刑事补充鉴定的情形主要包括以下几种：第一，原有的鉴定内容有遗漏；第二，在案件的办理中发现了新的有鉴定意义的证物；第三，对鉴定对象产生了新的鉴定要求；第四，鉴定意见内容不完整，导致委托的具体事项无法确定；第五，其他需要补充鉴定的情形。启动刑事重新鉴定程序主要针对以下几种情形：第一，原有的鉴定程序不合法或者在鉴定中违反了特定专业技术要求；第二，鉴定机构、鉴定人的资质不符合条件；第三，鉴定人在鉴定中故意做虚假的鉴定或者在鉴定中违反回避规定；第四，鉴定意见给出的依据明显不足；第五，送交鉴定的检材是虚假的或者遭受损坏；第六，其他应当重新鉴定的情形。参见温云云：《浅论我国刑事诉讼司法鉴定独立化》，载《中国司法鉴定》2021年第3期。

② 参见汪建成：《中国刑事司法鉴定制度实证调研报告》，载《中外法学》2010年第2期。

第三节 行政诉讼程序中的环境损害司法鉴定主体

环境行政诉讼程序包括普通的环境行政诉讼和环境行政公益诉讼。从制度层面观察,我国的《行政诉讼法》和《民事诉讼法》之间具有一定相似性,但近年来民事诉讼司法解释对鉴定制度进行了大幅的修订①,《行政诉讼法》及司法解释尚未进行对应调整,导致目前的行政诉讼鉴定程序相对空泛。

一、行政诉讼中的环境损害司法鉴定主体

行政诉讼中环境损害司法鉴定的启动规定主要包括《行政诉讼法》《行政诉讼法解释》中关于举证责任的规定以及《行政诉讼证据规定》中关于鉴定的特殊规定(见表3-6)。②

表3-6 《行政诉讼法》及司法解释中关于鉴定启动与委托的规定

法条名称	规范内容
《行政诉讼法》第34条	被告对做出的行政行为负有举证责任,应当提供做出该行政行为的证据和所依据的规范性文件。 被告不提供或者无正当理由逾期提供证据,视为没有相应证据。但是,被诉行政行为涉及第三人合法权益,第三人提供证据的除外
《行政诉讼法》第35条	在诉讼过程中,被告及其诉讼代理人不得自行向原告、第三人和证人收集证据
《行政诉讼法》第37条	原告可以提供证明行政行为违法的证据。原告提供的证据不成立的,不免除被告的举证责任
《行政诉讼法》第40条	人民法院有权向有关行政机关以及其他组织、公民调取证据。但是,不得为证明行政行为的合法性调取被告做出行政行为时未收集的证据
《行政诉讼法解释》第42条	能够反映案件真实情况、与待证事实相关联、来源和形式符合法律规定的证据,应当作为认定案件事实的根据

① 《民事证据规定》(2019年)用了近1/4的篇幅对民事司法鉴定程序进行细化,对鉴定申请、鉴定人选任、鉴定材料质证、鉴定书内容、鉴定意见撤销、重新鉴定等作出详细、具体的操作性规定,从鉴定开始到终结均强调人民法院的参与和监督,将鉴定置于人民法院诉讼管理之下,从程序上保障鉴定公正有序进行。参见郑学林、宋春雨:《新民事证据规定理解与适用若干问题》,载《法律适用》2020年第13期。

② 需要注意的是,《行政诉讼证据规定》中大量使用"鉴定结论"而非"鉴定意见",这是因为《行政诉讼证据规定》自2002年制定至今尚未经过修订,而行政、刑事和民事诉讼的其他法律文件均已将"鉴定结论"修改为"鉴定意见"。

续表

法条名称	规范内容
《行政诉讼证据规定》第14条	根据(原)《行政诉讼法》第31条第1款第6项的规定,被告向人民法院提供的在行政程序中采用的鉴定结论,应当载明委托人和委托鉴定的事项、向鉴定部门提交的相关材料、鉴定的依据和使用的科学技术手段、鉴定部门和鉴定人鉴定资格的说明,并应有鉴定人的签名和鉴定部门的盖章。通过分析获得的鉴定结论,应当说明分析过程
《行政诉讼证据规定》第29条	原告或者第三人有证据或者有正当理由表明被告据以认定案件事实的鉴定结论可能有错误,在举证期限内书面申请重新鉴定的,人民法院应予准许
《行政诉讼证据规定》第30条	当事人对人民法院委托的鉴定部门作出的鉴定结论有异议申请重新鉴定,提出证据证明存在下列情形之一的,人民法院应予准许:①鉴定部门或者鉴定人不具有相应的鉴定资格的;②鉴定程序严重违法的;③鉴定结论明显依据不足的;④经过质证不能作为证据使用的其他情形。 对有缺陷的鉴定结论,可以通过补充鉴定、重新质证或者补充质证等方式解决
《行政诉讼证据规定》第31条	对需要鉴定的事项负有举证责任的当事人,在举证期限内无正当理由不提出鉴定申请、不预交鉴定费用或者拒不提供相关材料,致使对案件争议的事实无法通过鉴定结论予以认定的,应当对该事实承担举证不能的法律后果
《行政诉讼证据规定》第32条	人民法院对委托或者指定的鉴定部门出具的鉴定书,应当审查是否具有下列内容:①鉴定的内容;②鉴定时提交的相关材料;③鉴定的依据和使用的科学技术手段;④鉴定的过程;⑤明确的鉴定结论;⑥鉴定部门和鉴定人鉴定资格的说明;⑦鉴定人及鉴定部门签名盖章。 前款内容欠缺或者鉴定结论不明确的,人民法院可以要求鉴定部门予以说明、补充鉴定或者重新鉴定

环境行政诉讼主要解决环境污染管理和自然资源管理过程中产生的行政主体和行政相对人之间的争议。根据被诉具体行政行为的性质划分,环境行政诉讼包括行政相对人对行政机关实施的行政处罚不服提起的行政处罚诉讼和针对行政许可、行政赔偿、行政命令、行政批准提起的诉讼。[①] 在做出行政处罚、行政许可等具体行政

---

① 根据黄凯法官的研究,行政相对人对行政机关实施的行政处罚不服提起的行政处罚诉讼数量最多,针对行政许可、行政赔偿、行政命令、行政批准提起的诉讼数量相对较少。参见黄凯:《论我国环境行政诉讼"理想图景"的法律建构——以238份裁判文书为分析样本》,载内蒙古自治区高级人民法院官网,https://nmgfy.chinacourt.gov.cn/article/detail/2014/06/id/1315048.shtml。

行为时,行政机关需要收集环境损害司法鉴定等科学证据作为行政行为的事实依据。原告对具体环境行政行为提起诉讼时,被告需承担证明行政行为合法的证明责任[①],为此行政机关需要将行政程序中收集的科学证据送交法院。就司法鉴定而言,行政机关还需提交鉴定意见委托的具体情况、进行鉴定依据的科学技术和分析过程[②],以便法院审查鉴定意见的可采性。与民事诉讼将诉前单方委托的鉴定视为当事人陈述不同,行政诉讼中公权力机关诉前单方委托的鉴定如果能够反映案件真实情况、与待证事实相关联、来源和形式符合法律规定,经法院审查和庭审质证,也能够以"鉴定意见"的形式作为定案依据。[③]

当然,在部分涉及鉴定的案件中,原告或第三人会针对行政程序中的鉴定意见提出质疑。[④] 相较于民事诉讼,行政诉讼中环境损害司法鉴定的当事人异议程序有所不同,原告针对行政机关的诉前单方鉴定和法院委托的诉中鉴定有两次申请重新鉴定的权利。如果原告或者第三人有证据或者有正当理由表明被告据以认定案件事实的鉴定意见可能有错误,法院应予准许原告或第三人的鉴定申请。[⑤] 针对行政机关单方委托的鉴定的重新鉴定申请是环境行政诉讼中原告的第一次重新鉴定申请。为在"民告官"的能力失衡结构下充分保障行政诉讼原告的程序权利,司法解释条文中对行政机关单方委托鉴定的重新鉴定的启动条件规定并不严格,只需有证据或正当理由表明行政机关单方委托的鉴定有存在错误的可能,法院就应当启动行政诉讼中的鉴定程序。在法院依原告申请启动鉴定程序后,当事人仍然有权对法院委托作出的鉴定提出异议,并提出行政诉讼程序中的第二次重新鉴定申请。但与第一次重新鉴定不同,第二次重新鉴定申请的对象是第一次重新鉴定申请成功后,法院委托鉴定机构作出的鉴定,第二次重新鉴定申请被批准的事由与民事诉讼重新鉴定的事由相同,只有鉴定人不具有资质、鉴定程序严重违法、鉴定意见依据不足时,法院才会准许原告的重新鉴定申请。

但是,纵使行政诉讼制度设计为原告提供了相对全面的鉴定救济程序,法院出于对环境行政部门取证能力的信任和节约时间、费用双重成本的考量,往往倾向于采信公权力机关提交的诉前鉴定,故实践中因当事人质疑在行政诉讼中重新启动鉴定的情况较少。与此相应,实证分析表明,行政诉讼中被告行政机关胜诉率较高,被告败诉的原因多为行政程序严重违法或实体法律适用不当,少有因行政执法中认定的行

① 参见张梓太:《中国环境行政诉讼之困境与对策分析》,载《法学评论》2003 年第 5 期。
② 参见《行政诉讼证据规定》第 14 条。
③ 参见《行政诉讼法解释》第 42 条。
④ 参见高歌:《〈行政诉讼法〉中有关鉴定条款的修改与完善》,载《中国司法鉴定》2014 年第 2 期。
⑤ 参见《行政诉讼证据规定》第 29 条。

政法律事实不清而败诉。①

二、行政公益诉讼中的环境损害司法鉴定主体

行政公益诉讼是指人民检察院在履行职责中发现生态环境和资源保护、食品药品安全、国有财产保护、国有土地使用权出让等领域负有监督管理职责的行政机关违法行使职权或者不作为，致使国家利益或者社会公共利益受到侵害，向行政机关提出检察建议，督促其依法履行职责，并在行政机关接到检察建议后仍不依法履行职责的情况下，依法提起的诉讼。② 在行政公益诉讼中，检察院是鉴定的启动和委托主体，相关规定主要见于《检察公益诉讼解释》和《人民检察院公益诉讼办案规则》等（见表3－7）。

表3－7　法律及司法解释中关于行政公益诉讼鉴定意见收集的规定

法条名称	规范内容
《人民检察院组织法》第21条	人民检察院行使本法第20条规定的法律监督职权，可以进行调查核实，并依法提出抗诉、纠正意见、检察建议。有关单位应当予以配合，并及时将采纳纠正意见、检察建议的情况书面回复人民检察院
《检察公益诉讼解释》第22条	人民检察院提起行政公益诉讼应当提交下列材料：……②被告违法行使职权或者不作为，致使国家利益或者社会公共利益受到侵害的证明材料……
《人民检察院公益诉讼办案规则》第35条	人民检察院办理公益诉讼案件，可以采取以下方式开展调查和收集证据：……⑤委托鉴定、评估、审计、检验、检测、翻译……
《人民检察院公益诉讼办案规则》第41条	人民检察院对专门性问题认为确有必要鉴定、评估、审计、检验、检测、翻译的，可以委托具备资格的机构进行鉴定、评估、审计、检验、检测、翻译，委托时应当制作《委托鉴定（评估、审计、检验、检测、翻译）函》
《人民检察院公益诉讼办案规则》第71条	人民检察院办理行政公益诉讼案件，围绕以下事项进行调查：①国家利益或者社会公共利益受到侵害的事实；②行政机关的监督管理职责；③行政机关不依法履行职责的行为；④行政机关不依法履行职责的行为与国家利益或者社会公共利益受到侵害的关联性；⑤其他需要查明的事项

---

① 参见刘长兴：《环境行政案件司法审查的多维审视——以典型案例为对象》，载《南京工业大学学报（社会科学版）》2020年第3期。

② 参见《行政诉讼法》第25条第3款。

与生态环境损害赔偿诉讼类似,行政公益诉讼程序可以分为诉前程序与诉讼程序。诉前程序是进入诉讼程序的前置程序,也是初次鉴定的启动程序。诉前程序的制度初衷是防止环境司法权与环境行政执法权之间出现配置混乱的情形。[①] 环境公益诉讼作为司法路径不应成为主要或者与行政执法并列的环境治理方式,而应仅作为环境行政执法的监督和补充,只有在环境行政执法失利或不能发挥作用的情况下,才可以启动行政诉讼程序。为了协调好环境行政权力和环境司法权的关系,美国[②]、德国[③]等许多较早实施公益诉讼的国家都设置了一定的起诉条件或专门的前置程序。出于相同的理由,我国的行政公益诉讼也设置了检察建议前置程序,即检察院应当在调查到环境行政违法行为后,先向行政机关发出检察建议,建议行政机关及时履行生态环境保护行政职责,只有在行政机关接到检察建议后仍不改正的情况下,方可向法院提起行政公益诉讼。实践中,绝大多数行政诉讼案件均在诉前程序得到解决,真正提起诉讼的案件少之又少,2021 年全国检察机关提出行政诉前检察建议14.4万件,但同期只有 1.1 万件案件进入了诉讼程序,二者比例约为 100:8[④],从这个意义上讲,诉前程序发挥的实际作用远高于诉讼程序。[⑤]

具体来说,完整的诉前程序包括立案、调查取证、检察院审查、提出检察建议、行政机关反馈及异议救济五项程序,这个过程的核心环节就是检察机关的调查取证,鉴定启动与委托也应在调查取证程序中完成。根据《人民检察院组织法》第 21 条的规

① 参见王明远:《论我国环境公益诉讼的发展方向:基于行政权与司法权关系理论的分析》,载《中国法学》2016 年第 1 期。

② 美国 1970 年《清洁空气法》第 304 条规定:任何人均可以自己的名义针对其他主体违反《清洁空气法》或行政长官、国家就排放标准和限制发布的命令提起诉讼。但是,有两个前提条件。美国要求公民原告必须要给监管机构足够的通知,即任何人在其准备向违法行为人提起公民诉讼之前,应当提前 60 日书面通知美国联邦环境部、违法行为所在州以及违法行为人即将提起公民诉讼这一事实。如果违法行为人在 60 日期限内自行纠正或改正其违法行为的,或者美国联邦环境部或违法行为所在州在接到通知后决定对违法行为行使行政执法权的,则该公民不得提起公民诉讼。如果违法行为人拒绝或迟延采取纠正或改正行为的,或者美国联邦环境部或违法行为所在州迟延行使行政执法权,或者认为没有必要行使行政执法权的,则在 60 日届满后,该公民可以依法提起公民诉讼。参见高文英:《环境行政公益诉讼诉前程序研究——以检察机关的调查取证为视角》,载《中国人民公安大学学报(社会科学版)》2020 年第 6 期。

③ 德国《联邦自然保护法》规定了环境团体提起诉讼的两个条件:一是被诉行政行为所涉及的问题属于该环境团体业务活动范围,即行政机关的决定损害了环境团体章程中表明的自然保护的利益。二是该环境团体在当初的参加程序中曾对该问题表明过反对意见或政府剥夺过其表明意见的机会。参见陶建国:《德国环境行政公益诉讼制度及其对我国的启示》,载《德国研究》2013 年第 2 期。

④ 参见《2021 年全国检察机关主要办案数据》,载最高人民检察院官网,https://www.spp.gov.cn/spp/xwfbh/wsfbt/202203/t20220308_547904.shtml#1。

⑤ 当然,占比如此之高的行政公益诉讼案件在诉前程序中结案,还受到行政机关不愿且不敢当被告等外部因素影响。参见刘艺:《我国检察公益诉讼制度的发展态势与制度完善——基于 2017—2019 年数据的实证分析》,载《重庆大学学报(社会科学版)》2020 年第 4 期。

定,检察院在行使检察监督权时进行调查取证活动的权力为调查核实权,鉴定启动权属于调查核实权在获取鉴定意见时的具体表现。但是,实践中包括鉴定启动权在内的检察调查核实权一直面临“过度软化、刚性不足”的质疑,调查取证活动受到行政机关和企业等其他主体的层层掣肘①,获取鉴定材料的能力有限。一方面,行政机关“担忧检察机关在提起行政公益诉讼的同时,会进一步追究行政机关主要领导和负责人有关职务犯罪的刑事责任。因此,行政机关对检察机关的调查取证工作有畏惧和抵触情绪,不予配合、故意隐瞒证据的情况时常发生”②。更为重要的是,行政机关大都制定了复杂严格的内部信息管理制度,部分行政事务也有保密需要,这成为行政机关拒绝检察机关调查取证的“合法”借口。③ 另一方面,在检察机关向企业等行政机关以外的主体进行调查取证时,其他主体也有可能以隐私、商业秘密保护等为由拒绝配合。上海市青浦区人民检察院提供的一组数据显示,在其调查的 5 起案件中,首次调查核实时得到企业或者个人配合的案件为 4 起,另 1 起案件遭到拒绝,但在主承办人直接持取证通知书到现场作出要求后还是选择配合;在第二次进行调查取证涉及的 3 起案件中,配合的仅有 1 人,另外 2 人则以各种理由推诿。④ 解决这一难题,需要立法供给层面明确调查核实权的权力性质具有强制性,细化包括鉴定启动和委托在内的调查取证程序,明确规定妨碍调查核实的不利后果,确定调阅审判执行卷宗和行政证据的机制,明确检察院在诉前程序中收集的鉴定意见的证据能力和审查规则,切实强化调查核实保障措施。⑤

① 参见周海源:《行政公益诉讼中检察机关调查核实权的界定》,载《安徽师范大学学报(人文社会科学版)》2021 年第 5 期。

② 孔祥稳、王玎、余积明:《检察机关提起行政公益诉讼试点工作调研报告》,载《行政法学研究》2017 年第 5 期。

③ 参见曹建军:《论检察公益调查核实权的强制性》,载《国家检察官学院学报》2020 年第 2 期。

④ 参见上海市青浦区人民检察院第二检察部课题组:《关于检察机关调查核实权地位的研究——以取证权为视角》,载《上海法学研究》2019 年第 20 期。

⑤ 参见韩成军:《行政检察调查核实权的规范化运行》,载《国家检察官学院学报》2021 年第 5 期。

第四章　环境损害司法鉴定的对象

第一节　环境损害司法鉴定的对象概述

环境损害司法鉴定的对象在具体的鉴定意见中表现为鉴定事项，是为了查明案件事实必须证明的专门性事实。根据《环境损害司法鉴定执业分类规定》，环境损害司法鉴定解决的专门性问题包括：确定污染物的性质；确定生态环境遭受损害的性质、范围和程度；评定因果关系；评定污染治理与运行成本以及防止损害扩大、修复生态环境的措施或方案等。从环境科学的角度观察，环境损害司法鉴定的对象包括生态系统的各类要素，难以一一列举。但从法学角度认知，这些具体鉴定事项的证明对象均是环境实体法中的构成要件，即环境损害行为、损害后果和因果关系。

一、环境损害行为

本节所述环境损害行为，是指污染环境、破坏生态，导致环境质量或生态效益减损严重，造成他人侵害应当承担民事侵权责任，或者违反行政法或刑法上的禁止性义务应当承担行政责任或刑事责任的行为。作为特殊的损害行为，环境损害行为具有诸多特征。

第一，环境损害行为侵害的法益具有多重性，一项环境损害行为可能同时违反多个法律规范的规定，受到多重追究。严重的环境损害行为，在公法层面可能侵害环境行政管理秩序和环境刑事法益被追究行政责任和刑事责任，在私法层面可能因侵害环境公共利益和自然人的人身、财产利益被追究民事责任。最极端的情况下，环境损害行为可能首先被生态环境主管部门处以行政处罚，再被移送公安机关并经过司法审判受到刑事追责，随后又因侵害环境公共利益被提起生态环境损害赔偿诉讼和环境民事公益诉讼，最后面临被环境损害行为伤害的具体自然人提起的侵权诉讼。

第二，环境损害行为造成的损害后果具有间接性和复杂性。环境损害行为从客观上表现为向环境排污或破坏生态环境，破坏生态系统中个别环境要素的环境功能，导致整体环境质量下降，进而影响环境公共利益或具体的私主体民事权利。除个别特别严重的环境损害行为外，多数环境损害行为造成的不利后果难以被直接观测。例如，就非法猎捕杀害野生动物的环境损害行为而言，非法食用野生动物表面上看并不会直接侵害私主体的所有权，还可能满足个别人群的猎奇心理，但实际上这可能危害生物多样性、破坏林（草）业管理秩序、催生非法交易产业链条，这些危害难以被社会公众直接认知，但却能给社会带来巨大的危害和风险。正因为食用野生动物造成侵害的作用机制具有间接性、复杂性，即使是超乎公众一般认识水平的政策和立法，也在很长一段时期内只将野生动物作为资源进行开发管理，受到疫情等焦点事件冲击后相关部门才认识到野生动物禁食的生态和公共卫生意义，开始建构以生态保护和公共卫生安全为目的的野生动物保护制度体系。①

第三，环境损害行为的实施主体常常是多数人，在民事责任承担上适用分别侵权规则。分别侵权可再细分为叠加的分别侵权行为和典型的分别侵权行为两种类型。叠加的分别侵权是指两个以上污染者分别实施污染行为造成同一损害，每一个污染者的污染行为都足以造成全部损害，各污染者承担连带责任。典型的分别侵权即通常所说的无过错联系的共同加害行为，每一个行为人实施的侵权行为加到一起，构成全部损害发生的原因力，各污染者承担按份责任。② 杨立新教授形象地把前者称为“100 + 100 = 100 原因力的分别侵权行为”，把后者称为“50 + 50 = 100 原因力的分别侵权行为”③。因此，为准确认定共同侵权人的侵权责任范围，需要环境损害司法鉴定准确认定“分别侵权”案件中各主体对环境侵害的原因力贡献。

第四，环境损害行为的评价具有多维性，符合行政法排放要求的生产行为在民法上可能评价为侵权行为。环境问题是工业社会发展的伴生产物，想要谋发展就必然需要消耗环境资源，但如果过度损耗环境资源，超过了环境的承载力和自净能力，就会导致生态环境恶化，甚至引发环境公害事件。为了规制工业生产中的环境外部性成本，将污染排放和生态破坏控制在可接受的范围内，公法上通过“命令—控制型法律规范”对工业生产进行法律规制，④以是否违反法律明文规定的禁止性义务作为认定环境违法行为的依据。具言之，行政法律规范及环境标准对各类污染排放和资源利用行为进行了相对详细的限度规定，以此作为判断生产生活行为是否属于行政环境违法行为的规范依据。同时，环境刑法也具有行政从属性，对环境犯罪行为性质的

① 参见张丽荣、孟锐等：《实施最严格的野生动物保护：中国现状与改革方向》，载《中国环境管理》2020 年第 2 期；武晗、王国华：《从资源利用、生态保护到公共卫生安全——野生动物保护政策中的焦点事件与社会建构》，载《公共行政评论》2020 年第 6 期。

② 参见《环境侵权责任纠纷解释》第 3 条。杨立新：《环境侵权司法解释对分别侵权行为规则的创造性发挥——〈最高人民法院关于审理环境侵权责任纠纷案件适用法律若干问题的解释〉第 3 条解读》，载《法律适用》2015 第 10 期。

③ 杨立新、陶盈：《论分别侵权行为》，载《晋阳学刊》2014 年第 1 期。

④ 虽然许多研究指出，“命令—控制型”环境规制存在诸多问题，可以通过市场激励等规制模式进行变革，但不可否认的是，在当今以及今后的很长一段时间内，“命令—控制型”环境规制都将是环境公法的主要规制方式。参见王娟茹、张渝：《环境规制、绿色技术创新意愿与绿色技术创新行为》，载《科学学研究》2018 年第 2 期；杨昀：《命令控制型环境规制的微调理性与现实拷问》，载《东南大学学报（哲学社会科学版）》2017 年第 S1 期。

认定应以环境行政法法律关系确认为准，也受到环境行政法律规范的约束。[①] 但是，在私法领域，环境侵权的归责原则是无过错原则，环境侵权责任的承担不要求侵权行为人在主观上有过错，更不以行政违法为前置条件，质言之，公法上的合法行为仍可能成为私法上的侵害行为。之所以要求污染者为"合法排污"造成的民事损害担责，从法理上看是因为尽管行政机关为平衡经济发展与环境保护的关系，人为划定了界定"环境违法"的标准，但这种人为建构的环境规制并不能改变环境利用行为从一开始就注定不可避免地给环境带来风险和危害的客观现实。从某种意义上说，环境利用行为带有"原罪"，即环境利用行为必定会引发环境风险等"对有归属利益的危害"[②]，当这种危险实害化时，环境利用行为就转化为私法意义上的环境损害行为，应当落入侵权法的规制之中。因此，刑事诉讼与行政诉讼中的环境损害司法鉴定更注重对侵害行为的鉴定，侧重于查证环境损害行为是否符合实体法规定的构成要件，而民事诉讼中的鉴定意见关注被告的环境利用行为是否与损害后果存在事实上的因果关系，进而在法律评价上是否应当转化为环境侵权行为。

第五，环境损害行为可以以间接侵害的形态表现。在人民法院已经受理的案件中，除涉及直接污染环境、破坏生态的行为外，还包括间接损害生态环境的行为类型。例如，在绿发会诉深圳市速美公司、浙江淘宝公司大气污染民事公益诉讼案中，原告主张被告通过生产、销售汽车"年检神器"，帮助车辆逃避年检从而导致大气污染。在重庆市绿色志愿者联合会诉"饿了么"等外卖订餐平台公益诉讼案中，原告主张被告未向用户提供是否使用一次性餐具的选项，致使用户在直接点餐的情况下系统会默认为其配送一次性餐具，造成了巨大的资源浪费和生态破坏。在自然之友诉国家电网（甘肃）分公司、（宁夏）分公司大气污染公益诉讼案中，原告则是主张未全额保障性收购清洁能源的行为提高了煤电的利用比例，对于大气造成了污染，试图通过公益诉讼减少清洁能源的浪费现象。在中国生物多样性保护与绿色发展基金会诉雅砻江流域水电开发有限公司环境民事公益诉讼案中，原告主张水电站的建设将会对濒危植物"五小叶槭"的生存产生重大风险。[③] 在这些案件中，被告的行为不会直接干涉环境要素，不属于传统意义上的环境损害行为，但在复杂的社会经济运行中，这些行为会通过帮助环境违法者逃避处罚、减少消费者作出环保消费决策的可能或引发系统性环境风险的方式间接损害生态环境，也应纳入环境损害行为的范畴。

---

① 参见庄乾龙：《环境刑法定性之行政从属性——兼评〈两高关于污染环境犯罪解释〉》，载《中国地质大学学报（社会科学版）》2015 年第 4 期。

② 吕霞、徐祥民：《再论环境侵权责任的"原罪"说》，载《现代法学》2007 年第 4 期；徐祥民、吕霞：《环境责任"原罪"说——关于环境无过错归责原则合理性的再思考》，载《法学论坛》2004 年第 6 期。

③ 参见江必新：《中国环境公益诉讼的实践发展及制度完善》，载《法律适用》2019 年第 1 期。

二、环境损害后果

环境损害司法鉴定的损害后果评估主要是对于损害后果是否存在的确认以及损害后果的范围量化,主要应用于民事领域。环境损害行为带来的损害后果可分为三个方面:一是对生态环境本身造成的损害,即生态环境损害;二是生态要素被破坏后间接导致的财产损害;三是生态要素被破坏后间接导致的人身损害。

(一)生态环境损害

生态环境损害是指因污染环境、破坏生态造成环境空气、地表水、沉积物、土壤、地下水、海水等环境要素和植物、动物、微生物等生物要素的不利改变,及上述要素构成的生态系统的功能退化和服务减少。[①] 此种损害的受害主体是自然环境,但自然环境本身并不具备法律上的人格,因此生态环境损害能否纳入民法体系经历过争议和论证。在《民法典》出台之前,我国原《侵权责任法》采用了"具体损害"的角度,主要是确定"直接损失"。在这种观点下,环境要素的"不利改变"和"系统服务功能退化"很难纳入"损害"的范畴。[②] 在《民法典》立法论证过程中,对于生态环境损害是否应当纳入侵权法的损害后果体系,主要存在两种观点。第一种观点赞成以公法进路救济生态环境损害,主张另辟蹊径,于传统侵权责任之外构建单独的生态环境侵权体系。[③] 第二种观点赞成将生态环境损害整合进传统的侵权法体系之中,同时提出了各种解决传统民法与生态损害无法兼容问题的方法。[④] 最终,我国《民法典》将生态环境损害赔偿责任作为外源性责任纳入了法典体系,通过生态环境修复责任和生态环境赔偿损失责任明确了生态环境损害赔偿的民事责任承担方式,构建了本质属于"公法义务的私法操作"的公益损害治理路径。[⑤] 因此,在当前的中国民法解释论构造中,生态环境损害应当纳入广义的民事损害范畴。为此,《环境损害鉴定评估推荐方法(第Ⅱ版)》规定了生态环境损害鉴定的评估内容,包括生态环境基线的确定、生态环境损害的确认、污染环境或破坏生态行为与生态环境损害间的因果关系判定、生态环境损害修复或恢复目标的确定、生态环境损害评估方法的选择、环境修复或生态恢复方案的筛选、环境修复或生态恢复费用的评估等。[⑥]

---

① 参见《生态环境损害鉴定评估技术指南 总纲和关键环节 第1部分:总纲》第3.1条。

② 参见吕忠梅:《"生态环境损害赔偿"的法律辨析》,载《法学论坛》2017年第3期。

③ 参见窦海阳:《环境损害事件的应对:侵权损害论的局限与环境损害论的建构》,载《法制与社会发展》2019年第2期;马腾:《我国生态环境侵权责任制度之构建》,载《法商研究》2018年第2期。

④ 参见李昊:《论生态损害的侵权责任构造——以损害拟制条款为进路》,载《南京大学学报(哲学·人文科学·社会科学)》2019年第1期;石佳友:《治理体系的完善与民法典的时代精神》,载《法学研究》2016年第1期。

⑤ 参见康京涛:《生态环境损害责任适用之解释论——以〈民法典〉第1234条、1235条为中心》,载《宁夏社会科学》2022年第1期。

⑥ 参见《环境损害鉴定评估推荐方法(第Ⅱ版)》第5.2.3条。

司法实践中,生态环境损害赔偿责任的法律适用难点在于生态修复责任的范围及量化,这些专门性问题的查明往往需要借由环境损害司法鉴定完成。具言之,生态环境损害的量化方法,应当以目前环境科学认知方法为基础,这些方法包括替代等值分析方法、环境价值评估方法、虚拟成本法等。

首先,替代等值分析方法之适用有两种途径选择:一是为恢复生态环境原有状态进行资源等值分析与服务等值分析,当受损的生态环境以提供供给服务为主,采用资源类指标表征服务水平;当受损的生态环境以提供栖息地服务为主,采用栖息地面积与指示性物种指标表征服务水平。二是恢复不能以及恢复所需时间过长或成本过大时采用价值等值分析方法。当恢复措施产生的单位效益可以货币化时,采用价值—价值法;当恢复措施产生的单位效益难以货币化时(如耗时过长或成本过高),则采用价值—成本法;同等条件下,优先采用价值—价值法。①

其次,若替代等值分析方法不可用,可采环境价值评估方法,通过直接市场法、揭示偏好法、陈述偏好法、效益转移法等对损害予以量化。② 一是直接市场法,具体包括生产率变动法、生产要素收入法、人力资本法和疾病成本法。其中,生产率变动法是利用生产率的变动来评价环境状况变动的方法,适用于衡量在市场上交易的资源使用价值,用资源的市场价格和数量信息来估算消费者剩余和生产者剩余。生产要素收入法将产出与生产要素(如土地、劳动力、资本、原材料)的不同投入水平联系起来,其使用前提是市场功能完好且环境变化直接导致销售的某种商品(或服务)的产量增加或减少,同时影响明确、能够观察或根据经验测试。人力资本法通过环境属性对劳动力数量和质量的影响来评估环境属性的价值。疾病成本法通常用因疾病引起的收入损失或治疗费用表示。

二是揭示偏好法,具体包括内涵资产定价法、避免损害成本法、治理成本法。其中,内涵资产定价法又称作享乐价格法,是根据人们为优质环境的享受所支付的价格来推算环境质量价值的一种估价方法,即将享受某种产品由于环境的不同所产生的差价,作为环境差别的价值。避免损害成本法指个人为减轻损害或防止环境退化引起的效用损失而需要为市场商品或服务支付的金额,可用于评估净化的空气和水等非市场商品的价值。治理成本法是按照现行的治理技术和水平治理排放到环境中的污染物所需要的支出。

三是陈述偏好法,具体包括条件价值法和选择试验模型法。条件价值法用调查技术直接询问人们的环境偏好。当缺乏真实的市场数据,甚至也无法通过间接地观察市场行为来赋予环境资源价值时,通常采用条件价值评估技术。选择试验模型法

---

① 参见《生态环境损害鉴定评估技术指南 总纲和关键环节 第1部分:总纲》附录B。

② 参见《生态环境损害鉴定评估技术指南 总纲和关键环节 第1部分:总纲》附录D。

基于效用最大化理论,采用问卷为被调查者提供由资源或环境物品的不同属性状态组合而成的选择集,让被调查者从每个选择集中选出自己最偏好的一种方案,研究者可以根据被调查者的偏好运用经济计量学模型分析出不同属性的价值以及由不同属性状态组合而成的各种方案的相对价值。

四是效益转移法,此方法基于消费者剩余理论,是一种非市场资源价值评价方法。若非市场资源价值受时间、空间和费用等条件限制,可适用此方法。

最后,虚拟成本法一般适用于具有明确的污染物排放事实,但因环境监测不完整、损害调查不及时等原因造成损害事实不明确,或不能通过恢复工程完全恢复生态环境损害,或恢复工程成本远大于其收益的情况。①

(二)财产损害

环境侵权中的财产损害是指由于侵权行为侵害了受害人的财产权或人身权而导致的经济利益损失,该部分损失包括直接损失和间接损失。② 直接损失指侵权行为所导致的现有财产的毁损或灭失,是传统侵权法理论中损害赔偿的范围;间接损失又称纯经济损失,表现为一种间接的损害③,指受害人本来可以得到,但因环境侵权而丧失的那部分利益,在环境侵权领域多见于海洋油污污染领域。④《环境损害鉴定评估推荐方法(第Ⅱ版)》关于财产损害鉴定评估的内容包括因环境污染导致的财产损毁或价值减少以及清除财产污染支出的额外费用等财产损害的确认和财产损害数额评估。⑤

(三)人身损害

环境侵权中的人身损害是指侵权行为对受害人的人身权、健康权等的侵害,包括伤残或死亡等侵害后果。从近年来环境侵权损害后果来看,环境污染侵权案件对人身健康造成损害似乎是一项必然后果。环境问题越来越受到重视,也绝对不仅仅是因为其会对自然生态环境造成影响,更是因为其最终会对人体健康、会对人类赖以存在的基础产生关键性影响。例如,江苏省仪征市大仪镇杭集村因环境污染原因成为"癌症村",环境污染原因造成的新生儿畸形等。⑥ 因此,人身损害是环境损害司法鉴定评估的重要内容,《环境损害鉴定评估推荐方法(第Ⅱ版)》关于人身损害的鉴定事

---

① 参见田亦尧、赵桑:《〈民法典〉中生态环境侵权金钱赔偿的裁量》,载《湖南师范大学社会科学学报》2021 年第 5 期。

② 参见李印:《环境侵权损害赔偿及其社会化制度建设思考》,载《法学杂志》2010 年第 8 期。

③ 参见王利民:《侵权行为法研究》,中国人民大学出版社 2004 年版,第 369 页。

④ 参见盖晓慧:《海洋石油污染案件中的纯经济损失赔偿》,载《中国海商法研究》2016 年第 3 期。

⑤ 参见《环境损害鉴定评估推荐方法(第Ⅱ版)》第 5.2.2 条。

⑥ 参见朱晋峰:《环境损害司法鉴定客体考察及其完善——基于环境侵权诉讼的分析》,载《中国司法鉴定》2021 年第 3 期。

项包括因环境污染导致受害人发生疾病、伤残、死亡等健康损害的确认和人身损害数额评估。①

人身损害数额的认定包括人身损害所造成的积极财产损害、可得利益损失和精神损害赔偿三个部分(见表4－1)。第一,人身损害所造成的积极财产损害。一是造成一般人身损害的,要赔偿为治疗和康复支出的合理费用,主要包括医疗费、护理费、营养费、住院伙食补助费、交通费等。其金额确定标准,主要以实际发生为准,能够以收入进行确定的以按日收入为标准,按天计算的,有当地标准的以当地的标准计算。二是造成被侵权人残疾的,需要赔偿残疾赔偿金(包括被扶养人生活费)和辅助器具费,以当地上一年的人均收入为标准,以合理为界限。三是造成被侵权人死亡的,需要赔偿丧葬费和死亡赔偿金(包括被扶养人生活费),也是以当地上一年度的人均收入,或者月平均收入为标准进行计算。但是残疾赔偿金和死亡赔偿金均以城乡进行区分,或者以收入水平进行区分,造成各地区或者城市乡村同样的人身损害后果,所得到的侵权损害赔偿结果有很大的差别。

表4－1 人身损害赔偿的规定

<table>
<tr><th>因人身损害造成的财产损害</th><th>人身损害程度</th><th>人身损害赔偿范围</th><th>分类</th><th>计算标准</th></tr>
<tr><td rowspan="7">积极的财产损失</td><td rowspan="5">一般人身损害</td><td rowspan="5">为治疗和康复支出的合理费用</td><td>医疗费</td><td>实际发生</td></tr>
<tr><td>护理费</td><td>根据护理人员的收入、人数、护理期限确定</td></tr>
<tr><td>营养费</td><td>根据伤残情况;参照医疗机构的意见确定</td></tr>
<tr><td>住院伙食补助费</td><td>参照当地国家机关一般工作人员的出差伙食补助标准</td></tr>
<tr><td>交通费</td><td>实际发生</td></tr>
<tr><td rowspan="2">残疾</td><td colspan="2">残疾赔偿金(包括被扶养人生活费)</td><td>丧失劳动能力程度或者伤残等级;按照受诉法院所在地上一年度城镇居民人均可支配收入;计算20年</td></tr>
<tr><td colspan="2">辅助器具费</td><td>合理</td></tr>
</table>

① 参见《环境损害鉴定评估推荐方法(第Ⅱ版)》第5.2.1条。

续表

<table>
<tr><th>因人身损害造成的财产损害</th><th>人身损害程度</th><th>人身损害赔偿范围</th><th>分类</th><th>计算标准</th></tr>
<tr><td rowspan="2">积极的财产损失</td><td rowspan="2">死亡</td><td colspan="2">丧葬费</td><td>受诉法院所在地上一年度职工月平均工资标准;计算 6 个月</td></tr>
<tr><td colspan="2">死亡赔偿金(包括被扶养人生活费)</td><td>按照受诉法院所在地上一年度城镇居民人均可支配收入;计算 20 年</td></tr>
<tr><td rowspan="4">可得利益损失</td><td>一般人身损害</td><td colspan="2">因误工减少的收入</td><td rowspan="4">协商;法院根据侵权人的过错程度、具体侵权行为和方式、造成的后果和影响等确定;根据受害人的误工时间和收入情况确定</td></tr>
<tr><td>残疾</td><td colspan="2">因全部或部分丧失劳动能力而减少的预期收入</td></tr>
<tr><td rowspan="2">死亡</td><td colspan="2">因死亡而不能获得的未来一定期限内的预期收入</td></tr>
<tr><td colspan="2">受害人死亡其亲属因办理丧事而误工所减少的收入</td></tr>
<tr><td>精神损害赔偿</td><td colspan="3">严重精神损害</td><td>根据侵权人的过错程度,侵权行为的目的、方式、场合,侵权行为造成的后果,侵权人获利情况,侵权人承担责任的经济能力,受诉法院所在地的平均生活水平确定</td></tr>
</table>

第二,人身损害所造成的可得利益损失。造成人身损害不仅会有直接的经济损害,还有因人身损害而可预见的可得利益无法获得的损失。一是造成一般人身损害,会导致被侵权人无法进行劳动,从而造成误工的财产损失;二是造成被侵权人残疾,从而不仅是暂时无法进行劳动的误工损失,还有造成其劳动能力下降的损失;三是造成被侵权人死亡,需要赔偿因死亡而不能获得的未来一定期限内的预期收入,以及受害人死亡其亲属因办理丧事而误工所减少的收入。这种预期收益,首先可以双方协商对赔偿标准进行确定,如果进行诉讼,则法院应当根据受害人的误工时间和收入情况进行确定,同时应当根据侵权人的过错程度、具体侵权行为和方式、造成的后果和影响等综合进行考量,行使自由裁量权。该种收入标准如果确定得不够合理,也会造成赔偿数额天壤之别的结果。

第三,精神损害赔偿。由于精神价值具有一定的主观性,因此是很难进行价值衡量的。但是其并非没有价值,人身损害包括了对该种价值的保护,但是要求精神损害应当达到严重的程度。其赔偿标准要根据侵权人的过错程度,侵权行为的目的、方式、场合,侵权行为造成的后果,侵权人获利情况,侵权人承担责任的经济能力,受诉法院所在地的平均生活水平等进行判断。

三、因果关系

在环境类案件中,侵权行为和损害后果间的因果关系往往是案件争议焦点,且因果关系的认定严重依赖鉴定意见等科学证据。[①] 但是,并非所有因果关系都需要司法鉴定来解决,并非所有因果关系都能够用司法鉴定解决。

(一)环境类案件因果关系的类型化界分

根据环境类案件因果关系的认识难易程度,可以将环境案件分为常识型环境案件、科学确定型环境案件和科学不确定型环境案件。[②]

1. 常识型环境案件

常识型环境案件涉及的因果关系是一般因果关系[③],这种因果关系不但在科学上完全确定,在常识上也很容易确定,甚至不证自明。需要指出的是,常识型环境案件中的"常识"是在现有科学认知水平下,符合或不违背一般科学原理的常识。当所谓的"常识"违背了基本的科学原理或是已经受到前沿科学挑战,则对应环境案件不再属于常识型环境案件:前者可以直接认定一般因果关系不存在,后者则属于科学不确定型案件。在常识型环境案件中,案件审理或判决书中甚至都不会出现有关一般因果关系的认定问题,更无须通过鉴定意见查明因果关系是否存在。在邱某某与梁某某环境污染侵权纠纷上诉案[④]中,原审被告梁某某等人"由于对洗矿场的两个泥塘排水管理不善,2005 年 4 月,下雨时造成塘坝倒塌,泥水冲毁位于泥塘下方邱某某的 1.63亩甘蔗,造成经济损失"。一审法院认为,梁某某在邱某某甘蔗地的上方开采矿石,由于没有采取有效的防护措施,采矿产生的废泥等冲进邱某某的甘蔗地,影响甘蔗生长,造成邱某某的经济损失,梁某某的行为已构成侵权,依法应当承担赔偿责任。在这起典型的常识型环境案件中,废泥影响甘蔗生长的一般因果关系是法官根据常识得出的判断,并不存在科学不确定性的问题,也就没有对因果关系鉴定的必要。

---

① 参见杨继文:《污染环境犯罪因果关系证明实证分析》,载《法商研究》2020 年第 2 期。

② 参见陈伟:《环境侵权因果关系类型化视角下的举证责任》,载《法学研究》2017 年第 5 期。

③ 一般因果关系是指致害因素与损害结果之间的可能性,即"某种物质是否可能引发某种损害"。与一般因果关系对应的概念是特定因果关系,是指在一般因果关系已被认定的前提下,特定事件之间已经真实发生的因果关系,即某种程度地暴露"事实上确实引起了本案中原告的伤害"。参见陈伟:《疫学因果关系及其证明》,载《法学研究》2015 年第 4 期。

④ 参见来宾市中级人民法院民事判决书,(2012)来民二终字第 16 号。

2. 科学确定型环境案件

科学确定型环境案件的特征在于因果关系在科学上已经确定，但法官无法直接根据常识（经验）作出判断。例如，在物理粉尘污染案件中，尘肺患者通常长期处于充满尘埃的场所，因吸入大量灰尘，导致末梢支气管下的肺泡积存灰尘，一段时间后肺内发生变化，形成纤维化灶，人体健康遭到损害。尘肺病的一般因果关系在科学（医学）上是确定的，在具体案件中无须再作证明。[①] 科学确定型环境案件的一般因果关系已经被科学家证实为某种"科学原理"，其证明其实已经被特定因果关系的证明吸收，只要可以证明特定因果关系的存在，一般因果关系就已被证明（既然可以认定尘肺病系污染者排放的灰尘所致，尘肺病的致病机理即一般因果关系当然是确定的）。与常识型侵权不同的是，科学确定型环境侵权行为与损害结果之间的特定因果关系，无论是当事人还是法官都不能仅根据常识作最终判断，而应该由专家（如医生）判断，必要时需要专家、鉴定机构或专家辅助人就一般因果关系予以澄清。这类案件，一旦作出鉴定意见，特定因果关系通常即可确定（一般因果关系自然确定）。

3. 科学不确定型环境案件

科学不确定型环境案件的特征在于，科学上具有一定程度的不确定性，科学界对关联性或因果性研究已经取得了一些成果，但还存在反对意见，尚未达成较强的共识。科学不确定型环境案件的加害人往往相较于受害人处于强势地位。例如，垃圾焚烧厂排放的二噁英是否可能造成周边居民的某种疾病；某化工企业排放的工业废气中含有化学毒性与人体健康损害之因果性尚未得到证实（但存在相关性证据）的化学物质，居住周边的某居民染上了可能是该化学物质引起的疾病。此类污染案件，因果关系的举证无论是对于加害人还是受害人都比较困难，受害人固然欠缺举证能力，加害人也无法完全证明不存在因果关系。法官在科学家还在犹豫时在个案中却必须给出司法结论，虽然判决的效力只能及于本案，但司法本身的性质会使得基于个案的结论突破个案，直接或间接影响到个案之外的社会发展进程。

（二）环境损害司法鉴定在因果关系上判断的局限性

以因果关系为鉴定事项时，需要注意环境损害司法鉴定的局限性，这种局限性主要体现在鉴定认定的滞后性和科学不确定性两个方面。第一，环境损害司法鉴定在认定上具有滞后性。环境污染发生后，当事人一般需要较长时间才会提出鉴定请求，此时鉴定现场已经发生改变，因果关系也会随之发生改变，认定难度增大，而且会出

---

① 尘肺病是我国目前最严重的职业病，每年新增尘肺病病例 1 万例以上，其中煤炭行业尘肺病病例约占全国尘肺病患者总数的 50%。参见李强、蒋承林、翟果红：《我国煤炭行业尘肺病现状分析及防治对策》，载《中国安全生产科学技术》2011 年第 4 期。

现“鉴定不能”或者“鉴定错误”的现象。有相当比例的环境污染因果关系鉴定案件都是在案发后半年甚至一年之后，当事人才通过法院委托鉴定，由于没有采取证据保全，案发现场已经发生变化，有的甚至已经修复或者挪作他用，致使鉴定无法进行。例如一起基本农田破坏鉴定，当事人申请鉴定时，受破坏的基本农田已经通过移植新土的方式得到修复，可以用作种植农作物，当事人仅靠当时的现场照片、几个证人的证言、当地农业环境监测站的书面检测报告等材料，要求陈伟教授鉴定其所种植的基本农田遭到破坏与案发时附近企业堆放固体废物、车辆压扎等是否具有因果关系。由于鉴定现场已经改变，为了保证鉴定意见的科学性、真实性，避免偏差，只好以无法鉴定为由，驳回了鉴定申请。①

第二，环境损害司法鉴定面临科学不确定性的挑战。环境污染或破坏行为与受害人损害之间是否具有因果关系的鉴定，客观上存在查找致害污染源、致害路径和致害强度与致害机理等事实判断问题，还存在选择检测项目、实验方法和选用实验仪器等科学实验判断问题。上述两方面问题的解决都必须依赖科学技术手段，对于环境污染因果关系鉴定而言，就是必须用环境科学等学科的专业知识、实践经验、实验仪器和方法去分析具体的鉴定案件，最后得出科学的鉴定意见。但是，限于现有科学发展水平、仪器设备条件及人员专业知识和经验，同时，存在“科学上的不确定性”②，对于一次性鉴定而言，得出的鉴定意见可能会存在误差甚至错误；对于重新鉴定和多个鉴定而言，不同机构得出的鉴定意见会出现偏差甚至矛盾。上述每个鉴定意见都是严格按照实验科学要求、遵守鉴定程序、不存在明显的依据不足和错误，给法庭造成了很大的取舍难度。③ 因此，尽管司法鉴定可以就是否存在因果关系给出科学意见，但法官不能盲目采信，而应结合全案证据对鉴定意见的理由和意见进行综合分析，特别是如果鉴定材料取证时间距离环境损害行为的发生较远，或者当事人提出环境损害司法鉴定在科学层面有瑕疵时，需要对鉴定意见进行充分审查，并根据实际情况认定鉴定意见的证据能力和证明力。

---

① 参见王伟：《论环境污染因果关系鉴定证据》，载《环境保护》2008 年第 10 期。

② 科学不确定性是指“由于导致环境侵权的原因行为多为具有社会妥当性的生产行为，而现代生产活动越来越具高度的科技性，大规模采用先进的高科技手段所进行的生产活动，其所带来的环境负作用的有无以及大小之证明，即使是有最新而且是最高的自然科学知识、经验，但要想得出确定性的判断性认识，也是非常困难的，这在环境法上被称为具有科学上的不确定性”。参见杨素娟：《论环境侵权诉讼中的因果关系推定》，载《法学评论》2003 年第 4 期。

③ 参见王伟：《论环境污染因果关系鉴定证据》，载《环境保护》2008 年第 10 期。

第二节　环境污染类案件中环境损害司法鉴定的对象

2021年,最高人民法院印发《环境资源案件类型与统计规范(试行)》,给出了环境资源案件审理的类型化指引和环境资源案件统计分析的规范标准,在每一类环境案件中,环境损害司法鉴定的对象均有所不同。不过,《环境资源案件类型与统计规范(试行)》中列举的部分案件类型收案数量极少,涉鉴定案例也较少,本书根据环境损害司法鉴定的现实情况,重点介绍环境污染类案件、生态保护类案件和资源开发利用类案件中的环境损害司法鉴定对象。第一类案件是环境污染类案件,是指向大气、水、土壤和海洋等环境介质排放有毒有害物质、其他物质及能量,损害环境介质及其生态系统服务功能,以及导致个人或公众的人身健康、财产受损而产生的刑事、民事、行政以及公益案件,包括环境介质污染案件、有毒有害物质污染案件、能量污染案件三类案件。

一、环境介质污染案件中环境损害司法鉴定的对象

按照被侵害的环境介质属性,环境介质污染案件可划分为大气、土壤、水、海洋等污染案件,环境介质污染案件是司法实践中数量最多的一类环境案件。

(一)大气污染案件中环境损害司法鉴定的对象

大气污染案件中的环境损害司法鉴定包括污染环境行为致环境空气损害鉴定、环境空气污染致植物损害鉴定、环境空气污染致动物损害鉴定、室内空气污染损害鉴定、室内空气污染致人体健康损害鉴定五类,每类鉴定的对象有一定区别。

污染环境行为致环境空气损害鉴定的对象主要包括大气污染物识别、确定环境空气基线、确认环境空气质量与基线相比是否受到损害、确定环境空气损害的时空范围和程度、判定污染环境行为与环境空气损害之间的因果关系、制订废气治理方案建议、评估环境空气损害数额、评估治理效果等。

环境空气污染致植物损害鉴定的对象主要包括确定植物(包括农作物、林草作物、景观或种用等种植物和野生植物)受到损害的时间、类型、范围和程度,判定环境空气污染与植物损害之间的因果关系,制订恢复方案建议,评估植物损害数额,评估恢复效果等。

环境空气污染致动物损害鉴定的对象主要包括确定动物(包括家禽、家畜、特种、娱乐或种用等养殖动物和野生动物)受到损害的时间、类型、范围和程度,判定环境空气污染与动物损害之间的因果关系,制订恢复方案建议,评估动物损害数额,评

估恢复效果等。

室内空气污染损害鉴定的对象主要包括确认住宅、办公场所、公共场所等全封闭或半封闭室内环境空气质量与基线相比是否受到损害，确定室内空气污染损害的时空范围和程度，判定室内空气污染的原因，制订室内空气污染治理方案建议，评估室内空气污染损害数额，评估治理效果等。

室内空气污染致人体健康损害鉴定的对象包括确定人体健康损害（如死亡、疾病、症状或体征等）的时间、类型、范围和程度，判定室内空气污染与人体健康损害之间的因果关系，评估人体健康损害数额等。

（二）土壤污染案件中环境损害司法鉴定的对象

土壤污染案件中的环境损害司法鉴定包括污染环境行为致土壤环境损害鉴定、污染环境行为致土壤生态系统损害鉴定、土壤污染致植物损害鉴定、土壤污染致动物损害鉴定四类。

污染环境行为致土壤环境损害鉴定的对象主要包括确定土地利用类型，识别特征污染物，确定土壤（包括农用地、建设用地、矿区等土壤）环境基线，确认土壤环境质量（包括土壤肥力）是否受到损害，确定土壤环境损害的时空范围和程度，判定污染环境行为与土壤环境损害之间的因果关系，制订土壤风险管控和治理修复方案建议，评估土壤环境损害数额，评估修复效果等。

污染环境行为致土壤生态系统损害鉴定的对象包括识别土壤生态系统（含地上和地下部分）功能，确定土壤生态系统损害评价指标与基线水平，确认土壤生态系统功能是否受到损害，确定土壤生态系统损害的时空范围和程度，判定污染环境行为与土壤生态系统损害之间的因果关系，制订土壤生态系统恢复方案建议，评估土壤生态系统损害数额，评估恢复效果等。

土壤污染致植物损害鉴定的对象包括确定植物（包括农作物、林草作物、景观或种用等种植物和野生植物）损害的时间、类型、范围和程度，判定土壤污染与植物损害之间的因果关系，制订植物恢复方案建议，评估植物损害数额，评估恢复效果等。

土壤污染致动物损害鉴定的对象包括确定动物（包括家禽、家畜、特种、娱乐或种用等养殖动物和野生动物）损害的时间、类型、范围和程度，判定土壤污染与动物损害之间的因果关系，制订动物恢复方案建议，评估动物损害数额，评估恢复效果等。

（三）水污染案件中环境损害司法鉴定的对象

广义上的水污染包括地表水与沉积物污染和地下水污染两部分。与之相应，水污染案件中的环境损害司法鉴定包括地表水与沉积物环境损害鉴定、地下水环境损害鉴定两部分。

1. 地表水与沉积物环境损害鉴定的对象

地表水与沉积物环境损害鉴定包括污染环境行为致地表水与沉积物环境损害鉴定、污染环境行为致水生态系统损害鉴定、地表水和沉积物污染致植物损害鉴定、地表水和沉积物污染致动物损害鉴定四类。

污染环境行为致地表水与沉积物环境损害鉴定的对象包括确定水功能,识别特征污染物,确定地表水和沉积物环境基线,确认地表水和沉积物环境质量是否受到损害,确定地表水和沉积物环境损害的时空范围和程度,判定污染环境行为与地表水和沉积物环境损害之间的因果关系,制订地表水和沉积物环境修复方案建议,评估地表水和沉积物环境损害数额,评估修复效果等。

污染环境行为致水生态系统损害鉴定的对象包括确定水生态系统功能,识别濒危物种、优势物种、特有物种、指示物种等,确定水生态系统损害评价指标与基线水平,确认水生态系统功能是否受到损害,确定水生态系统损害的时空范围和程度,判定污染环境行为与水生态系统损害之间的因果关系,制订水生态系统恢复方案建议,评估水生态系统损害数额,评估恢复效果等。

地表水和沉积物污染致植物损害鉴定的对象包括确定植物(包括农作物、林草作物、景观或种用等种植物和野生植物)损害的时间、类型、范围和程度,判定地表水和沉积物污染与植物损害之间的因果关系,制订植物恢复方案建议,评估植物损害数额,评估恢复效果等。

地表水和沉积物污染致动物损害鉴定的对象包括确定动物(包括家禽、家畜、水产、特种、娱乐或种用等养殖动物和野生动物)损害的时间、类型、范围和程度,判定地表水和沉积物污染与动物损害之间的因果关系,制订动物恢复方案建议,评估动物损害数额,评估恢复效果等。

2. 地下水环境损害鉴定的对象

地下水环境损害鉴定包括污染环境行为致地下水环境损害鉴定、地下水污染致植物损害鉴定、地下水污染致动物损害鉴定三类。

污染环境行为致地下水环境损害鉴定的对象包括确定地下水功能区,识别特征污染物,确定地下水环境基线,确认地下水环境质量是否受到损害,确定地下水环境损害的时空范围和程度,判定污染环境行为与地下水环境损害之间的因果关系,制订地下水风险管控和治理修复方案建议,评估地下水环境损害数额,评估修复效果等。

地下水污染致植物损害鉴定的对象包括确定植物(包括农作物、林草作物、景观或种用等种植物和野生植物)损害的时间、类型、范围和程度,判定地下水污染与植物损害之间的因果关系,制订植物恢复方案建议,评估植物损害数额,评估恢复效果等。

地下水污染致动物损害鉴定的对象包括确定动物(包括家禽、家畜、特种、娱乐或种用等养殖动物和野生动物)损害的时间、类型、范围和程度,判定地下水污染与动物损害之间的因果关系,制订动物恢复方案建议,评估动物损害数额,评估恢复效果等。

(四)海洋污染案件中环境损害司法鉴定的对象

海洋污染案件中的环境损害司法鉴定包括污染环境行为致近岸海洋与海岸带环境损害鉴定、污染环境行为致近岸海洋与海岸带生态系统损害鉴定、近岸海洋与海岸带环境污染致海洋植物损害鉴定、近岸海洋与海岸带环境污染致海洋动物损害鉴定四类。

污染环境行为致近岸海洋与海岸带环境损害鉴定的对象包括确定近岸海洋、海岸带和海岛功能,识别特征污染物,确定近岸海洋、海岸带和海岛环境基线,确认近岸海洋、海岸带和海岛环境质量是否受到损害,确定近岸海洋、海岸带和海岛环境损害的时空范围和程度,判定污染环境行为与近岸海洋、海岸带和海岛环境损害之间的因果关系,制订近岸海洋、海岸带和海岛环境修复方案建议,评估近岸海洋、海岸带和海岛环境损害数额,评估修复效果等。

污染环境行为致近岸海洋与海岸带生态系统损害鉴定的对象包括确定近岸海洋、海岸带和海岛生态系统(如珊瑚礁、海草床、滨海滩涂、盐沼地、红树林等)功能,识别濒危物种、优势物种、特有物种、指示物种等,确定近岸海洋、海岸带和海岛生态系统损害评价指标与基线水平,确认近岸海洋、海岸带和海岛生态系统与基线相比是否受到损害,确定近岸海洋、海岸带和海岛生态系统损害的时空范围和程度,判定污染环境行为与近岸海洋、海岸带和海岛生态系统损害之间的因果关系,制订近岸海洋、海岸带和海岛生态系统恢复方案建议,评估近岸海洋、海岸带和海岛生态系统损害数额,评估恢复效果等。

近岸海洋与海岸带环境污染致海洋植物损害鉴定的对象包括确定海洋养殖植物(包括食用、观赏、种用等海洋植物)、滨海湿地野生植物、海洋野生植物(包括藻类及种子植物等)损害的时间、类型、范围和程度,判定近岸海洋、海岸带和海岛环境污染与海洋植物损害之间的因果关系,制订海洋植物恢复方案建议,评估海洋植物损害数额,评估恢复效果等。

近岸海洋与海岸带环境污染致海洋动物损害鉴定的对象包括确定海洋养殖动物(包括食用、观赏、种用等海洋养殖动物)、滨海湿地野生动物(包括水禽、鸟类、两栖、爬行动物等)、海洋野生动物(包括浮游动物、底栖动物、鱼类、哺乳动物等)损害的时间、类型、范围和程度,判定近岸海洋、海岸带和海岛环境污染与海洋动物损害之间的因果关系,制订海洋动物恢复方案建议,评估海洋动物损害数额,评估恢复效果等。

二、有毒有害物质污染案件中环境损害司法鉴定的对象

按照污染环境的原因类型，环境污染案件分为物质污染案件和能量污染案件。其中，物质污染案件包括固体废物、电子废物、放射性物质、危险化学品等有毒有害物质污染案件，以及未纳入国家或地方环境标准的污染物等其他物质污染案件。物质污染案件中的环境损害司法鉴定包括固体废物鉴定、危险废物鉴定、有毒物质（不包括危险废物）鉴定、放射性废物鉴定、含传染病病原体的废物（不包括医疗废物）鉴定、污染物筛查及理化性质鉴定、有毒物质和放射性废物致植物损害鉴定、有毒物质和放射性废物致动物损害鉴定八类。

固体废物鉴定的对象包括通过溯源及固体废物鉴别标准判断待鉴定物质是否属于固体废物。

危险废物鉴定的对象包括依据《危险废物鉴别标准　通则》中规定的程序，判断固体废物是否属于列入《国家危险废物名录》的危险废物，以及鉴别固体废物是否具有危险特性；确定危险废物的合法、科学、合理的处置方式，制订处置方案建议，按照处理成本、收费标准等评估处置费用等。

有毒物质（不包括危险废物）鉴定的对象包括根据物质来源认定待鉴定物质是否属于法律法规和标准规范规定的有毒物质，或根据文献资料、实验数据等判断待鉴定物质是否具有环境毒性；确定有毒物质的合法、科学、合理的处置方式，制订处置方案建议，按照处理成本、收费标准等评估处置费用等。

放射性废物鉴定的对象包括认定待鉴定物质是否含有放射性核素或被放射性核素污染，其放射性水平是否符合国家规定的控制水平，是否属于预期不再使用的放射性物质等；确定放射性废物的合法、科学、合理的处置方式，制订处置方案建议，按照处理成本、收费标准等评估处置费用等。

含传染病病原体的废物（不包括医疗废物）鉴定的对象包括认定待鉴定物质是否含有细菌、衣原体、支原体、立克次氏体、螺旋体、放线菌、真菌、病毒、寄生虫等传染病病原体；确定含传染病病原体废物的合法、科学、合理的处置方式，制订处置方案建议，按照处理成本、收费标准等评估处置费用等。

污染物筛查及理化性质鉴定的对象包括通过现场勘察、生产工艺分析、实验室检测等方法综合分析确定废水、废气、固体废物中的污染物，鉴定污染物的理化性质参数等。

有毒物质、放射性废物致植物损害鉴定的对象包括确定植物（包括农作物、林草作物、景观或种用等种植物和野生植物）损害的时间、类型、程度和范围等，判定危险废物、有毒物质、放射性废物接触与植物损害之间的因果关系，制订恢复方案建议，评估植物损害数额，评估恢复效果等。

有毒物质、放射性废物致动物损害鉴定的对象包括确定动物（包括家禽、家畜、水产、特种、娱乐或种用等养殖动物和野生动物）损害的时间、类型、程度和范围等，判定危险废物、有毒物质、放射性废物接触和动物损害之间的因果关系，制订恢复方案建议，评估动物损害数额，评估恢复效果等。

三、能量污染案件中环境损害司法鉴定的对象

能量污染案件是指噪声、振动、光、热、电磁辐射、电离辐射等能量造成损害的案件。此类案件中的环境损害司法鉴定主要包括噪声损害鉴定、振动损害鉴定、光损害鉴定、热损害鉴定、电磁辐射损害鉴定、电离辐射损害鉴定六类。

噪声损害鉴定的对象包括识别噪声源，评估噪声强度和影响范围；确定噪声致野生或养殖动物（包括家禽、家畜、水产、特种、娱乐或种用等养殖动物）及人体健康等损害（如死亡、减产、疾病等）数量和程度；判定噪声污染与野生或养殖动物及人体健康等损害之间的因果关系；制订噪声污染治理方案建议，评估损害数额，评估治理效果等。

振动损害鉴定的对象包括识别振动源，评估振动强度和影响范围；确定振动致野生或养殖动物及人体健康等损害的数量和程度；判定振动污染与野生或养殖动物及人体健康等损害之间的因果关系；制订振动污染治理方案建议，评估损害数额，评估治理效果等。

光损害鉴定的对象包括识别光污染源，评估光污染强度和影响范围；确定光污染致野生或养殖动物及人体健康等损害的数量和程度；判定光污染与野生或养殖动物及人体健康等损害之间的因果关系；制订光污染治理方案建议，评估损害数额，评估治理效果等。

热损害鉴定的对象包括识别热污染源，评估热污染强度和影响范围；确定热污染致野生或养殖动物及人体健康等损害的数量和程度；判定热污染与野生或养殖动物及人体健康等损害之间的因果关系；制订热污染治理方案建议，评估损害数额，评估治理效果等。

电磁辐射损害鉴定的对象包括识别电磁辐射源，评估电磁辐射强度和对环境的影响范围；确定电磁辐射致野生或养殖动物及人体健康等损害的数量和程度；判定电磁辐射与野生或养殖动物及人体健康等损害之间的因果关系；制订电磁辐射污染治理方案建议，评估损害数额，评估治理效果等。

电离辐射损害鉴定的对象包括识别电离辐射源，评估电离辐射强度和对环境的影响范围；确定电离辐射致野生或养殖动物及人体健康等损害的数量和程度；判定电离辐射与野生或养殖动物及人体健康等损害之间的因果关系；制订电离辐射污染治理方案建议，评估损害数额，评估治理效果等。

第三节　生态保护类案件中环境损害司法鉴定的对象

生态保护类案件是指因破坏生物多样性、景观多样性以及影响生态系统功能正常运行而产生的刑事、民事、行政以及公益诉讼案件。生物多样性保护案件，是指对生物(动物、植物、微生物)以及它们所拥有的基因和生存环境进行司法保护的案件，包括遗传(基因)多样性保护、物种多样性保护和生态系统多样性保护三类案件。生物多样性保护案件是生态保护类案件的核心。此类案件中，环境损害司法鉴定包括生态破坏行为致生物损害鉴定和生态破坏行为致生态系统损害鉴定。

一、生态破坏行为致生物损害鉴定的对象

根据受害生物的物种不同，生态破坏行为致生物损害鉴定可分为生态破坏行为致植物损害鉴定、生态破坏行为致动物损害鉴定、生态破坏行为致微生物损害鉴定。

生态破坏行为致植物损害鉴定的对象包括藻类、地衣类、苔藓类、蕨类、裸子、被子等植物及植物制品物种及其濒危与保护等级、年龄、原生地；鉴定外来植物物种及入侵种；确定植物损害的时间、类型、范围和程度，判定乱砍滥伐、毁林、开垦林地和草原等生态破坏行为与植物物种损害之间的因果关系，制订植物损害生态恢复方案建议，评估植物损害数额，评估恢复效果等。

生态破坏行为致动物损害鉴定的对象包括哺乳纲、鸟纲、两栖纲、爬行纲、鱼类(圆口纲、盾皮鱼纲、软骨鱼纲、辐鳍鱼纲、棘鱼纲、肉鳍鱼纲等)、棘皮动物、昆虫纲、多足纲、软体动物、珊瑚纲等动物及动物制品物种及其濒危与保护等级、种类、年龄、原生地；鉴定外来动物物种及入侵种，确定动物损害的时间、类型、范围和程度，判定乱捕滥杀、栖息地破坏、外来种入侵等生态破坏行为与动物损害之间的因果关系，制订动物损害生态恢复方案建议，评估动物损害数额，评估恢复效果等。

生态破坏行为致微生物损害鉴定的对象包括确定食用菌、药用菌及其他真菌类等大型真菌物种及其濒危与保护等级；鉴定微生物损害的时间、类型、范围和程度，判定毁林、滥采等生态破坏行为与微生物损害之间的因果关系，制订微生物损害生态恢复方案建议，评估微生物损害数额，评估恢复效果等。

二、生态破坏行为致生态系统损害鉴定的对象

根据被破坏的生态系统不同，生态破坏和资源利用行为致生态系统损害鉴定包括生态破坏行为致森林生态系统损害鉴定、生态破坏行为致草原生态系统损害鉴定、生态破坏行为致湿地生态系统损害鉴定、生态破坏行为致荒漠生态系统损害鉴定、生

态破坏行为致海洋生态系统损害鉴定、生态破坏行为致河湖生态系统损害鉴定、生态破坏行为致冻原生态系统损害鉴定、生态破坏行为致农田生态系统损害鉴定、生态破坏行为致城市生态系统损害鉴定和资源利用行为致生态系统损害鉴定十类。

生态破坏行为致森林生态系统损害鉴定的对象包括确定森林类型与保护级别,确定森林生态系统损害评价指标与基线水平,确定森林生态系统损害(如指示性生物、栖息地、土壤、地下水等损害)的时间、类型、范围和程度,判定森林盗伐、乱砍滥伐珍稀保护物种、破坏种质资源、森林火灾、非法占用、工程建设、外来种引入、地下水超采等生态破坏行为与森林生态系统损害之间的因果关系,制订森林生态系统恢复方案建议,评估森林生态系统损害数额,评估恢复效果等。

生态破坏行为致草原生态系统损害鉴定的对象包括确定草原类型与保护级别,确定草原生态系统损害评价指标与基线水平,确定草原生态系统损害(如指示性生物、栖息地、土壤、地下水等损害)的时间、类型、范围和程度,判定超载放牧、滥采药材、毁草开荒、非法占用、工程建设、乱捕滥杀野生动物、外来种引入、地下水超采等生态破坏行为与草原生态系统损害之间的因果关系,制订草原生态系统恢复方案建议,评估草原生态系统损害数额,评估恢复效果等。

生态破坏行为致湿地生态系统损害鉴定的对象包括确定湿地类型与保护级别,确定湿地生态系统(河流、湖泊除外)损害评价指标和基线水平,确定湿地生态系统损害(如地表水、指示性生物、栖息地、土壤、地下水等损害)的时间、类型、范围和程度,判定农业围垦、城市开发、外来种引入、地下水超采等生态破坏行为与湿地生态系统损害之间的因果关系,制订湿地生态系统恢复方案建议,评估湿地生态系统损害数额,评估恢复效果等。

生态破坏行为致荒漠生态系统损害鉴定的对象包括确定荒漠性质及类别,确定荒漠生态系统损害评价指标和基线水平,确定荒漠生态系统损害(如土壤、地下水、指示性生物、栖息地等损害)的时间、类型、范围和程度,判定矿产开发、农业开垦、超载放牧、工程建设、珍稀濒危动植物盗猎盗采、外来种引入、地下水超采等生态破坏行为与荒漠生态系统损害之间的因果关系,制订荒漠生态系统恢复方案建议,评估荒漠生态系统损害数额,评估恢复效果等。

生态破坏行为致海洋生态系统损害鉴定的对象包括确定海洋类型与保护级别,确定海洋生态系统损害评价指标和基线水平,确定海洋生态系统损害(如海洋生物、渔业资源、珍稀物种、珊瑚礁及成礁生物、矿产资源、栖息地等损害)的时间、类型、范围和程度,判定过度捕捞、围填海、工程建设、外来种引入等生态破坏行为与海洋生态系统损害之间的因果关系,制订海洋生态系统恢复方案建议,评估海洋生态系统损害数额,评估恢复效果等。

生态破坏行为致河湖生态系统损害鉴定的对象包括确定河流、湖泊类型及保护级别，确定河流、湖泊生态系统损害评价指标和基线水平，确定河流、湖泊、入海河口生态系统损害（如径流水量、水域岸线、水生生物、渔业资源、珍稀物种、栖息地等损害）的时间、类型、范围和程度，判定非法采砂、渔业滥捕超捕、侵占水域岸线、围湖造田、围垦河道、水域拦截、工程建设、外来种引入等生态破坏行为与河流、湖泊生态系统损害之间的因果关系，制订河流、湖泊生态系统恢复方案建议，评估河流、湖泊生态系统损害数额，评估恢复效果等。

生态破坏行为致冻原生态系统损害鉴定的对象包括确定冻原性质及类别，确定冻原生态系统损害评价指标和基线水平，确定冻原生态系统损害（如土壤、永冻层、冰川、地表水、地下水、指示性生物、栖息地等损害）的时间、类型、范围和程度，判定水资源开发、超载放牧、工程建设、珍稀濒危动植物盗猎盗采、外来种引入、地下水超采等生态破坏行为与冻原生态系统损害之间的因果关系，制订冻原生态系统恢复方案建议，评估冻原生态系统损害数额，评估恢复效果等。

生态破坏行为致农田生态系统损害鉴定的对象包括确定农田性质及类别，确定农田生态系统损害评价指标和基线水平，确定农田生态系统损害（如农田种植物、土壤、地下水等损害）的时间、类型、范围和程度，判定非法占用耕地、农区土地破坏、外来种引入、地下水超采等生态破坏行为与农田生态系统损害之间的因果关系，制订农田生态系统恢复方案建议，评估农田生态系统损害数额，评估恢复效果等。

生态破坏行为致城市生态系统损害鉴定的对象包括确定城市生态系统损害评价指标和基线水平，确定城市生态系统损害（如生物、城市景观、土壤、地下水等损害）的时间、类型、范围和程度，判定城市绿化用地侵占、植被破坏、外来种引入、地下水超采等生态破坏行为与城市生态系统损害之间的因果关系，制订城市生态系统恢复方案建议，评估城市生态系统损害数额，评估恢复效果等。

第四节　资源开发利用类案件中环境损害司法鉴定的对象

资源开发利用类案件是指在土地、矿产等各类自然资源开发利用过程中产生的，与生态环境保护修复密切相关的刑事、民事、行政以及公益案件。资源开发利用类案件中环境损害司法鉴定的对象是矿产资源开采行为带来的矿山地质环境破坏、土地损毁及生态功能损害。

资源利用行为致生态系统损害鉴定主要是指矿产资源开采行为致矿山地质环境

破坏、土地损毁及生态功能损害鉴定。此类鉴定的对象包括采矿引发的地貌塌陷、地裂缝、崩塌、滑坡、泥石流及隐患的规模、类型、危害，制订矿山地质灾害治理方案，评估损害数额，评估治理效果等；确定损毁土地的时间、类型、范围和程度，判定采矿活动与土地损毁之间的关系，制订土地功能恢复方案，评估损害数额，评估恢复效果等；确定采矿造成含水层水位下降的时间、程度、范围，井、泉水量减少（疏干）的程度，判定采矿活动与含水层水位下降、井（泉）水量减少的因果关系，制订含水层保护恢复方案，评估损害数额，评估恢复效果等；确定采矿改变地形条件造成山体破损、岩石裸露的时间、范围和程度，判定采矿活动与山体破损、岩石裸露的因果关系，制订地形地貌重塑方案建议，评估损害数额，评估治理效果等；确定矿产资源损失的时间、类型、范围和程度，判定采矿活动与矿产资源损失的因果关系，制订生态恢复方案建议，评估损害数额，评估恢复效果等。

第五章　环境损害司法鉴定行政管理

第一节　环境损害司法鉴定行政管理概述

环境损害司法鉴定行政管理制度是指关于环境损害司法鉴定机构和鉴定人准入资质、鉴定能力验证和认证认可、环境损害司法鉴定行业自律、监督机关和社会群众对鉴定机构和鉴定人进行法律监督、诚信评价和责任追究等规定的总称。其目标是实现环境损害司法鉴定管理法治化，增强环境损害司法鉴定制度和鉴定意见的可行性和可靠性，最终实现环境案件的效率和公平。

本节主要涉及四个部分的内容：第一部分是环境损害司法鉴定行政管理的制度梳理，分析环境损害司法鉴定法律体系的各组成部分以及各法律规范中涉及行政管理的主要内容；第二部分是环境损害司法鉴定行政管理体制的发展历程；第三部分是环境损害司法鉴定行政管理机制构成；第四部分是环境损害司法鉴定行政管理现状介绍。

一、环境损害司法鉴定行政管理制度

环境损害司法鉴定行政管理制度法律体系主要由法律、行政规范性文件、地方性法规以及司法解释组成。其中，全国人民代表大会常务委员会发布的《关于司法鉴定管理问题的决定》是环境损害司法鉴定行政管理制度体系中效力最高的文件，从整体上规定行政管理权限划分、鉴定机构和鉴定人资质条件等关键问题。行政法规和规章是规定环境损害司法鉴定行政管理的最主要的法律文件，对管理体制机制有一系列细化安排，明确管理过程中具体操作程序和细则。行政法规和规章按照是否专门针对环境损害司法鉴定管理问题又可进一步分为一般司法鉴定的管理规范和行政机关规定的环境损害司法鉴定管理专用法规。最高人民法院、最高人民检察院出台的相关司法解释主要是规定人民法院对外委托鉴定机构的管理、人民检察院对内设鉴定机构的管理以及司法机关和司法行政机关的管理与使用衔接机制。

（一）法律

与环境损害司法鉴定行政管理相关的法律主要是全国人民代表大会常务委员会《关于司法鉴定管理问题的决定》和《行政许可法》。两部法律对环境损害司法鉴定的行政管理体制机制作出宏观性规定。

全国人民代表大会常务委员会《关于司法鉴定管理问题的决定》于 2005 年 2 月

28日在第十届全国人民代表大会常务委员会第十四次会议通过，自2005年10月1日实施，这一法律主要涉及司法鉴定登记管理的规定。其出台有助于解决司法鉴定管理工作中长期存在的多头鉴定、管理权分配不清等问题。全国人民代表大会常务委员会《关于司法鉴定管理问题的决定》明确了实施登记管理制度的鉴定范围，中央和地方政府对管理事项的分配安排，鉴定人员和鉴定机构从事鉴定业务的要求，侦查机关和人民法院对内设和对外委托鉴定机构的管理，鉴定人职业道德和职业纪律以及鉴定机构和鉴定人的违规行为和处罚。2015年4月，全国人民代表大会常务委员会对《关于司法鉴定管理问题的决定》予以修正，司法鉴定行政管理制度进一步细化。

环境损害司法鉴定机构设立和资质管理本质上属于行政许可范围，因此其相关程序应当遵照《行政许可法》要求，不得与《行政许可法》相抵触。司法部、生态环境部在制定相应部门规章时应当首先参照《行政许可法》的规定，在此基础上进行细化。尤其是《行政许可法》规定了资质审核的监督检查制度、撤销行政许可的情形和法律责任，这些规定成为环境损害司法鉴定监督管理制度的上位法依据。

(二)行政规范性文件

目前，关于环境损害司法鉴定行政管理的规定主要集中在由司法部、生态环境部、国家监督管理总局、公安部等行政部门单独发布或者联合发布的部门规章中。以规范适用的普遍性和专门性为标准进行区分，又可将上述文件分为一般性的司法鉴定管理规范和专门性的环境损害司法鉴定行政管理规范。

一般性司法鉴定管理规范主要是由司法部、最高人民法院、最高人民检察院、公安部、国家安全部、市场监督管理总局单独或者联合发布的一系列规范性文件。归纳起来，主要包括《司法鉴定执业分类规定(试行)》《司法鉴定许可证管理规定》《关于对司法鉴定地方立法和司法鉴定管理制度性质问题的批复》《司法鉴定人登记管理办法》《司法鉴定机构登记管理办法》《司法鉴定职业道德基本规范》《司法鉴定执业活动投诉处理办法》《司法鉴定许可证和司法鉴定人执业证管理办法》《司法鉴定人和司法鉴定机构名册管理办法》《司法鉴定高级专业技术职务任职资格评审细则》《关于进一步加强司法鉴定投诉处理工作的意见》《国家级司法鉴定机构遴选办法》《国家级司法鉴定机构评审标准》《司法鉴定机构内部管理规范》《司法鉴定资质认定能力提升三年行动方案(2022—2024年)》。这些规范性文件涵盖司法鉴定的登记评审、司法鉴定行业培训教育、质量建设、日常监督和鉴定违法失职追究等诸多管理事项，为环境损害司法鉴定行政管理提供了一般性的规定。

专门性的环境损害司法鉴定行政管理规范主要包括司法部、生态环境部等部门制定的一系列规范性文件，内容涵盖资质管理、质量管理、监督管理等一系列制度。

归纳起来主要如下：一是司法部和生态环境部印发的《环境损害司法鉴定机构登记评审细则》，该细则明确了环境损害司法鉴定机构登记评审评分标准，包括评审要素、评审标准、得分、司法鉴定机构设备要求、司法鉴定人从业要求等。二是司法部发布的《关于进一步做好环境损害司法鉴定管理有关工作的通知》，该通知为进一步做好环境损害司法鉴定管理工作，充分发挥司法鉴定在环境公益诉讼和环境污染刑事案件办理中的功能作用提供了指导。三是司法部、生态环境部联合印发的《环境损害司法鉴定执业分类规定》，该规定细化了环境损害司法鉴定七大类鉴定事项，对于更加清晰准确地界定环境损害司法鉴定机构和鉴定人执业类别和范围，方便环境损害司法鉴定委托，切实提高环境损害司法鉴定管理工作的针对性、规范性和科学性具有重要意义。四是司法部发布的《关于进一步做好环境损害司法鉴定机构和司法鉴定人准入登记有关工作的通知》，为认真落实《环境损害司法鉴定机构登记评审细则》，进一步做好环境损害司法鉴定机构和鉴定人准入登记工作提供条件。五是原环境保护部和司法部发布的《关于全国环境损害司法鉴定机构登记评审专家库（国家库）专家名单的公告》。六是司法部、原环境保护部共同研究制定的《环境损害司法鉴定机构审核登记评审办法》《环境损害司法鉴定机构审核登记评审专家库管理办法》。七是生态环境部发布的三批《环境损害鉴定评估推荐机构名录》。

（三）地方性法规

北京市、天津市、河北省、陕西省等省市均规定了各自的司法鉴定管理条例或者司法鉴定条例。《北京市司法鉴定管理条例》《天津市司法鉴定管理条例》《河北省司法鉴定管理条例》等地方性法规明确了司法行政部门负责司法鉴定机构和司法鉴定人的登记、名册编制，对司法鉴定工作进行统筹协调、监督管理。市、区司法行政部门依照相关条例实施司法鉴定管理具体职责分工由市司法行政部门确定。上述条例强调行业协会对实行自律管理，组织业务培训和交流，制定行业规范，建立健全行业投诉处理和纠纷调解机制，监督、指导会员遵守执业纪律和职业道德，开展鉴定质量评查、信用评估和行业惩戒，维护会员合法权益的作用。同时，上述条例还规定了司法鉴定人与鉴定机构资质审核要求、专家评审制度、名册管理制度、注销登记情况、质量管理要求。此外，各省市的司法鉴定条例和司法鉴定管理条例对司法鉴定机构和鉴定人在鉴定活动中的执业要求、监督管理和法律责任予以规定。

（四）司法解释

司法解释层面的规范主要包括人民检察院对“内设鉴定机构”的管理规范和人民法院对外委托鉴定的管理规范两类。

人民检察院对内设鉴定机构的管理规范包括最高人民检察院印发的《人民检察院鉴定机构登记管理办法》《人民检察院鉴定规则（试行）》《人民检察院鉴定人登记

管理办法》。其中《人民检察院鉴定机构登记管理办法》明确了人民检察院内设鉴定机构的登记管理部门、资格登记、资格审核与延续、资格变更与注销、复议程序、名册编制与公告、监督与处罚。《人民检察院鉴定规则(试行)》中规定委托与受理、鉴定文书的程序规范等内容。《人民检察院鉴定人登记管理办法》规定各级人民检察院鉴定人的登记管理部门、鉴定人的资格登记要求、资格审核与延续、资格变更与注销、复议程序、名册编制与公告。最高人民检察院《关于贯彻〈全国人民代表大会常务委员会关于司法鉴定管理问题的决定〉有关工作的通知》中规定,各级检察机关的鉴定机构不得面向社会接受委托从事鉴定业务,鉴定人员不得进行社会性的鉴定活动,明确检察机关鉴定机构可以受理的鉴定案件范围等内容。

人民法院对外委托鉴定的管理规范主要包括:最高人民法院印发的《人民法院司法鉴定工作暂行规定》,对人民法院内设司法鉴定中心的管理以及委托与受理、检验与鉴定的要求予以规定;《人民法院对外委托司法鉴定管理规定》对进入法院鉴定管理名册的要求、对外委托鉴定监督管理等事项予以规定;最高人民法院、最高人民检察院、公安部、国家安全部、司法部联合发布的《关于做好〈全国人民代表大会常务委员会关于司法鉴定管理问题的决定〉施行前有关工作的通知》,为落实全国人民代表大会常务委员会《关于司法鉴定管理问题的决定》打下良好基础。

二、环境损害司法鉴定行政管理体制

环境损害司法鉴定管理工作由司法行政部门、生态环境部门、人民法院、人民检察院、标准化管理委员会分工负责,各司其职。环境损害司法鉴定于 2015 年纳入统一登记管理范畴,但这一举措只是强调资质管理工作的主导权归属司法行政部门,并不意味着整体管理体制与全部管理工作的统一,也并未否定其他部门参与资质管理的必要性。管理主体的多元化是由环境损害司法鉴定管理工作的双重性质和鉴定机构的多维属性决定的。由于环境损害司法鉴定行政管理兼具科学性和行政性双重属性,管理工作往往同时具备技术性和行政性的特点,如质量管理、监督管理、行业管理等事项既需要行政监管,又需要技术支持,需要多个管理主体的协同配合。资质管理需要司法行政机关和生态环境部门共同制定环境损害司法鉴定机构和鉴定人资质准入标准,筛选评审专家库成员;质量管理需要司法行政部门和市场监督管理部门,为有力提升司法鉴定规范化、专业化、科学化水平提供保障;监督管理中鉴定机构违规行为与惩罚认定同样需要司法行政部门与市场监管部门共同参与才能实现有效监管与正确追责。按照鉴定机构的属性进行分类,目前的管理体制可以分为社会鉴定机构管理体制与内设鉴定机构管理体制。从狭义解释来看,行政管理仅限于行政机关对社会鉴定机构的管理。但实际上,行政管理包括行政机关和司法机关对内设鉴定机构的管理。根据全国人民代表大会常务委员会《关于司法鉴定管理问题的决定》

等规定，司法行政机关主管社会鉴定机构，人民检察院、农业部等能够设置鉴定机构的机关分管其内设鉴定机构，需要注意的是，人民检察院内设鉴定机构的资质管理等工作依照最高人民检察院出台的《人民检察院鉴定机构登记管理办法》《人民检察院鉴定规则（试行）》《人民检察院鉴定人登记管理办法》等规范进行管理。在司法鉴定管理统一化的趋势下，需要进一步厘清管理主体的各项权力边界并开展权力整合工作，提高管理质量和管理效率。

环境损害司法鉴定管理主体之间存在条块关系，各管理机关之间既存在领导关系，也存在业务关系。领导关系主要是指司法系统内存在领导与被领导的关系。例如，司法部负责全国司法鉴定统筹布局工作，省市级司法行政机关依照司法部发布的规范性文件具体开展鉴定机关和鉴定人的管理工作。又如，人民检察院鉴定机构登记管理实行两级管理制度。最高人民检察院负责本院和省级人民检察院鉴定机构的登记管理工作；省级人民检察院负责所辖地市级、县区级人民检察院鉴定机构的登记管理工作。业务关系是指部分环境损害司法鉴定行政管理工作需要司法行政机关与其他职能部门配合协作，发挥各自业务所长，如环境损害司法鉴定机构的资质审核、质量管控等管理工作需要司法行政部门、生态环境部门、市场监管部门共同参与。

在环境损害司法鉴定行政管理体制中，还可以根据行业协会的参与程度分为行政管理模式、行业自律管理模式以及行政管理与行业自律管理相结合的管理模式。行政管理模式可以细分为集中型和分散型两种模式。结合现在世界各国的司法鉴定管理模式来看，大陆法系国家多采用集中型的行政管理模式，由司法行政部门或者其他职能部门负责司法鉴定的行政管理工作。英美法系国家多采用分散型的行业自律管理为主、行政管理为辅的管理模式，允许司法鉴定协会参与标准制定、质量管控、行业评审等一系列管理工作。随着各国管理经验的逐渐丰富和国家间交流的深入，一方面大陆法系和英美法系的管理模式逐渐融合，部分采用分散型管理模式的国家意识到统一管理的优势，开始向集中型管理模式靠拢；另一方面司法鉴定行业协会的作用开始被重视起来。部门国家通过行业协会引导行业开展行业自律管理工作，形成行业内鉴定机构和鉴定人的自我约束和限制。此外，行业管理能够发挥鉴定标准制定、教育培训等功能，既能为行政部门减负，又能提升环境损害司法鉴定机构和鉴定人专业水平。环境损害司法鉴定行政管理与行业管理两相结合模式下的职能分工见图5－1。

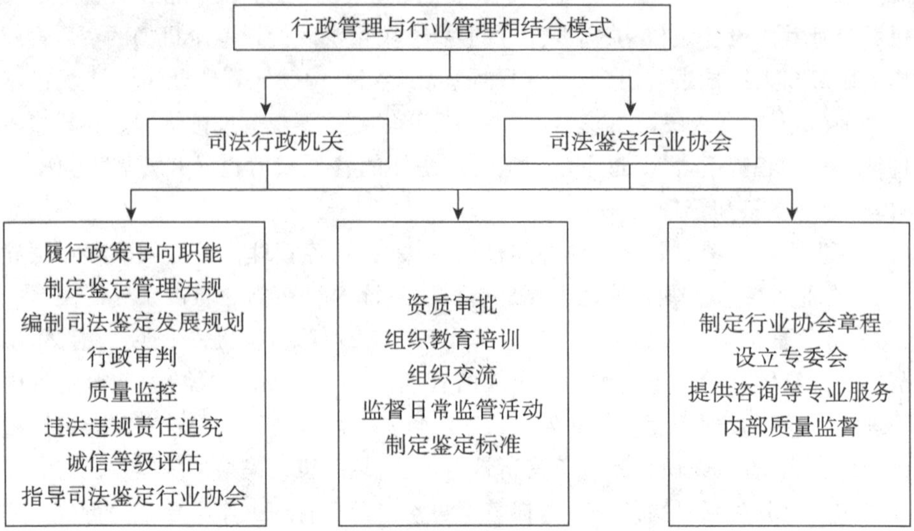

图 5－1　行政管理与行业管理相结合模式示意图

三、环境损害司法鉴定行政管理机制

我国环境损害司法鉴定管理机制主要包括鉴定管理对象登记评审机制、鉴定活动日常监管机制、鉴定违法违规行为责任追究机制，并可以具体化为资质管理、质量管理、行业管理、收费管理、监督管理五大制度。

(一)鉴定管理对象登记评审机制

环境损害司法鉴定登记评审机制主要涉及环境损害鉴定人和鉴定机构的准入机制以及能力不达标和出现违规情况后的退出机制。为保障环境损害司法鉴定的科学性、专业性、可靠性，环境损害司法鉴定人和鉴定机构在开展环境损害司法鉴定活动前，需要通过司法行政部门和生态环境部门的资质审核，获得从业许可后方可从事环境损害司法鉴定业务。为此，司法部和原环境保护部联合发布了《环境损害司法鉴定机构审核登记评审办法》。该办法要求申请从事环境损害司法鉴定的机构除需要满足一般鉴定机构的管理办法外，还需要满足环境损害司法鉴定的特殊准入规定。

此外，评审专家库制度与环境损害司法鉴定登记评审机制紧密相关，是评审机制专业性的保障。具体而言，专家库可以分为国家库和地方库，其中国家库按照《环境损害司法鉴定机构审核登记评审专家库管理办法》进行管理，该规范对专家库的专业范围、条件、工作内容、管理等进行了规定，地方库的管理制度由各省自主规定。

为了保障环境损害司法鉴定机构高质量执业以及督促鉴定机构依法执业，司法部在《司法鉴定登记管理办法》中规定鉴定机构的退出机制，对于不符合规定要求的鉴定机构，司法行政机关会要求其限期整改；对于整改后仍然不符合要求的，将被禁止从事相应业务,并取消其资质。

(二)鉴定活动日常监管机制

环境损害司法鉴定的日常管理关系着鉴定机构出具的司法鉴定的公信力和证明力。如果在日常鉴定活动中缺乏必要的监管体系和纠正措施,鉴定机构和鉴定人不遵守法定或者行业的鉴定标准、鉴定程序,容易发生违规取材,私下接受当事人鉴定委托的情况。除此之外,市场上存在一些“红顶机构”,这些鉴定机构与行政机构存在密切关系,缺乏中立性,极大地破坏了鉴定市场秩序,也影响了司法鉴定的公正性。为有效监管环境损害司法鉴定的日常活动,我国建立了环境损害司法鉴定法律监督机制、环境损害司法鉴定机构内部监管机制、环境损害司法鉴定管理与使用衔接机制。

环境损害司法鉴定的法律监督机制以司法行政部门的行政监管为主要监督手段,司法监督、行业监督、社会监督等监督为辅助手段。司法行政部门根据相关规范对鉴定活动进行执业监督,及时纠正违法违规行为。行政监督以开展鉴定活动的时间为标准,可以分为事前监督、事中监督和事后监督。事前监督主要针对环境损害鉴定人是否按照规定进行资质审核;事中监督主要针对环境损害鉴定机构和鉴定人是否依法依规开展鉴定活动;事后监督主要针对鉴定意见完成后鉴定机构和鉴定人是否出现违规情况。

除了外部的法律监督,环境损害司法鉴定的日常监管也需要鉴定机构的内部监管机制进行补充,从而加强环境损害鉴定机构自身的内部管理,促进司法鉴定机构的规范化建设。内部监管机制的内容主要包括:第一,机构章程制定。明确鉴定机构名称、住所、业务范围、从业人员的权利义务。第二,明确内部监管的负责人。对内负责管理鉴定机构的内部事务和职业活动,对外作为鉴定机构的代表人,依法履行法定义务,承担管理责任。第三,建立业务管理制度。统一受理鉴定委托,统一签订委托协议,统一收取鉴定费用,统一建立鉴定材料审核、接收、保管、使用、退还和存档等工作制度。第四,建立质量管理体系。明确质量组织、管理体系和内部运转程序,加强质量管理,提高鉴定质量。第五,建立完善外部信息管理制度。为保障信息的准确性和安全性,外部信息的使用应当根据程序进行核查、验证;因专业技术问题需要外聘专家的,应当依照有关规定执行。第六,内部讨论和复核机制。对于重大疑难和特殊复杂问题的鉴定或者有争议案件的鉴定,鉴定机构内部组织鉴定人研究讨论,并做好书面记录。第七,重大事项报告制度。接受具有重大社会影响案件委托后的24小时内,向所在地及省级司法行政机关报告相关信息。第八,财务管理机制。依据机构章程单独建立账册,统一收取委托费用,对内按劳计酬,建立发展基金。

建立环境损害司法鉴定管理与使用衔接机制是为了规范环境损害司法鉴定活

动,提高环境损害司法鉴定质量,是保障环境司法公正与效率,推进适应以审判为中心的诉讼制度改革的重要举措。管理与使用衔接机制一方面要求司法行政机关严格按照全国人民代表大会常务委员会《关于司法鉴定管理问题的决定》履行登记管理职能,切实加强对环境损害司法鉴定的行政管理,严格按照规范把握环境损害司法鉴定机构和鉴定人的准入标准,加强对鉴定能力和质量的管理,规范鉴定活动,强化对日常执业活动的监督管理,健全不合格的鉴定机构和鉴定人的退出机制,清理诚信度不高、能力不适应的鉴定机构和鉴定人;另一方面要求司法机关要以维护环境公正为出发点,规范鉴定委托,完善检材的移交程序,规范技术性证据审查工作,规范庭审质证程序,指导和保障鉴定人出庭作证。除此之外,人民法院对于对外委托鉴定需要进行必要性和可行性审查,根据案件具体需要选择鉴定机构和鉴定人。

(三)鉴定违法违规行为责任追究机制

鉴定违法违规行为责任追究机制主要包括法律责任追究机制、鉴定机构诚信评估机制、违规退出机制。法律责任追究是追究鉴定机构和鉴定人的最主要违法违规行为的形式。当鉴定机构和鉴定人出现违规鉴定乃至违法犯罪时,应当由有关民事审判部门、行政审判部门、刑事审判部门依法追究其法律责任,督促鉴定机构依法依规开展鉴定活动,履行公正鉴定职责,从而起到一般预防和特殊预防作用。

考虑到鉴定行业的特殊性和鉴定意见在司法实践中的关键作用,为维护司法鉴定的公信力,除对违法违规鉴定机构和鉴定人的法律责任的事后追究外,鉴定机构和鉴定人的信用评价亦有重要作用。为此,司法部在 2021 年 12 月 28 日印发《司法鉴定机构诚信等级评估办法(试行)》。该办法规定由司法行政机关带头,与监察机关、侦查机关、检察机关、审判机关相互沟通与协作,收集司法鉴定机构和司法鉴定人的相关信息,按照各项指标完成情况加减分,进行年度诚信评级,将评估结果通过《国家司法鉴定人和司法鉴定机构名册》等方式向社会公布,并通报或共享给监察机关、侦查机关、检察机关、审判机关等相关单位。评估结果良好的机构将受到表彰奖励并推荐给使用部门;评估结果较差的机构将被列为重点巡视检查对象,相关负责人将被约谈;评价结果最差的机构将被责令限期整改和接受重新评估。通过信用评价机制实现正向激励、综合评价、公开公正、动态管理。

四、我国目前环境损害司法鉴定行政管理基本情况

自环境损害司法鉴定纳入统一管理以来,中央和地方司法行政机关、生态环境部门、各级人民法院、各级人民检察院等职能机关认真贯彻落实习近平生态文明思想,努力健全和完善环境损害司法鉴定行政管理体制机制及建设,积极推动环境损害司法鉴定管理统一化、规范化、科学化、法治化发展,从而有效满足环境资源审判和环境行政执法等活动的需要。

（一）环境损害司法鉴定资质管理制度全面确立

基于环境资源诉讼案件数量逐年攀升、环境行政执法不畅的现状和生态环境损害赔偿制度改革需求，2018 年 9 月司法部办公厅印发《关于进一步做好环境损害司法鉴定机构和司法鉴定人准入登记有关工作的通知》，提出要科学统筹各省生态环境、自然资源、农业农村、水利、林业草原等不同部门及高等院校、社会机构等科研力量，加快准入一批诉讼急需、社会关注的鉴定机构，鼓励和引导优质科研院所、高等院校申请准入登记。建立环境损害司法鉴定准入登记工作月报告制度，督促各地将准入登记工作动态及时上报，对于落实不力、推诿塞责的有关单位和人员，将严肃追责。截至 2022 年 4 月底，全国经省级司法行政机关审核登记的环境损害司法鉴定机构达 220 家、鉴定人 3300 余名（见图 5－2）。环境损害司法鉴定机构基本上实现了全域覆盖，为打击环境违法犯罪、建设美丽中国提供了有力支撑。

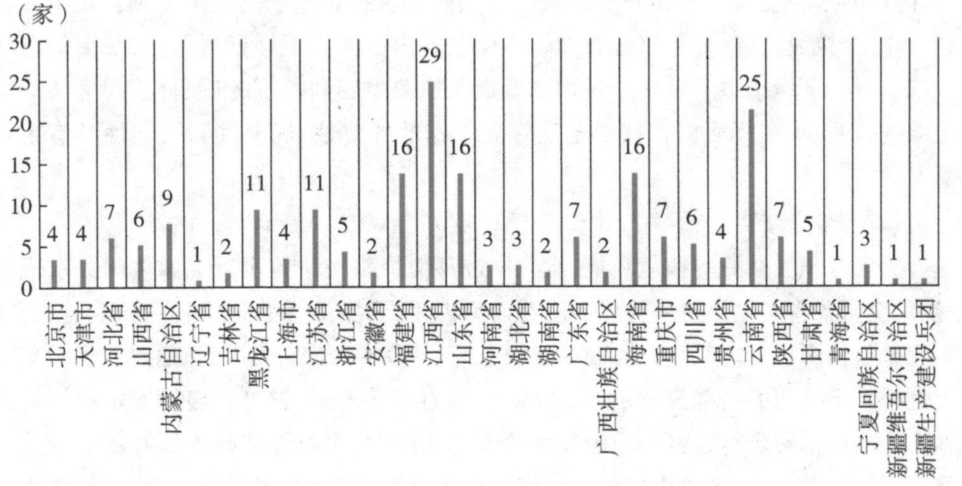

图 5－2 各省（区、市）环境损害司法鉴定机构数量

同时，专家评审制度进一步完善优化。环境损害司法鉴定的准入登记工作较其他传统种类难度更大，评审项目涉及的专业领域宽泛、涉及部门较多、技术性较强。在《全国司法鉴定专家库拟入选专家名单公示》中，涉及环境损害司法鉴定行政管理事项的决策资询类分库人员进行了更新，该分库总人数增加至 87 人，其中政策研究 19 人，有力增强了环境损害司法鉴定资质准入的专业评审力量。

为严格审核环境损害司法鉴定机构的技术条件能力和提升环境损害司法鉴定队伍的专业能力与职业素养，2018 年 6 月，司法部、生态环境部联合印发《环境损害司法鉴定机构登记评审细则》，要求各地严格按照《环境损害司法鉴定机构登记评审细则》规定组织开展环境损害司法鉴定机构登记评审工作，严把准入关，为公正、客观、准确评审环境损害司法鉴定机构提供明确指引，不断提高环境损害司法鉴定管理工作水平。《环境损害司法鉴定机构登记评审细则》针对污染物性质、地表水和沉积物损害、空气污染、土壤与地下水损害、近海海洋与海岸带损害、生态系统损害和其他环境损害鉴定7个鉴定事项，分别具体规定了环境损害司法鉴定机构登记评审的程序、评分标准、专业能力要求、实验室和仪器设备配置要求等，规定对鉴定机构的评审以技术水平为核心，对鉴定人的构成以及实验室条件提出了明确具体的要求，评审专家应当在总量控制、有序发展的原则下，严格执行评审标准，保证鉴定机构质量。《环境损害司法鉴定机构登记评审细则》的出台，为推动环境损害司法鉴定机构高资质、高水平发展奠定了坚实基础。

针对环境损害司法鉴定执业管理范围和事项不够细化等问题，在制定出台《环境损害司法鉴定机构登记评审细则》的基础上，2019年5月，司法部、生态环境部联合印发《环境损害司法鉴定执业分类规定》，将环境损害司法鉴定七大类鉴定事项细化为47个执业类别，对各执业类别的具体鉴定内容作出了详细说明，对于更加清晰准确地界定环境损害司法鉴定机构和鉴定人执业类别和范围，方便环境损害司法鉴定委托，切实提高环境损害司法鉴定管理工作的针对性、规范性和科学性具有重要意义。

（二）环境损害司法鉴定质量管理逐步完善

为营造积极良好的执业环境，有力推进环境损害司法鉴定行业整体服务水平的提高，全国各省司法鉴定机构以制度建设为抓手，切实加强鉴定机构的执业监管，有力完善机构内部管理制度。在制度建设方面，一些省份出台内部管理指南，进一步建立健全鉴定机构的内部管理制度。在监管能力提升上，各省市普遍对鉴定机构或者鉴定人从机构资质、仪器设备、内部管理或业务能力、职业操守等方面开展了职业考核，增强鉴定人的执业能力与职业意识。在质量管理改革的背景下，司法鉴定机构的发展能力有了稳步提升，鉴定机构的设备逐步实现更新换代，切合环境诉讼的鉴定要求。在软件管理上，综合司法鉴定管理系统在全国范围内普及，鉴定机构内部管理规范化进一步提升，管理质量和效率显著提升。

各省市司法局为保障鉴定质量稳步提升，实施了一系列健全质量保障和监督体系的措施。制定应用考核办法，实行月度考核，开展鉴定应用比武，多方面考察鉴定机构内部管理效果和鉴定人的专业服务能力。一是全面开展案卷评查与内部档案管理质量提升工作，司法行政机关依法依规指导司法鉴定机构开展司法鉴定档案管理工作，建立档案管理制度，配备档案管理人员，负责司法鉴定档案的集中统一管理。例如，陕西省出台《陕西省司法鉴定档案管理办法（试行）》，对司法鉴定机构如何开展立卷归档和规范案卷保管、利用及移交工作做了较为详细的规定。二是持续增强教育培训力度。积极组织司法鉴定人参加司法部司法鉴定管理局和司法部司法鉴定科学研究院举办的专题业务培训，邀请知名司法鉴定专家有针对性地对司法鉴定人开展专项业务指导。三是为扎实推进鉴定活动高质量开展，各省市司法局围绕各阶段活动内容，不断加大督查力度，通过聘请行风监督员、明察暗访、专项督查及召开推进会等形式进行质量管理。

司法部办公厅、国家市场监管总局办公厅联合制定了《司法鉴定资质认定能力提升三年行动方案(2022—2024 年)》。该文件明确未来将加强评审员队伍建设，扩大司法鉴定资质认定评审员队伍，加强能力建设，充分满足评审和管理需要。建立健全质量管控体系。持续提高司法鉴定机构内部管理水平，切实抓好质量建设，努力保证鉴定过程的规范性和鉴定结果的科学性。全面提升质量管理能力水平。持续提升行政管理干部、行业协会管理人员专业素质和管理能力，确保质量管理监管水平科学、稳步提升。鼓励司法鉴定机构积极参加实验室认可，通过实验室认可系统，规范开展技术评价并接受相关监管机关的持续监管，不断提升司法鉴定水平。

（三）环境损害司法鉴定监督管理质量不断提高

司法部多次开展“双随机、一公开”监督抽查，不断加大环境损害司法鉴定机构和鉴定人监管力度。建立健全环境损害司法鉴定黑名单制度与退出机制，对环境损害司法鉴定机构和鉴定人失信情况进行记录、公示和预警。对于存在违规收取高额费用、无故拖延鉴定期限、无正当理由拒绝接受鉴定委托、与有关人员串通违规开展鉴定等不良执业行为，或其他违反司法鉴定管理规定行为的鉴定机构和鉴定人，纳入环境损害司法鉴定黑名单，及时向社会公开，并推送给委托人，在委托前进行警示。同时拓展信息渠道，完善举报机制，鼓励有关单位和个人及时向司法行政机关举报鉴定机构委托受理工作中的违法违规问题。全面核查执业范围，动态了解、掌握环境损害司法鉴定业务开展情况，及时注销不符合法定要求的鉴定机构和鉴定人。

2005 年全国人民代表大会常务委员会《关于司法鉴定管理问题的决定》明确司法鉴定机构实行鉴定人负责制度，鉴定人和鉴定机构从事鉴定业务应当遵守法律、法规，遵守职业道德和职业纪律，尊重科学，尊重技术操作规范。同年，司法部公布《司法鉴定人登记管理办法》后，各省市逐步开始探索建立司法鉴定人诚信档案，开展诚信等级评估工作，自此诚信管理制度形成了初步框架。

（四）行政管理与行业管理制度相结合开展探索

环境损害司法鉴定的行业管理制度是环境损害司法鉴定行政管理的重要组成部分。2005 年出台的《司法鉴定机构登记管理办法》和《司法鉴定人登记管理办法》再次明确规定司法鉴定管理实行行政管理和行业管理相结合的管理制度。

从各地司法鉴定协会成立后的管理实践来看，行业组织在司法鉴定行业管理中扮演着极其重要的角色,能够在制定执业规范、实施继续教育、标准制定等方面有效弥补司法行政机关在行政管理上的不足与管理监督的滞后。资质管理层面,各地司法机关通过组织并委托相应鉴定类别专家进行论证,明确了司法鉴定许可登记中相关类别的学历以及专业技术资格条件,在一定程度上帮助解决司法行政机关与登记对象在许可登记中产生的疑惑。为针对性提高司法鉴定人的鉴定技术能力,部分司法鉴定协会与司法部司法鉴定科学研究院合作开展实验室项目的飞行检查,按照能力验证要求提供核查样本并限时完成,同时分别排除相关类别专家组成检查组,实时实地同步检查从受理到出具鉴定意见的鉴定实施过程,并予以点评提出改进意见。在质量管理层面,充分发挥行业协会力量。环境损害司法鉴定的质量监管最重要的环节在于现场专家评审,质量技术监督部门要依托相关行业的专业人才,开展现场评审。部分省份依托司法鉴定领域的国家认可评审员,设立了质量管理工作委员会,在政策理解、内审员培训乃至省级评审员队伍建设等方面发挥了积极作用,特别是在建立并有效运行质量管理体系方面开展大胆探索,减少司法鉴定机构建设成本,为鉴定机构规范化建设创造条件。标准制定层面,各地司法鉴定协会通过组织专家建立完善统一的司法鉴定实施规程,建立专业技术和司法鉴定技术的规范转化、确认机制。同时,鼓励所设各专委会从各省市的实际情况出发,对争议或者投诉较多的问题给予行业指引。在监督管理方面,部分行业协会设立了专门的诚信建设工作委员会,统筹规范司法鉴定人诚信体系建设工作,逐步展开司法鉴定人诚信评估体系的构建。有计划地研究制定地方司法鉴定行业司法鉴定人诚信评价指标,依据各司法鉴定类别的专业特点确定需公开项目的范围,条块结合,坚持公开、公平、公正和诚实信用原则,重点将司法鉴定人的执业基本信息和技术能力、技术进步、惩戒监管信息,依法依规地及时、准确、完整地向社会公开,接受社会监督。

不难看出,司法鉴定行业管理已经成为司法鉴定管理制度改革中的重点。环境损害司法鉴定天然具有专业性壁垒,单纯由司法行政部门开展行政管理无法实现管理的高效化和精细化,同时司法实践中涉及的环境损害司法鉴定业务的种类范围不断增加的趋势不容忽视,对环境损害司法鉴定专业化,行业管理的体系亟待建立,因此引入司法鉴定协会参与环境损害司法鉴定管理的必要性不言而喻。

第二节 环境损害司法鉴定行政管理的相关主体

本节主要介绍环境损害司法鉴定行政管理过程中涉及的相关主体,包括环境损害司法鉴定行政管理主体和环境损害司法鉴定行政管理对象。管理主体方面,本节将会介绍各行政管理主体的发展历程、主要管理规范、管理职责。管理对象方面,本节将会重点介绍环境损害司法鉴定机构和鉴定人的概念、分类、权利义务等。

一、环境损害司法鉴定的行政管理主体

环境损害司法鉴定行政管理主体包括生态环境、卫生健康、民政、财政、市场监督管理、科技、人力资源与社会保障、教育等行政管理部门以及司法部门。环境损害司法鉴定各项行政管理工作既涉及行政许可等行政类事项,也涉及生态技术标准等科技性事项。因此,从管理规范上看,现有的主要管理规范多是由多个部门共同发布的有关环境损害司法鉴定行政管理的通知。从管理实践上看,各机关之间多建有司法鉴定管理工作衔接与协调机制,研究解决司法鉴定管理实践与法律适用中的问题,完善信息交流制度,推动部门间信息化管理平台对接与数据共享。

(一)司法行政机关

1. 归口管理——司法行政部门

2015 年司法部商最高人民法院、最高人民检察院,将环境损害司法鉴定纳入司法行政机关管理登记管辖范围内实行统一规范管理。为保障环境损害鉴定工作顺利开展,国家机关和相关职能部门在发展实践中不断探索,逐步颁布并实施了《关于规范环境损害司法鉴定管理工作的通知》《环境损害司法鉴定机构审核登记评审办法》《环境损害司法鉴定机构审核登记评审专家库管理办法》《关于进一步做好环境损害司法鉴定机构和司法鉴定人准入登记有关工作的通知》《环境损害司法鉴定执业分类规定》等一系列管理规定,初步形成了环境损害司法鉴定的行政管理体系。从管理的行政等级审视,司法鉴定行政主管部门可以划分为国务院司法行政部门、省级司法行政部门、市级司法行政部门、县级司法行政部门四级。具体而言,司法部负责主管全国鉴定机构和鉴定人的登记管理工作;制定司法鉴定机构建设的规划和相关评审办法,对环境损害鉴定机构和鉴定人资质条件、评审专家、评审程序等作出规定,对鉴定活动进行监督。省级司法行政部门按照全国人民代表大会常务委员会《关于司法鉴定管理问题的决定》,负责鉴定人和鉴定机构登记及名册编制和公告。市、县两级司法行政部门依法开展本行政区域内司法鉴定活动的监督管理工作。各级司法行政机关负责把好入口关,按照相关规定和程序对申请机构和申请人进行审核,并会同同级生态环境部门进行专业技术评审,防止审核登记的机构过多,导致恶性竞争和鉴定质量下降。

2. 管理职责

司法行政机关管理职责主要包括:第一,依程序审核鉴定项目申请。司法行政机关依据《环境损害司法鉴定执业分类规定》《环境损害司法鉴定机构审核登记评审办法》等,会同有关部门对申请从事环境损害司法鉴定业务的鉴定机构进行资质审核。

第二,依规登记、编册和公告。司法行政部门对符合开展业务条件的鉴定机构依法核准其从事鉴定业务,编入全国司法鉴定机构和鉴定人名册并予以公告。第三,依章程规范鉴定收费标准。司法鉴定机构的鉴定服务费用按照国家相关规定实行目录管理,由各地的价格主管部门会同司法行政部门根据地区经济社会发展水平,综合不同鉴定项目的难易程度和成本依法制定。第四,依法追究责任主体的违法失职行为。鉴定机构或者鉴定人出现违反全国人民代表大会常务委员会《关于司法鉴定管理问题的决定》的行为时,根据行为的性质、严重程度以及是否构成犯罪,由司法行政部门对违规失职人员给予相应的处罚。第五,依规进行诚信登记评估。司法行政机关依照司法鉴定机构的诚信执业状况进行评估并评定相应等级,根据对应等级给予鉴定机构表彰奖励、推送使用部门或者限期整改并加强监管。

(二)生态环境部门

1. 业务管理——生态环境部门

2018 年 3 月,国务院机构改革方案公布,要求整合环境保护部、国家发展和改革委员会、国土资源部、水利部、农业部、国家海洋局、国务院南水北调工程建设委员会办公室担负的多项职责,组建生态环境部。原环境保护部的司法鉴定行政管理职能转由生态环境部承担。

2. 管理职责

生态环境部门的管理职责主要包括:第一,规定鉴定主体准入标准。原环境保护部会同司法部制定了《关于规范环境损害司法鉴定管理工作的通知》《环境损害司法鉴定机构审核登记评审办法》《环境损害司法鉴定机构审核登记评审专家库管理办法》等一系列规范环境损害司法鉴定机构和鉴定人的法规。第二,制定生态环境损害评估规范。2011 年至今,生态环境部门发布《关于开展环境污染损害鉴定评估工作的若干意见》《环境损害鉴定评估推荐方法(第Ⅱ版)》等文件,对环境损害司法鉴定相关的标准进行了初步整合,规范了环境损害司法鉴定机构鉴定活动中的使用标准。第三,审核鉴定机构业务申请。生态环境部门联合司法行政部门对鉴定机构的环境损害业务申请资格和能力进行评审。第四,推荐环境损害鉴定评估机构。在各省环境行政保护部门推荐和部直属单位自荐的基础上,生态环境部门分别于 2014 年、2016 年、2020 年发布了三批《环境损害鉴定评估推荐机构名录》,向社会推荐 42 家环境损害司法鉴定评估机构。第五,建立评审专家库和推荐专家人选。原环境保护部会同司法部建立了环境损害司法鉴定评审专家库,各省级生态环境部门应当会同司法行政机关商有关部门,研究提出本地的推荐专家人选名单。原环境保护部会同司法部建设环境损害司法鉴定专家库信息平台,统一提供国家库、地方库专家名单查询。

（三）人民检察院

人民检察院内部是由检察技术部门负责司法鉴定的管理工作。根据《人民检察院鉴定机构登记管理办法》第4条和第5条的规定，人民检察院鉴定机构登记管理实行两级管理制度。最高人民检察院负责本院和省级人民检察院鉴定机构的登记管理工作。省级人民检察院负责所辖地市级、县区级人民检察院鉴定机构的登记管理工作。最高人民检察院检察技术部门和各省级人民检察院检察技术部门是人民检察院鉴定机构的登记管理部门，具体负责鉴定机构资格的登记、审核、延续、变更、注销、复议、名册编制与公告、监督及处罚等。全国人民代表大会常务委员会《关于司法鉴定管理问题的决定》第7条规定"侦查机关根据侦查工作的需要"可以设立鉴定机构，这一规定使得内设鉴定机构为检察机关的侦查服务有了准确的法律依据，大大提高了诉讼效率。人民检察院内设的鉴定机构原先只对刑事案件中的有关问题进行鉴定，其受理案件范围较窄，检察机关承担环境民事公益诉讼职能之后，检察机关设立的环境损害司法鉴定机构也在逐渐配备相应的技术力量，扩展鉴定项目，从而在环境民事公益诉讼中承担更多的司法鉴定的职能。[①] 这些鉴定机构本身与检察机关存在隶属关系，鉴定机构的鉴定活动服从于检察机关的侦查需要，不能面向社会接受委托，其独立性不强，属于非中立性的司法鉴定机构。

人民检察院检察技术部门的管理职责主要包括：第一，鉴定机构的资格登记。合格的鉴定人取得人民检察院鉴定人资格证书，方可进行鉴定工作。第二，资格审核。登记管理部门每两年进行一次鉴定机构资格的审核工作，审核鉴定人是否存在法定不合格情况，对于审核合格的鉴定人加盖合格章，对于审核不合格的鉴定人，暂扣其资格证书，并书面通知被审核人所在鉴定机构，同时抄送鉴定人所在单位，限期改正。第三，资格变更与注销。若出现鉴定人变更鉴定业务或者鉴定机构应当申请变更登记，检察系统内的鉴定人出现工作调动情况的，由原登记管理部门负责与转入地登记管理部门做好交接工作。第四，名册编制与公告。省级人民检察院登记管理部门应当将所辖鉴定机构资格的登记、变更、注销情况报最高人民检察院登记管理部门备案。最高人民检察院统一编制《人民检察院鉴定机构名册》。第五，对鉴定机构进行监督和处罚。登记管理部门对所辖范围内的鉴定机构进行不定期检查。登记管理部门对举报、投诉鉴定机构的，应当及时进行调查处理。涉及违法违纪的，移送有关部门处理。

（四）人民法院

人民法院对环境损害司法鉴定机构的管理主要是指对外委托名册的管理以及对

---

① 参见朱晋峰：《环境损害司法鉴定管理及鉴定意见的形成与采信：以民事公益诉讼为对象的分析》，法律出版社2020年版，第59页。

鉴定活动的监督。虽然根据《人民法院司法鉴定工作暂行规定》第6条的规定，最高人民法院、各高级人民法院和有条件的中级人民法院可以设立独立的司法鉴定机构，但从司法实践情况来看，人民法院委托环境损害司法鉴定项目多是委托《环境损害鉴定评估推荐机构名录》中的鉴定机构或者委托人民法院自主建立的社会鉴定机构名册中的鉴定机构，并依照《人民法院对外委托司法鉴定管理规定》对对外委托的鉴定机构进行管理。人民法院内设的鉴定机构并未从事环境损害司法鉴定业务。

根据《人民法院对外委托司法鉴定管理规定》的规定，人民法院的管理职责主要包括：第一，建立对外委托名册。人民法院司法鉴定机构建立社会鉴定机构和鉴定人名册，根据鉴定对象对专业技术的要求，随机选择和委托鉴定人进行司法鉴定。第二，负责入册登记、变更登记、注销登记。第三，对社会鉴定机构实施年度检验。第四，监督鉴定活动和处罚入册鉴定人违法行为。

（五）标准化委员会

1. 国家标准化管理委员会

国家标准化管理委员会隶属国家市场监督管理总局，国家市场监督管理总局对外保留国家标准化管理委员会牌子。国家市场监督管理总局以国家标准化管理委员会名义下达国家标准计划，批准发布国家标准，审议并发布标准化政策、管理制度、规划、公告等重要文件；开展强制性国家标准对外通报；协调、指导和监督行业、地方、团体、企业标准工作；代表国家参加国际标准化组织、国际电工委员会和其他国际或区域性标准化组织；承担有关国际合作协议签署工作；承担国务院标准化协调机制日常工作。

现在环境损害司法鉴定领域使用的鉴定技术标准主要包括国家强制性标准和国家推荐性标准、地方标准、行业标准等，这些标准分别由国家标准编制主体、地方标准编制主体、行业标准编制主体设定。具体而言，国家标准由国务院标准化行政主管部门制定，地方标准由省、自治区、直辖市人民政府标准化行政主管部门编制计划，组织草拟，统一审批、编号、发布，并报国务院标准化行政主管部门和国务院有关行政主管部门备案。行业标准由该行业的行政主管部门下达标准制（修）订计划，由专业标准化技术委员会组织制定，行业协会、社会团体、企事业单位、科研单位参与起草。

2. 管理职责

国家标准编制主体的管理职责主要包括：第一，下达国家标准计划；第二，审议并发布标准化政策、管理制度、规划、公告等重要文件；第三，监督行业、地方、团体、企业标准制定工作。地方标准编制主体的职责主要包括：第一，根据国家关于司法鉴定工作的整体部署，建立和完善地方司法鉴定领域标准体系；第二，承担本省地方标准的技术归口管理；第三，承担地方标准的起草、复审工作。行业标准编制主体的职责主要是根据对口主管部门下达的标准制(修)订计划进行标准起草。

二、环境损害司法鉴定的行政管理对象

环境损害司法鉴定行政管理对象主要包括环境损害司法鉴定机构和环境损害司法鉴定人。对于环境损害司法鉴定机构和鉴定人的管理,除了适用以全国人民代表大会常务委员会《关于司法鉴定管理问题的决定》为首的一般性司法鉴定行政管理法规,还要适用《环境损害司法鉴定机构审核登记评审办法》等专门用于规范环境损害司法鉴定机构和鉴定人的法规。由于环境损害司法鉴定人不能单独执业,只能依附于司法鉴定机构从事环境损害司法鉴定,因此环境损害司法鉴定机构是二者中更主要的管理对象。针对环境损害司法鉴定机构和鉴定人的管理主要是管理对象是否依照相关法规进行鉴定活动;是否合法行使权利和履行义务;是否保持中立性等。

(一)环境损害司法鉴定机构

环境损害司法鉴定机构是环境损害司法鉴定行政管理的主要对象,环境损害司法鉴定机构的设立方式因设立机关不同而有所不同,其属性也从属于其设立机关,拥有不同的法律地位。环境损害司法鉴定机构的设立、接受委托、开展鉴定活动、收费等环节的全过程都受到司法行政机关和司法机关的管理,依照相关规定行使权利和履行义务。

1. 我国环境损害司法鉴定机构概念与分类

环境损害司法鉴定机构是依法设立的具有鉴定资质、从事环境损害鉴定的单位。环境损害司法鉴定机构既是环境损害司法鉴定主体,也是环境损害司法鉴定人所属单位。环境损害司法鉴定机构从设立之始便与管理机关相分离,游离于管理机关之外。这种设立方式的法律设计使其具有独立性的法律特征,独立环境损害司法鉴定机构具有中立性,其环境损害司法鉴定活动不存在法律限制前提,相较于内设环境损害司法鉴定机构,鉴定活动有效范围扩大。①

2. 环境损害司法鉴定机构的权利与义务

根据我国有关司法鉴定机构的法律规定和司法鉴定工作的实践经验,以及我国司法鉴定机构的执业情况,鉴定机构应该享有的执业权利大致包括以下几个方面:第一,依法独立接受司法委托鉴定;第二,组织管理的鉴定人依法依规从事鉴定活动,协调鉴定实施中的各种关系;第三,独立财务支配权;第四,对鉴定意见争议的调查权和对下属员工的管理权;第五,制定鉴定机构内部管理制度并组织学习的权利;第六,开展司法鉴定业务研究、技术创新、设备应用研发。

环境损害司法鉴定机构的执业义务主要包括:第一,应当遵守法律法规;第二,应

---

① 参见吴宇欣:《环境损害鉴定主体研究》,载《环境与可持续发展》2013 年第 4 期。

当遵守国家规定的司法鉴定程序、技术标准、技术操作规范;第三,应当负责监管司法鉴定人执业情况和遵守执业道德、执业纪律的情况。

(二)环境损害司法鉴定人

除环境损害司法鉴定机构以外,环境损害司法鉴定人是环境损害司法鉴定行政管理的另一重要管理对象,鉴定人是否能够依法履行义务和行使权利,依法开展环境损害司法鉴定活动关系到司法鉴定的公正性和权威性。由于法律并未明确鉴定人的诉讼地位,因此其公益性、中立性一直是学界和实践中争议的焦点。

1. 环境损害司法鉴定人概念和种类

环境损害司法鉴定人是指具备法定从事环境损害鉴定条件,经申请登记,在依法设立的环境损害司法鉴定机构中从事环境损害司法鉴定活动的人。以鉴定人取得执业资质的方式进行分类,可以分为资格型司法鉴定人和专聘型司法鉴定人。资格型司法鉴定人是指取得司法鉴定行政机关颁发的职业资格证书,并且在司法鉴定机构执业的司法鉴定人员。专聘型司法鉴定人是指在资格型司法鉴定人以外的,受司法机关或仲裁机构临时聘用的鉴定人。在环境损害司法鉴定纳入国家司法鉴定人统一管理之后,从事环境损害司法鉴定工作的鉴定人主要是资格型司法鉴定人。[①] 环境损害司法鉴定人管理制度主要包括鉴定人执业准入制度、鉴定人培养管理制度、鉴定人退出机制。

2. 环境损害司法鉴定人的诉讼地位

我国关于环境损害司法鉴定人的诉讼地位问题的选择对于司法鉴定人的中立性、司法鉴定的可行性有很大影响,但在现有法律和理论界暂无定论。英美法系国家认为鉴定人是专家证人,而大陆法系国家认为司法鉴定人为法官助手。在我国语境下,司法鉴定人是具有科学技术和专门知识的独立的诉讼参与人,并没有明确鉴定人的属性,突出体现鉴定人的独立性。现在理论界较为主流的观点也强调鉴定人的公益性、公共性和中立性。

3. 环境损害司法鉴定人执业权利与义务

为了保障司法鉴定人能够依法开展司法鉴定工作,我国法律对司法鉴定人的执业权利和义务进行了规定。如全国人民代表大会常务委员会颁布实施的《关于司法鉴定管理问题的决定》以及司法部发布实施的《司法鉴定人登记管理办法》和《司法鉴定程序通则》对执业权利和义务进行了相对具体的规定。但现有规范并没有明确规定环境损害司法鉴定人是否具有特殊的执业权利和义务。

环境损害司法鉴定人的执业权利包括:第一,了解、查阅与鉴定事项有关的情况

① 参见王敏远、郭华:《司法鉴定与司法公正研究》,知识产权出版社 2009 年版,第 73 页。

和资料，询问与鉴定事项有关的当事人、证人等；第二，要求鉴定委托人无偿提供鉴定所需要的检材、样本；第三，进行鉴定所必需的检验、检查和模拟实验；第四，拒绝接受不合法、不具备鉴定条件或者超出登记的执业类别的鉴定委托；第五，拒绝解决、回答与鉴定无关的问题；第六，鉴定意见不一致时，保留不同意见；第七，接受岗前培训和继续教育；第八，获得合法报酬；第九，法律法规规定的其他权利。

环境损害司法鉴定人的执业义务主要包括：第一，受所在司法鉴定机构指派按照规定时限独立完成鉴定工作，并出具鉴定意见；第二，对鉴定意见负责；第三，依法回避；第四，妥善保管送鉴的检材、样本和资料；第五，保守在执业活动中知悉的国家秘密、商业秘密和个人隐私；第六，依法出庭作证，回答与鉴定有关的询问；第七，自觉接受司法行政机关的管理和监督、检查；第八，参加司法鉴定岗前培训和继续教育；第九，法律、法规规定的其他义务。

（三）专家辅助人、专家陪审员、技术调查官

1. 专家辅助人

我国专家辅助人制度主要规定在《民事诉讼法》和《刑事诉讼法》中。2021 年修正的《民事诉讼法》第 82 条规定，“当事人可以申请人民法院通知有专门知识的人出庭，就鉴定人作出的鉴定意见或者专业问题提出意见”。2018 年修正的《刑事诉讼法》第 128 条、第 146 条、第 197 条第 2 款分别规定，“侦查人员对于与犯罪有关的场所、物品、人身、尸体应当进行勘验或者检查。在必要的时候，可以指派或者聘请具有专门知识的人，在侦查人员的主持下进行勘验、检查”“为了查明案情，需要解决案件中某些专门性问题的时候，应当指派、聘请有专门知识的人进行鉴定”“公诉人、当事人和辩护人、诉讼代理人可以申请法庭通知有专门知识的人出庭，就鉴定人作出的鉴定意见提出意见”。学界和理论界将这类“具有专门知识的人”或“有专门知识的人”称为专家辅助人。专家辅助人不是法定的称谓，但最高人民法院民事审判庭撰写的《民事诉讼证据司法解释的理解与适用》一书肯定专家辅助人是对“有专门知识的人”的精确概括，并明确了其定义。专家辅助人是指在科学、技术以及其他专业知识方面具有特殊的专门知识或经验的人员，根据当事人的申请并经法院准许，出庭辅助当事人对讼争的案件事实所涉及的专门性问题进行说明或者发表专业意见和评论的人。

专家辅助人的工作主要包括：第一，协助侦查人员勘验、检查现场；第二，接受指派或者委托、聘请，就专门性问题进行鉴定并给出鉴定意见；第三，出庭对已有的鉴定意见进行质证；第四，出庭就专业性问题提出自己的意见。① 一定程度上说，专家辅助人制度是鉴定人制度的补充，合理运用专家辅助人在庭审前的勘查、检查和在庭审

① 参见李学军、朱梦妮：《专家辅助人制度研析》，载《法学家》2015 年第 1 期。

中的质证作用能够为当事人涉及专业性问题的事实主张和诉讼请求提供专业性的解释和说明,辅助当事人履行举证责任,让当事人的主张与诉讼更有科学性和可信度。因此可以参照生态环境部门推出的三批《环境损害鉴定评估推荐机构名录》,由生态环境部门与司法行政部门将一些权威的环境损害司法鉴定方面的专家记录成册,这能够在司法实践中为当事人选取专家辅助人提供很大助力。

2. 专家陪审员

在环境诉讼中,某些专业领域的专家担任陪审员能够帮助法官在案件审理过程中破解环境诉讼中的专门性问题。专家陪审员与法官的主要分工在于专家陪审员主要是运用科学知识和方法辅助法官完成案件事实的认定,法律适用权则全权掌握在法官手中。专家陪审员与鉴定人的区别在于鉴定人并非案件的事实裁判者,而专家陪审员与职业法官一样作为案件事实的裁判者,可以当庭质询鉴定人并决定是否采信鉴定意见。

对于专家陪审员的管理,有学者认为需要如鉴定人一样进行一定的资质审核,专家陪审员的资格应不低于鉴定人,如果他的资格不等于或者低于鉴定人,则不能保证其有能力做这项工作。[①] 对此,一方面应当肯定选任专家陪审员时考虑其专业性,另一方面需要考虑到是否要对专家陪审员设置同鉴定人一般的资质管理,因为环境类的适格专家较少,其担任专家辅助人的主要工作并非出具鉴定意见而是对鉴定意见等专业性证据进行审查,所以对其管理可以采取推荐制。专家意欲成为环境资源专家陪审员,可以采取资源申请、协会推荐相结合的方法,由法院审委会确认拟选人员,报人民代表大会常务委员会任免。[②]

3. 技术调查官

生态环境损害技术调查官制度是指法院在审理涉生态案件中,聘请生态领域专家担任技术调查官,全程参与案件审理,助力生态文明建设更高质量落地见效。该制度填补了生态环境审判技术辅助制度的空白,破解了生态修复难以落地的困境,真正形成谁破坏谁修复、在哪里破坏就在哪里修复的生态司法治理实践样本。

根据率先试行生态环境损害技术调查官制度的漳州市的做法,由法院对技术调查官进行管理,打造技术专家库并出台《生态环境审判领域技术调查官管理办法(试行)》,整合生态领域中高级职称专家,组建"漳州市生态环境技术专家库"。法院可以通过检索专家库确定适合办理案件的专家,以一案一聘的方式让技术调查官参与到诉讼之中。在诉讼中,技术调查官职位上与法官助理相同,拥有现场勘验权、调查

---

① 参见陈如超、马兵:《中国法庭审判中的专家陪审员制度研究》,载《湖南社会科学》2011 年第 2 期;刘振红:《司法鉴定:诉讼专门性问题的展开》,中国政法大学出版社 2015 年版,第 355 页。

② 参见颜运秋:《中国环境公益诉讼专家陪审制度的确立与完善》,载《法治研究》2017 年第 5 期。

询问权、文书署名权,将会全程参与调查取证、庭前会议、开庭审理、合议庭评议等多个审判环节,重点针对环境损害程度、生态修复方案等核心要素给予技术支持,技术意见经法官认可后载入裁判文书。

第三节　环境损害司法鉴定行政管理的制度体系

本节内容主要介绍环境损害司法鉴定行政管理制度体系,该行政管理体系主要包括资质管理、质量管理、行业管理、监督管理等制度。具体内容主要包括:第一,职能部门对鉴定机构和鉴定人的资质管理;第二,由国家开展的资质认定认可和实验室认证认可等外部质量控制以及司法鉴定机构自身内部监督管理;第三,司法鉴定行业协会依法对环境损害司法鉴定机构的自律性管理活动以及与行政部门协同配合开展监督管理;第四,国家机关和社会主体对鉴定机构进行的法律监督、诚信评价与司法鉴定对象责任追究;第五,环境损害司法鉴定收费标准及法律援助的介入。

环境损害司法鉴定行政管理制度的健全和完善是增强环境损害司法鉴定管理效率与质量的重要前提和基础。同时,健全的行政管理制度还意味着能够有效督促环境损害鉴定机构和鉴定人遵守相关的鉴定法律规范。此外,环境损害司法鉴定行政管理并非静态的封闭管理,随着行政管理和行业管理相结合模式的不断普及,行业协会等组织也逐步参与到管理工作中,环境损害司法鉴定整体行业自律性也将不断提升。

一、环境损害司法鉴定资质管理制度

(一)环境损害司法鉴定资质管理概念

环境损害司法鉴定资质管理是指司法行政部门对司法鉴定机构和鉴定人的执业资格进行审核登记、备案、名册编制和公告等一系列活动的制度总称。《关于将环境损害司法鉴定纳入统一登记管理范围的通知》正式确立环境损害资质管理制度,将环境损害司法鉴定纳入了统一登记管理范围。同时,司法部会同原环境保护部发布《关于规范环境损害司法鉴定管理工作的通知》,规定由其制定评审办法,对环境损害司法鉴定机构和鉴定人资质条件、评审专家、评审程序等作出规定。

由司法部办公厅和国家市场监管总局办公厅联合印发的《司法鉴定资质认定能力提升三年行动方案(2022—2024年)》对环境损害司法鉴定资质管理提出新的要求:一是建立司法鉴定资质认定项目动态调整机制;二是规范司法鉴定资质认定工作程序,进一步规范申请主体,明确受理范围,严格评审要求,加强国家级资质认定管理;三是加强资质认定工作体制机制建设,建立完善重大决策沟通机制、专家评审与资质认定评审联动机制、工作协作机制;四是发挥国家资质认定司法鉴定行业评审组

的职能作用,积极协助开展国家级资质认定技术评审的组织和协调,评审员推荐报名,日常管理和继续教育培训以及技术要求制定、能力验证等工作;五是加强评审能力建设,加强评审员教育培训投入。

(二)环境损害司法鉴定资质管理途径与方法

资质管理的途径主要包括鉴定机构的资质登记制度和鉴定人职业资格考核制度。鉴定机构的资质登记制度包括鉴定机构的准入制度和资质等级制度。其中准入制度关系司法鉴定机构是否具备从事司法鉴定的基本条件。在这个意义上,资质等级制度是建立在准入制度的基础上,对鉴定机构能力和水平的划分。鉴定人职业资格考核制度是指公民申请司法鉴定人执业,应当由司法行政部门进行考核后获得职业资格。此外,对于通过资格考核的鉴定人,其资格证书应该进行年检,年检范围包括一年内进行的所有鉴定工作、辅助工作、学术成果等。

评审专家库的成员负责审查环境损害司法鉴定机构和鉴定人是否具备相对应的环境损害鉴定能力,在环境损害司法鉴定管理制度中扮演着重要的角色。评审专家库的管理关系着环境损害司法鉴定资质管理、质量管理水平。评审专家库可以分为国家库和地方库。《全国司法鉴定专家库拟入选专家名单公示》将司法鉴定专家库分为技术咨询类分库和决策咨询类分库两类。技术咨询类分库专家可以通过法定程序参与到法庭质证环节,对确立司法鉴定证据能力和提高鉴定意见的证明力具有一定的作用。决策咨询类分库的专家能够协助政府职能部门完成资质管理、质量管理、行业管理、监督管理等工作,发挥专业优势,起到实质性审查和监督的作用。在技术咨询类中环境损害司法鉴定可以细化分为污染物性质鉴定专业组、地表水与沉积物鉴定专业组、空气污染鉴定专业组、土壤与地下水鉴定专业组、近岸海洋与海岸带鉴定专业组、生态系统鉴定专业组、其他鉴定专业组。决策咨询类分库可细分为政策研究、准入评审、质量管理、行业监管。原环境保护部和司法部发布的《环境损害司法鉴定机构审核登记评审专家库管理办法》对专家库组织、专家领域、专家条件、专家工作内容等事项都作出了规定。其中第 7 条规定,“专家库的动态调整机制,由生态环境部门会同司法行政机关对评审专家库进行管理,根据实际需求进行增补,对于不依法履职的专家,及时调整出库”。

(三)环境损害司法鉴定机构和鉴定人的准入条件

环境损害司法鉴定机构和鉴定人的准入条件主要规定在司法部和原环境保护部发布的《环境损害司法鉴定机构登记评审细则》中,该细则附带了《环境损害司法鉴定机构登记评审评分标准》《环境损害司法鉴定机构和人员专业能力要求》《环境损害司法鉴定机构实验室和仪器设备配置要求》《环境损害司法鉴定机构登记专家评审意见书》《环境损害司法鉴定机构登记评审工作方案(参考模板)》等实施标准,其中有关的工作要求和评审标准都比较细化和完善。

根据上述规范，环境损害司法鉴定机构的评审要素包括环境损害司法鉴定人构成、技术水平、实验室条件三项，分值分别为20分、50分、30分。环境损害司法鉴定人构成中又分为鉴定人数量和专业配置两项，要求鉴定机构申请某个环境损害司法鉴定类别时既需要满足人数要求，又要求从事相应鉴定项目的人员具备相关的学科背景。技术水平项目分为鉴定评估项目数量、鉴定评估项目与相关工作成果完成质量、鉴定人能力三项。实验室条件上要求申请机构应当通过中国计量认证（China Inspection Body and Laboratory Mandatory Approval，CMA）或中国合格评定国家认可委员会认可或良好实验室规范（Good Laboratory Practice，GLP）认证。同时鉴定机构实验室的仪器配置和使用情况也是重要考量因素，分值占比较大。具体评审标准参见表5-1。

表5-1　环境损害司法鉴定机构评审标准

<table>
<tr><th colspan="2">评审要素</th><th colspan="3">评审标准</th><th>得分</th></tr>
<tr><td rowspan="5">环境损害司法鉴定人构成（20分）</td><td>鉴定人数量（10分）</td><td colspan="3">每一个所申请的环境损害司法鉴定类型中，鉴定人数少于3人的，不得分；3人，得3分；4人，得5分；5人，得8分；6人以上（含6人），得10分</td><td></td></tr>
<tr><td rowspan="4">专业配置（10分）</td><td rowspan="2">地表水和沉积物、环境空气、土壤与地下水、近海海洋与海岸带、生态系统、其他</td><td>基本要求(5分)</td><td>需配备具有以下专业的环境损害司法鉴定人：环境科学与工程（或环境科学、环境工程）、生态学、资源与环境经济学（或人口、资源与环境经济学）。3个专业配备完整得5分，缺少一个专业扣2分</td><td></td></tr>
<tr><td>专业要求(5分)</td><td>参照《环境损害司法鉴定机构和人员专业能力要求》“人员专业要求”一栏进行打分。配备一个专业方向得1分；同一专业具有2名及以上鉴定人的，得2分。本项累计得分不超过5分</td><td></td></tr>
<tr><td>污染物性质鉴定</td><td colspan="2">参照《环境损害司法鉴定机构和人员专业能力要求》“人员专业要求”一栏进行打分。配备一个专业方向得1分；同一专业具有2名及以上鉴定人的，得2分。本项累计得分不超过10分</td><td></td></tr>
<tr><td>生态系统类别中的物种鉴定</td><td colspan="2">植物分类学/动物分类学/昆虫分类学/植物学、动物学/水生生物学；具有1名上述专业鉴定人得2分，同一专业多名鉴定人可累计得分，最高不超过10分</td><td></td></tr>
</table>

续表

评审要素		评审标准	得分
技术水平（50分）	鉴定评估项目数量（10分）	以申请机构为主体，负责或参与省部级及以上机构委托的环境损害鉴定评估项目及相关工作，每负责一项得5分，每参加一项得3分； 以申请机构为主体，负责或参与地市级机构委托的环境损害鉴定评估项目及相关工作，并依鉴定程序出具鉴定意见或报告的，每负责一项得4分，每参加一项得2分； 以申请机构为主体，负责或参与县处级机构委托的环境损害鉴定评估项目及相关工作，每负责一项得3分，每参加一项得1分； 以申请机构为主体，负责或参与其他法人委托的环境损害鉴定评估项目，每负责一项得2分，每参加一项得1分。以上项目以任务合同书、项目合同书等材料为准。 本项累计得分不超过10分	
	鉴定评估项目与相关工作成果完成质量（10分）	根据申请机构提交的已完成的鉴定意见（或报告）、相关研究报告、工作成果等材料内容，对照《环境损害司法鉴定机构和人员专业能力要求》中的“专业能力”一栏，评估申请机构是否具有对应鉴定类别的各项能力。达到全部专业能力要求的，得10分。达到部分专业能力要求的，根据申请机构的专业能力水平得1～9分	
	鉴定人能力（30分）	按照申请从事环境损害司法鉴定人评分表，对申请机构的每个环境损害司法鉴定人进行打分后，计算鉴定人平均得分（按四舍五入取整）。 鉴定人平均得分为55分及以下的，不得分； 鉴定人平均得分为56～64分的，得10分； 鉴定人平均得分为65～69分的，得13分； 鉴定人平均得分为70～74分的，得16分； 鉴定人平均得分为75～79分的，得19分； 鉴定人平均得分为80～84分的，得22分； 鉴定人平均得分为85～89分的，得25分； 鉴定人平均得分为90～94分的，得28分； 鉴定人平均得分为95及以上的，得30分	

续表

评审要素		评审标准		得分
实验室 条件 （30 分）	实验室 资质 （6 分）	申请机构所属检测实验室必须通过中国计量认证或中国合格评定国家认可委员会认可或良好实验室规范认证，且批准能力表与申请业务鉴定项目相关。通过上述认证中任意一项的，得 4 分，通过两项以上（含两项）认证的，得 6 分。未通过上述任何一项认证的，不得分		
	仪器配置 及使用 情况 （24 分）	仪器配置数量（18 分）	1. 必配仪器满足《环境损害司法鉴定机构实验室和仪器设备配置要求》中相应鉴定类别所列全部项目的，得 12 分，否则不得分，一种仪器配置多台（套）的，不加分； 2. 选配仪器根据配置数量，得 0 ~ 6 分，最高不超过 6 分	
		仪器维护使用情况（6 分）	根据实际情况打分： 1. 抽查部分仪器使用情况，状态良好，可正常使用，并有专人定期维护：5 ~ 6 分； 2. 抽查部分仪器使用情况，状态较好：3 ~ 4 分； 3. 抽查部分仪器使用情况，存在不能正常使用的情况：0 ~ 2 分	
总分				

对环境损害司法鉴定人的考核单设一张评分表，分为职业道德、基本情况、工作能力、工作成果四个核定要素。职业道德的考察主要方式是需要满足《司法鉴定人登记管理办法》第 12 条的规定。基本情况又细分为现有学位或职称以及从业年限，根据学位职称高低以及从事环境损害司法鉴定评估相关工作的年限分别给予不同分值。工作能力分为专业技术能力、组织与协调能力两项。工作成果包括技术文件、论文著作、培训交流影响三项。具体评审标准见表 5 – 2。

表5－2 环境损害司法鉴定人评审标准

核定要素	分值	要素	主要内容	单项分值	评审标准	得分
职业道德	5分	职业道德	拥护中华人民共和国宪法，遵守法律、法规和社会公德，品行良好的公民	5分	满足《司法鉴定人登记管理办法》(司法部令第96号)中第12条的，申报表填写规范，所附材料能与之对应且真实有效的，得5分； 有《司法鉴定人登记管理办法》(司法部令第96号)中第13条规定情形的，直接取消评审资格	
基本情况	10分	现有学位或职称	具有相应学位或职称	0～5分	学士以下，不得分；具有学士学位，得1分；具有硕士学位或初级职称，得2分；具有博士学位或中级职称，得3分；具有副高级职称，得4分；具有正高级职称，得5分	
		从业年限	从事环境损害鉴定评估相关工作的年限(博士研究生及博士后阶段计入)	0～5分	5年以下，不得分；5年，得1分；5年以上，每增加一年加1分，最高得5分	

续表

核定要素	分值	要素	主要内容	单项分值	评审标准		得分
工作能力	40分	专业技术能力	在本执业类别开展鉴定工作及相关工作情况	0～35分	0～19分 一般 20～29分 良好 30～35分 优秀	根据申报材料，查阅鉴定人完成的环境损害鉴定评估项目相关资料，根据开展的工作情况以及现场答辩、考试等方式评估鉴定人是否具有《环境损害司法鉴定机构和人员专业能力要求》相应鉴定类别中所列的专业能力（符合某个或某几个环节要求均可），参照《环境损害司法鉴定机构和人员专业能力要求》打分	
		组织协调能力	具备能够独立或带领团队开展相关技术工作能力	0～5分	依据团队规模和取得的实绩酌情给分，不超过5分		

续表

核定要素	分值	要素	主要内容	单项分值	评审标准	得分
工作成果	45 分	技术文件	主持或主要参与完成的环境损害鉴定评估相关技术报告、标准、制度等,被批准发布或采用,以书面文件或批准机构官方网站内容为准	0~15 分	被国家或部委批准发布或采用的,根据成果和排名,每个成果得 1~5 分,排名 5 名以后不得分; 被省级政府机构批准发布或采用的,根据成果和排名,每个成果得 1~4 分,排名 4 名以后不得分; 地市级政府机构批准发布或采用的,根据成果和排名,每个成果得 1~3 分,排名 3 名以后不得分。 本项累计得分不超过 15 分	
		论文著作	在公开发行的期刊上发表的环境损害鉴定评估相关学术论文,公开出版的学术著作	0~10 分	发表 SCI 期刊论文,根据作者排名,每篇 1~5 分,第五作者以后不得分(通讯作者视同第一作者,下同); 发表 EI 论文,根据作者排名,每篇 1~4 分,第四作者以后不得分; 在国内核心期刊发表论文,根据作者排名,每篇 1~3 分,第三作者以后不得分; 在国内非核心期刊发表论文,第一作者和通讯作者得 1 分,其他作者不得分; 著作根据封面作者排名,得 1~5 分,第五作者以后不得分;群体作者不计分; 翻译著作根据封面作者排名,得 1~3 分,第三作者以后不得分。 本项累计得分不超过 10 分	

续表

核定要素	分值	要素	主要内容	单项分值	评审标准	得分
工作成果	45 分	培训交流影响	参加司法鉴定专业培训交流情况	0～20 分	参加省级及以上生态环境主管部门组织的环境损害司法鉴定评估专业培训，以及省级及以上司法行政机关组织的司法鉴定人执业培训，均通过结业考试的，得 15 分。 在国际或全国性环境损害司法鉴定学术会议提交论文并主讲 1 次，得 2 分。本项累计得分不超过 5 分	
总分						
建议申请人从事________执业类别。						

二、环境损害司法鉴定质量管理制度

(一)环境损害司法鉴定质量管理概念

环境损害司法鉴定质量管理是指通过对环境损害司法鉴定机构鉴定过程中的质量的持续监督、定期收集有关司法鉴定和效果方面的信息，根据提供的信息发现可能存在的问题，对司法鉴定过程进行调节，促使其沿着预定的方向进行，使鉴定意见质量达到标准的过程。质量是提供服务的生命线，环境损害司法鉴定机构的鉴定质量更是实现司法公正的重要前提。司法鉴定质量的高低，直接关系诉讼中案件事实的认定，关系到司法公正的实现和公民合法权益的保障。为此，司法部、原环境保护部发布《关于规范环境损害司法鉴定管理工作的通知》，强调要指导鉴定机构加强规范化建设，健全司法鉴定工作制度，加强内部管理。加强对鉴定人的培训，确保出具的鉴定意见满足诉讼要求。随着鉴定质量建设的深入推进，司法部与国家市场监管总局先后联合印发了《关于规范和推进司法鉴定认证认可工作的通知》《关于加快推进司法鉴定资质认定工作的指导意见》等，组建了国家资质认定司法鉴定行业评审组，着力规范司法鉴定资质认定范围形式、理顺工作程序、明确工作要求，有力提升了司法鉴定检测实验室规范化、科学化水平，为提升鉴定机构检测检验能力，保障鉴定质量奠定了坚实基础。司法部办公厅和国家市场监管总局办公厅联合印发《司法鉴定资质认定能力提升三年行动方案(2022—2024 年)》，提出加强执业能力建设，用 3 年时间分期分批分类开展司法鉴定机构管理人员、鉴定人全覆盖培训，引导机构健全管理体系，持续提高质量建设和内部管理能力。

加强环境损害司法鉴定质量管理的必要性是由其行业性质、国内形势发展以及司法鉴定机构自身需要决定的。首先,司法鉴定意见在诉讼、仲裁活动中往往能起到"一锤定音"的作用,其证据性质决定司法鉴定必须具有一定的程序规范要求以及对鉴定意见的质量进行管控。其次,自中国加入WTO后,涉外诉讼、仲裁案对司法鉴定的技术标准、程序规范和质量保证都提出了严格的要求。最后,司法鉴定机构实现自身规范化建设,获得权威机构认证和认可,需要建立内部的鉴定质量监管体系。

(二)环境损害司法鉴定质量监控的途径

环境损害司法鉴定质量监控的途径主要包括资质认定和认可、司法鉴定实验室的能力验证。资质认定是指国家认证认可监督管理委员会和各省级人民政府质量技术监督部门对鉴定机构和实验室的基本条件和能力是否符合法律、行政法规以及相关技术规范或实施标准的评价和承诺活动。资质认定的形式包括计量认证和审查认可/验收。计量认证是指国家认证认可监督管理委员会和地方技术监督部门,依据有关法律法规之规定,对社会提供公证数据产品质量检验机构的计量检测、测试设备的工作性能、工作环境、人员操作技能和保证量值统一、准确的措施及检测公证可靠的质量体系能力进行的考核。审查认可是指国家认证认可监督管理委员会和地方质监部门,依据有关法律、行政法规的规定,对承担产品是否符合标准的检验任务和承担其他标准实施监督检验人物的检验机构的检测能力以及质量体系进行的审查。实验室和质检机构的认可是权威机构依据相关的准则并遵循一定的程序,通过注册评审员和技术专家全面而系统的评价,对检测实验室或检查机构的技术能力和管理水平所做的一种正式承认。中国实验室和鉴定机构的认可是由中国合格评定国家认可委员会统一负责的。司法鉴定实验室的能力验证是按照《检测和校准实验室能力的通用要求》(ISO/IEC17025)等国际标准的相关规定,对各行业实验室/机构技术能力的评定。通常采用两种方法:一是国家实验室/鉴定机构认可的现场评审,由中国实验室认可委员会对该组织和个人是否有能力执行特定任务作出评价;二是能力验证活动,持续监控鉴定实验室/机构的技术能力。①

(三)环境损害司法鉴定材料收集和保全的质量监控

司法鉴定机构的内部管理是规范司法鉴定执业活动的重要基础,完善的鉴定机构自主监管制度有利于增强鉴定机构专业化、职业化、规范化和科学化建设,提升鉴定人员的业务素质和职业道德素质。根据司法部发布的《司法鉴定机构内部管理规范》,鉴定机构自主监管的内容主要涉及机构负责人任免及其职责、重大仪器设备购置、财务管理、内部执业管理、质量管理、业务管理等管理项目。

---

① 参见杜志淳等:《司法鉴定法立法研究》,法律出版社2011年版,第219~225页。

影响环境损害司法鉴定意见质量的一个重要考量因素就是检材的收集、传递、保全是否符合相应的技术标准。同时环境损害司法鉴定材料收集和保全的质量监控也是内部管理的主要内容。《司法鉴定程序通则》第22条规定,司法鉴定机构应当严格按照有关技术规范保管和使用鉴定材料,严格监控鉴定材料的接收、保管、使用、退还,建立鉴定材料管理制度。

三、环境损害司法鉴定行业管理制度

(一)环境损害司法鉴定行业管理概念

环境损害司法鉴定的行业管理包含广义和狭义之分。广义的行业管理包括政府对环境损害司法鉴定行业的行政管理和行业协会对环境损害司法鉴定行业内的自律性管理。狭义的行业管理仅指环境损害司法鉴定行业协会依法对行业内进行自律性管理的活动。狭义的行业管理更符合《司法鉴定机构登记管理办法》和《司法鉴定人登记管理办法》中对司法行政机关和行业协会职能分工的安排,所以本书讨论的行业管理是指狭义的司法鉴定行业管理。

环境损害司法鉴定行业管理能够成为连接行政机关与鉴定人和鉴定机构的桥梁。在环境损害司法鉴定管理中,行业协会效能的有效发挥有着十分重要的作用:一是有利于促进政府职能转变,使政府管理部门集中精力履行好调控职能,研究正确的决策来指导、调控环境损害司法鉴定健康发展;二是有利于统一全行业技术标准和政策,提高鉴定标准化水平;三是有利于协调行业内部、行业之间以及行业同政府之间的关系,维护各方主体利益。

(二)环境损害司法鉴定行业协会职能

参考《北京市司法鉴定管理条例》《上海市司法鉴定管理条例》等地方规范性文件,环境损害司法鉴定行业协会的职能主要包括:第一,制定行业协会的章程和规范;第二,组织开展各类交流活动;第三,组织、实施鉴定人的教育培训、考核等工作;第四,设立专业委员会,提供咨询或其他专业服务;第五,协助司法机关制定鉴定标准。

我国尚无全国性质的司法鉴定行业协会以及环境损害司法鉴定专业委员会。为更好地推动环境损害司法鉴定行业管理工作,组建"中华全国司法鉴定协会"并成立"环境损害司法鉴定专业委员会"势在必行。

四、环境损害司法鉴定监督管理制度

(一)环境损害司法鉴定监督管理概念

环境损害司法鉴定监督管理是指由司法行政部门对鉴定机构的鉴定活动进行执业监督、开展诚信评价、追究违法违规的鉴定机构和鉴定人法律责任的制度。环境损害司法鉴定法律监督贯穿于司法鉴定生成环节、司法鉴定审查和运用环节。环境损害司法鉴定的法律监督包括国家监督和社会监督,此处的国家监督主要是指司法行政机关、检察机关、人民法院的监督；社会监督包括社会组织监督、舆论监督、公民监督等。监督管理的形式主要包括鉴定诚信等级评估制度和法律责任追究。在政策导向上，不难看出监督管理逐步成为管理的重心制度之一。《司法鉴定资质认定能力提升三年行动方案（2022—2024 年）》中明确提出要加强监督管理力度，充分利用全面评查，能力验证，"双随机、一公开"监督抽查等多种手段，督促鉴定机构持续提升技术能力，严肃查处违法违规行为。

国务院办公厅于 2015 年 7 月发布《关于推广随机抽查规范事中事后监管的通知》，要求在全国范围内推行"双随机、一公开"的监管模式，在监管过程中随机抽取检查对象，随机选派执法人员，抽查情况和查处结果及时向社会公开。同时建立健全环境损害司法鉴定黑名单制度与退出机制，对环境损害司法鉴定机构和鉴定人失信情况进行记录、公示和预警，将存在违规情况的鉴定机构和鉴定人纳入黑名单之中并向社会公开。

然而，抽查检查后续的惩罚措施尚未正式运行。为规范鉴定活动中鉴定机构和鉴定人的违规行为，督促鉴定行业提升自律性，环境损害司法鉴定黑名单制度在 2019 年司法部办公厅印发的《关于进一步做好环境损害司法鉴定管理有关工作的通知》中被正式提出。然而，实践中，环境损害司法鉴定黑名单制度还处在制度构建阶段。

（二）环境损害司法鉴定诚信等级评估制度

鉴定诚信等级评估制度是指根据鉴定主体在司法鉴定活动中履职尽责，严格按照法律法规开展鉴定活动以及在鉴定活动中行使权利、履行义务的情况，以量化的形式进行计分评判，得出诚信等级标准的制度。其基本要素包括评估价值、评估原则、评估指标和评估程序。[①] 2005 年公布的《司法鉴定人登记管理办法》明确规定，司法部负责制定司法鉴定人诚信等级评估制度并指导实施，省级司法行政机关负责鉴定人诚信等级评估工作，司法行政机关依法建立司法鉴定人诚信档案，对司法鉴定人进行诚信等级评估，评估结果向社会公开。其基本要素包括评估价值、评估原则、评估指标和评估程序。实施鉴定诚信等级评估是对司法鉴定质量的动态监控，也是规范司法鉴定行为和鉴定行业秩序的需要。诚信评价等级评估见表 5-3。

① 参见任庆华：《鉴定诚信等级评估制度初探》，载《中国司法鉴定》2011 年第 3 期。

表5-3　诚信等级评估

诚信评价等级	分值	结果应用	评价基础指标	评估加分指标
A	分值在90分(含)以上	评估结果为A的司法鉴定机构,可优先被推荐参评表彰奖励、推送使用部门等	(1)党的建设工作情况; (2)遵守法律、法规、规章和规范性文件情况; (3)遵守职业道德和执业纪律情况; (4)执行司法鉴定程序、标准和技术规范情况; (5)接受司法行政机关、行业协会管理监督情况; (6)履行内部管理职责情况; (7)执业公示情况; (8)其他情况。 上述指标总分为85分	(1)参加公益活动情况; (2)司法鉴定科研活动情况; (3)能力验证情况; (4)信息化建设情况; (5)业务案例入选采纳情况; (6)获得省级及以上表彰奖励情况; (7)其他情况。 上述指标总分为15分
B	分值在80~90分(不含)	无		
C	分值在70~80分(不含)	评估结果为C的司法鉴定机构,属地司法行政机关应当对其主要负责人、直接责任人进行约谈,强化日常巡视检查		
D	分值在70分(不含)以下	评估结果为D的司法鉴定机构,司法行政机关应当责令其限期整改,并加强监管。整改完成后,司法行政机关应当对司法鉴定机构进行重新评估。经评估,司法鉴定机构评估结果仍然为D,不再符合设立条件的,原负责登记的司法行政机关应当依法办理注销登记手续		

(三)环境损害司法鉴定违法行为及其责任形式

环境损害司法鉴定的违法行为主要是指司法行政机关、司法鉴定机构、司法鉴定人因故意或者过失而未履行法定职责或者实施了职务不当行为,因此要承担相应的法律责任。根据目前环境损害司法鉴定管理法律规范,法律责任形式主要是民事责任、行政责任、刑事责任。

环境损害司法鉴定机构和鉴定人承担的民事责任是指环境损害司法鉴定机构和鉴定人在鉴定活动中由于违反民事法律所应承担的一种法律责任。司法鉴定人的民事责任包括鉴定人对委托人的民事责任，还包括其对第三人的侵权责任。[①] 司法鉴定机构和鉴定人对委托人承担民事责任的情形主要包括随意损害送检的检材、样本，擅自变更、拖延或者终止鉴定，无正当理由不按时出庭作证，违反保密义务等。承担责任的方式主要是按照委托合同中约定的违约责任条款或者民法上相应承担责任的方式承担民事责任。鉴定人对第三人的侵权责任来源于鉴定人没有尽到其作为特定执业主体而承担的注意义务，出现错误鉴定等情况从而导致第三人败诉损失而承担的责任，承担责任的方式主要是损害赔偿。

环境损害司法鉴定行政责任按照主体进行分类可以分为鉴定机构和鉴定人承担的行政责任以及行政机关及其工作人员承担的行政责任。鉴定机构和鉴定人承担的行政责任是指环境损害司法鉴定人违反有关环境损害司法鉴定行政管理的行政法规或者因为行政法规规定而应当承担的法律责任。承担责任的情形规定在全国人民代表大会常务委员会《关于司法鉴定管理问题的决定》第13条和《司法鉴定机构登记管理办法》第38条到第40条中，承担责任的方式包括由司法行政机关处以罚款、警告并责令改正、依法给予停止从事司法鉴定业务、情节严重给予撤销登记的处罚。行政机关工作人员承担的行政责任是指司法行政机关工作人员在管理工作中滥用职权、玩忽职守造成严重后果，依法追究的行政责任。行政机关承担的行政责任是指司法行政部门在鉴定机构和鉴定人的登记管理工作中，直接责任人员滥用职权、玩忽职守，造成严重后果，应当追究其相应的法律责任。

环境损害司法鉴定人和鉴定机构承担的刑事责任是指环境损害司法鉴定机构和鉴定人因其在鉴定活动中的犯罪行为所应承受的、由代表国家的司法机关根据刑事法律对该行为所做的否定性评价和对行为人进行谴责的责任。司法鉴定人若帮助当事人毁灭、伪造证据，情节严重的，会构成帮助毁灭、伪造证据罪。司法鉴定人若故意出具虚假证明文件，情节严重的会构成提供虚假证明文件罪或者伪证罪。若司法鉴定人严重不负责任，出具证明严重失实，则会构成出具证明文件重大失实罪。承担刑事责任的方式主要是3年以下有期徒刑或者拘役，并处或者单处罚金。

五、环境损害司法鉴定收费管理制度

（一）环境损害司法鉴定收费管理制度现状

审视环境损害司法鉴定费用负担规则的探索实践，可以将我国环境损害司法鉴定费用负担规则的建构大致分为三个阶段。

第一个阶段是1984年至2005年。最高人民法院在1984年发布的《民事诉讼收费办法（试行）》（已失效）中对案件需要涉及的费用进行了罗列，其中对鉴定费进行

---

① 参加杨柳、潘法律：《司法鉴定人民事责任的思考》，载《中国司法鉴定》2007年第4期。

了说明，明确司法鉴定费用应由当事人进行给付。1989年最高人民法院又发布了《人民法院诉讼收费办法》（已失效），规定当事人不仅要交纳案件受理费，还应当交纳鉴定费用等以及鉴定人在出庭之日产生的相关费用。2005年实施的全国人民代表大会常务委员会《关于司法鉴定管理问题的决定》确定了司法鉴定管理的统一框架，并且赋予了行政机关对司法鉴定的管理权力，这是司法鉴定管理工作纳入法治化、规范化轨道的基本标志。

第二个阶段是2005年至2015年。在2007年，国务院出台的《诉讼费用交纳办法》进一步规定了诉讼费用的范围[①]，规定鉴定人出庭费用属于诉讼费用中其他诉讼费用，其中有第12条"谁主张谁负担"及第29条"败诉方负担"的两种负担方式，因此也造成了司法实务中既存在谁申请鉴定就由谁负担鉴定费的情形，也存在依据败诉方负担原则负担鉴定费的情形。[②] 2009年发布的《司法鉴定收费管理办法》（已失效）明确规定，在诉讼中鉴定费用由委托人对鉴定人或者鉴定机构承担，而人民法院不得对该笔费用代收代付。

第三个阶段是2015年至今，全国人民代表大会常务委员会主持修订的《关于司法鉴定管理问题的决定》规定了鉴定费用的收取标准等。2015年1月，最高人民法院出台的《关于审理环境民事公益诉讼案件适用法律若干问题的解释》初步建立了环境民事公益诉讼费用缓交、减交、免除制度。但是从当前我国的立法情况来看，我国还没有一部针对生态环境损害司法鉴定费用的特别性、专门性法律。2017年3月22日，司法部办公厅发布《关于进一步加强司法鉴定收费管理的通知》，指导各地建立与市场相适应的司法鉴定费用标准。截至2022年，各省市关于鉴定费用的收取办法和收费标准已经相继出台并且生效，但是在各省市出台的相关规定当中，对该笔费用的收取方式有所不同：部分地区是由启动鉴定程序的申请人一方直接交由鉴定人或者鉴定机构，少数一部分是法院代为收取之后再交由鉴定机构。

（二）环境损害司法鉴定收费标准

我国环境损害司法鉴定缺乏统一的收费标准，主要是参照其他司法鉴定种类收费标准进行收费。司法鉴定收费主要采用政府指导价和市场调节价两种。[③] 具体到环境损害司法鉴定而言，现在主要是采用市场调节价方式进行收费，由鉴定机构与委托方协商确定，因此在实务当中就可能会产生标准不一、同案不同费用、鉴定机构漫

---

① 参见陈朝阳、靳羽：《〈诉讼费用交纳办法〉得失之辩、忧虑与期待》，载《福建政法管理干部学院学报》2007年第4期。

② 参见裘晓音、贾科：《环境民事公益诉讼相关诉讼费用之探讨》，载《人民法院报》2017年5月24日，第8版。

③ 参见朱晋峰：《环境损害司法鉴定管理及鉴定意见的形成与采信：以民事公益诉讼为对象的分析》，法律出版社2020年版，第97页。

天开价的情形。

2015 年第十二届全国人民代表大会常务委员会第十四次会议对《关于司法鉴定管理问题的决定》进行修改，将其第 15 条进行了修改，主要确定收费标准由各省（区、市）政府价格管理部门会同司法行政部门制定。由此将司法鉴定服务收费下放列为省级管理的定价项目。此后各省份的本地区收费标准文件陆续出台，部分典型省市的收费标准文件梳理如表 5－4 所示，各地方虽业已出台司法鉴定收费标准文件，但在环境损害司法鉴定收费标准层面仍有疏漏。环境损害司法鉴定收费标准也因省而异。例如，《山东省司法鉴定收费管理办法》规定，实行政府指导价的内容包括部分的法医、物证以及声像资料类司法鉴定，而对于其他的种类则实行市场调节价。《北京市司法鉴定收费管理办法》规定，传统三大类的司法鉴定实行政府指导价管理，而其他种类的鉴定实行市场价调节。由此，可以归纳出现有指导收费标准中并没有对环境损害司法鉴定费用的明确规定。

表 5－4　典型省市司法鉴定收费标准文件

序号	发文省（区、市）	文件名	发文时间
1	北京	《北京市司法鉴定收费管理办法》	2016 年
2	天津	《天津市司法鉴定收费管理办法》	2022 年
3	上海	《上海市司法鉴定收费管理办法》	2021 年
4	江苏	《江苏省司法鉴定收费管理办法》	2022 年
5	江西	《关于进一步加强司法鉴定收费管理意见（试行）》	2017 年
6	广东	《关于重新明确我省司法鉴定收费有关问题的通知》（粤发改价格函〔2017〕3359 号）	2017 年
7	重庆	《重庆市司法鉴定收费管理办法》	2017 年
8	西藏	《关于规范司法鉴定服务收费项目及收费标准的通知》（藏发改价格〔2017〕317 号）	2017 年

（三）环境损害司法鉴定与法律援助的衔接

环境损害司法鉴定法律援助是指相关法律援助部门、环境损害司法鉴定机构为环境侵权案件中无力支付环境损害司法鉴定费用的受援人提供缓交、减交、免交司法鉴定服务费用的法律保障制度。① 结合现有案例来看，环境损害司法鉴定费用的收取差距较大，低者收费几千元，高者则会达到 40 万元。在环境诉讼的一方当事人是

① 参见朱晋峰：《环境损害司法鉴定管理及鉴定意见的形成与采信：以民事公益诉讼为对象的分析》，法律出版社 2020 年版，第 106～107 页。

自然人时可能无力承担高昂的环境损害司法鉴定费用，从而导致当事人无法获取到有效的证据，因此建立环境损害司法鉴定法律援助制度是有必要的。

法律援助的对象主要是在环境公益诉讼案件中担任原告的自然人、社会公益组织。自然人由于经济困难无法自行委托环境损害司法鉴定而成为法律援助的主要对象基本上不存在争议。社会公益组织由于其公益性，在成立初期缺乏充足资金来源的情况下，可能无法支付高昂的鉴定费用。以上两种主体可以申请法律援助和环境公益诉讼专项基金，专项基金应当对申请者设置资格限制，经审查"有资格接受自助者"才能获得基金救济。① 可以采取环境公益金的方式，在诉讼进程中，如果发现因为经费原因阻碍诉讼进行，原告方可以从此笔基金中优先获得赔偿，再向侵权人追偿，并返回至基金账户中。②

第四节　环境损害司法鉴定行政管理的改革路向

我国环境损害司法鉴定行政管理制度可以吸收借鉴大陆法系和英美法系国家的先进经验，结合我国的实际情况和发展进程进行改革。环境损害司法鉴定管理制度改革应当以"建设公正、高效、权威的社会主义司法制度"为基本目标。环境损害司法鉴定统一管理法治化是其发展的目标。环境损害司法鉴定的法治化有两方面含义，一方面指环境损害司法鉴定管理制度具有良好的法律规范，另一方面是指这些管理规范得到管理主体的一致执行和管理对象的普遍遵守。法治化不是一个静态的瞬间，而是变化的过程，随着社会法治化进程和管理体制机制改革的要求，管理主体不断趋于统一，管理规范也归于一致，地方层面的分散管理转为国家层面的统一管理，从而让司法鉴定管理活动纳入法治化轨道，管理主体和管理对象将依法有序进行各自的活动。健全统一的环境损害司法鉴定管理制度，有助于保障诉讼中程序正义的实现，将最终实现司法公正与司法效率。

一、廓清不同部门对环境损害司法鉴定的管理权限

环境损害司法鉴定行政管理制度改革的重点在于完善环境损害司法鉴定行政管理体制。首先，应当厘清各职能部门在环境损害司法鉴定行政管理活动中的全部管理权限，避免出现多头管理、责任不清的情况。其次，根据环境损害司法鉴定行政管理事项性质的不同，明确不同职能部门在实际管理中有管理顺序上的主次和先后。

---

①　参见杨翠柏、钱永涛：《环境损害司法鉴定费制度的完善》，载《中国司法鉴定》2021 年第 2 期。

②　参见朱晋峰：《环境损害司法鉴定管理及鉴定意见的形成与采信：以民事公益诉讼为对象的分析》，法律出版社 2020 年版，第 108 页。

最后,管理权的集中应当从统一鉴定名册做起,减少实践中“册中册”和“册外册”的现象。

(一)厘清鉴定管理权限

结合我国的国情,我国更适合参照大陆法系的集中性管理模式进行改进,环境损害司法鉴定管理要从多头管理逐步转向统一的法治化管理,明确各项管理工作的主管部门。司法行政部门是环境损害司法鉴定工作的主管部门,对环境损害司法鉴定管理工作负有最终责任。对于政策导向、行政审批、编制司法鉴定发展规划、制定行政规章、对司法鉴定行业秩序实施管理等职能应当明确司法行政部门的主导地位。管理权整合过程中最大的阻力在于司法行政机关能否管理其他机关内设的司法鉴定机构。从全国人民代表大会常务委员会《关于司法鉴定管理问题的决定》的机构设置要求来看,应当继续推进国务院司法行政部门主管全国鉴定人和鉴定机构,检察院等能够内部设置鉴定机构的机关仅享有鉴定机构的设立权,减少管理主体和管理对象之间人财物的隶属关系,保证鉴定机构的中立性和公正性,而鉴定机构的管理权由司法行政部门掌握。①

(二)明确鉴定管理权的主次

各机关按照职能分类分管环境损害司法鉴定管理工作,明确各机关管理工作的主次。资格登记等行政管理性质工作由司法行政部门主管,健全环境损害司法鉴定标准化体系等技术性工作应当由生态环境部门负责。生态环境部门结合已有规范、技术方法,针对七大类不同鉴定事项对鉴定过程使用的标准规范和技术方法等进行梳理后给予规定,完善并制定不同类别现场勘查、分析检测、量化评估、生态恢复等不同阶段的标准化体系。加强不同部门之间基础数据资料共享,建立环境损害司法鉴定数据库。对于过往交叉管理的数据信息可以通过数据共享平台进行同步。在司法行政部门带领下,环境损害司法鉴定领域各项鉴定项目标准逐步填补、统一、完善,为引导环境损害司法鉴定人科学正确适用环境损害司法鉴定技术规范和标准打下基础。此外,为应对生态环境领域复杂案件和鉴定科技的更新,司法行政部门与行业协会应通过监督管理和行业管理工作协同配合,形成行政管理与行业管理两相结合的管理模式。二者通过科学规划培养教育计划,开展业务能力培训和专业知识学习活动,细化考核评估等切实提升环境损害司法鉴定人执业能力。

(三)统一鉴定名册管理主体

环境损害司法鉴定名册管理和发布主体不统一问题是管理混乱的主要源头之一。现有的名册主要包括3种:司法鉴定主管部门发布的名册、生态环境部门推荐的

---

① 参见霍宪丹:《中国司法鉴定管理体制改革的实践与展望》,载《中国司法》2011年第1期。

司法鉴定机构名册以及人民法院信息平台发布的名册。

为有效解决“册中册”的乱象问题，应当明确司法鉴定行政部门对名册发布与管理的主导地位。同时，在环境损害司法鉴定被纳入统一管理之后，理应由司法行政部门进行资质审批、管理和发布名册。对于生态环境部门发布的《环境损害鉴定评估推荐机构名录》上的鉴定机构，可以由两部门联合开展登记，统一到司法行政部门的名册系统进行审核登记。至于法院对外委托鉴定信息平台上的鉴定机构，可以由信息平台根据司法鉴定行政主管部门发布的名册进行形式审查后，发布在平台上，各地区法院可以根据本地区多发的环境案件涉及的环境损害鉴定项目进行筛选，在诉讼中供委托人选择。

二、完善司法鉴定机构和鉴定人资质审查标准

资质管理的改革应当从完善环境损害司法鉴定机构和鉴定人资质审查标准着手，针对现有规范中存在的评审方式和考察对象的缺陷，推动资质准入规范与实践情况相适应。在业务许可上也应当根据环境诉讼实践需求，调整业务许可的考核方式。此外，为保证资质管理的效果和质量，职能部门应落实好专家库动态调整机制，依法开展考核工作。

(一)推动准入规范与实践情况相适应

准入标准的重新设置应当以检验鉴定机构和鉴定人的实际能力为导向。需要考虑将委托鉴定项目的行政等级与分值脱钩，否则容易产生错误的实践导向，部分鉴定机构可能为了追求高分值，拒绝行政等级较低的委托。委托主体的行政等级不等于环境损害鉴定机构在自然科学技术水平上的差距。在鉴定人评分上，应当考虑到评分项目需要更多反映鉴定人的实践操作能力而非理论研究能力。业务能力强的鉴定人往往承接案件较多，且可能某个鉴定项目难度较大耗时较长，发表质量优质的学术论文也需要大量时间，其从事鉴定实务的时间挤占了理论写作的时间，但这并不意味着该鉴定人无法作出优秀的鉴定。因此，本书认为论文著作的分值应当适当减少，或者设定在特定情况下可以用其他评分标准进行分值替代。

(二)完善业务许可切合诉讼需要

环境诉讼案件牵涉的鉴定项目较为多样，同一个案件可能同时涉及生态服务功能损失程度的鉴定、因果关系的鉴定、生态环境破坏造成的财产损失的鉴定等多个鉴定项目。因此，在业务许可上，应当考虑改变鉴定机构从事环境损害鉴定业务的申请方式，单一业务审核模式与如今环境诉讼中涉及的鉴定需求有所脱节，故可以考虑在部分省市鉴定试点机构申请从事相关环境损害鉴定业务时，要求其必须具备从事该地区常见环境损害鉴定项目的能力。该举措能够满足地方环境诉讼鉴定需求，也能够提升准入质量。除此之外，可以考虑在环境损害司法鉴定资质管理中引入“一票

否决制”。现有评审细则并没有规定在特别情况下，行政主管不得批准鉴定机构从事环境损害司法鉴定业务的申请。

（三）落实专家库动态调整机制

资质考核的专业性和科学性一定程度上保障准入的鉴定机构和鉴定人的专业能力和公信力。《司法鉴定资质认定能力提升三年行动方案（2022—2024 年）》强调，加强评审能力建设，进一步严格评审员考核要求，通过制定评审员能力建设实施细则、编制评审员考核练习题库等多种方式，多维度综合提升评审员能力。评审专家库的准入标准应当以评审人评审能力为调整方向，对于入库申请条件应当考虑申请专家过往与环境损害司法鉴定相关的经历，抛弃“唯资历论”“唯论文论”等错误思想。此外，评审专家库的动态管理能够有效保障专家库成员的客观、公正，对于不符合条件和不适宜继续从事评审工作的专家应当及时调整出库。专家库的动态管理由生态环境部门会同司法行政部门进行，可以包括主动管理和被动管理。主动管理是指两部门定期或者不定期联合对专家库成员进行评审资质检查，对于不具备条件的专家应当调整出库，同时遴选新的专家入库。被动管理是指在库专家本人主动申请出库，或者其他相关人员认为其不具备资质评审能力向司法行政部门或者生态环境部门进行汇报，由主管部门根据实际情况进行处理。

三、加强环境损害司法鉴定质量管控

质量管控是环境损害司法鉴定的生命线，如果说环境损害司法鉴定是产品，那么法院就是这一产品的最终使用者，使用者及时将使用中的体验和意见进行反馈，建立管理部门与使用者的良好沟通渠道，及时获取用户体验，有助于提升鉴定管理质量和鉴定本身的公信力。为此，应当建立健全司法机关线索反馈机制、抽查检查机制、鉴定机构自主监管机制，实现全流程质量管控。

（一）建立健全司法机关线索反馈机制

人民法院和司法行政机关要以环境损害司法鉴定管理问题为导向，进一步理顺司法活动与行政管理的关系，建立常态化的沟通协调机制，开展定期和不定期沟通会商，协调解决司法鉴定委托与受理、鉴定人出庭作证等实践中的突出问题，不断健全完善相关制度。各级司法行政机关应当根据人民法院关于委托鉴定的需要，依法科学合理编订鉴定机构和鉴定人管理名册，方便人民法院在诉讼中快捷择优选出与审理要求相适应的委托鉴定机构。同时，司法行政机关还应提供多种获取途径和检索服务，方便人民法院委托鉴定。若司法行政机关在委托鉴定和审判工作中发现鉴定机构和鉴定人存在违规接受委托、无正当理由拒绝人民法院的委托鉴定、私自接收未经人民法院认证的鉴定材料等违规违纪行为，可以暂停该机构从事环境损害司法鉴定业务的资质，并将处理结果反馈给人民法院。

（二）增加主管部门抽查检查机制

地方各级司法行政机关应当贯彻落实司法部办公厅《关于进一步做好环境损害司法鉴定管理有关工作的通知》，加强对鉴定活动的事中事后监管，全面推行环境损害司法鉴定机构“双随机”抽查和鉴定意见书评查制度。对于在监管中发现不再符合资质认定条件和要求的，应当及时通报市场监管部门，在整改完成前不得开展对应专业领域司法鉴定业务。司法行政部门可以联合市场监管等部门开展联合督查，增强监督的有效性。每年至少进行一次第三方评价，全面核查执业范围，动态了解、掌握环境损害司法鉴定业务开展情况，及时注销不符合法定要求的鉴定机构和鉴定人。将抽查检查中发现的违规的鉴定机构和鉴定人的惩罚信息上传到国家企业信用公示系统，各部门可以在平台上看到鉴定机构和鉴定人的奖惩信息，实现联合惩戒，督促鉴定机构依法从事鉴定活动，鉴定人依法开展鉴定工作。

监管实践中，司法行政机关应切实加强环境损害司法鉴定质量监管，督促鉴定机构建立完善内部质量控制体系，努力实现鉴定质量“零瑕疵”。环境损害司法鉴定内部质量控制体系应当包括日常鉴定工作管理和检查、技术核查、内部审核等。考察内容包括：第一，鉴定人员是否按照相关技术要求或者管理要求实施岗位工作、工作结果的可接受程度；第二，鉴定人员是否具备实施岗位工作的能力，还应观察该能力能否持续保持的情况；第三，对于某些岗位的被监督人员，对其能力的要求不仅限于观察维持的情况，还要观察其提高情况；第四，鉴定人是否违规脱离鉴定机构与接受委托；第五，鉴定意见文书是否按照相关法规和内部机构规范进行内部讨论和评审复查；第六，鉴定意见文书鉴定制作、校对、复核、签发等环节是否符合规范。对于存在弄虚作假导致鉴定意见严重失实、适用技术标准和规范明显错误等问题的鉴定机构和鉴定人，按照相关规定严肃查处。质量监督的考察方式可以包括工作情况检查、人员讯问、记录检查、数据和结果符合、报告审核、过程回顾等。①

（三）加强鉴定机构自主监管建设

司法鉴定机构的内部管理是规范司法鉴定执业活动的重要基础，完善鉴定机构自主监管制度有利于增强鉴定机构专业化、职业化、规范化和科学化建设，提升鉴定人员的业务素质和职业道德素质。根据司法部发布的《司法鉴定机构内部管理规范》，鉴定机构自主监管的内容主要涉及机构负责人任免及其职责、重大仪器设备购置、财务管理、内部执业管理、质量管理、业务管理等管理项目。

实践中，部分鉴定机构疏忽对内部管理事项的监管，导致鉴定机构业务管理混乱。一些鉴定机构并未建立统一受理鉴定委托，签订委托协议，指派鉴定人员，收取

① 参见方建新、史格非：《司法鉴定机构质量控制和质量监督》，载《中国司法鉴定》2010 年第 6 期。

鉴定费用的工作制度，仍存在鉴定人单独与委托人订立委托合同、超额收费等情况。在质量管理方面，部分鉴定机构缺乏鉴定意见内部讨论和复核制度，缺乏对鉴定文书制作、校对、复核、签发、送达、时效等环节的有效监管，使得鉴定文书的制作程序不合规范且质量存疑。因此，监督机关应当监督鉴定机构打造内部质量管理体系。

质量管理体系的策划与准备是成功建立质量管理体系的关键，这一阶段的工作应当按照一定步骤进行。首先，需要确立统一思想，明确决策部门和决策负责人。管理决策层是机构实现管理目标的决定因素和前提条件。鉴定机构管理者的质量意识、管理意识、问题意识、改进意识提升会对机构的质量体系的建立产生一定的影响。其次，建立管理班子，制订管理计划。提升质量管理体系的整体性、系统性，需要有周密的规划，明确责任，充分协调，不断改进。在统一领导之下，编制管理计划包括管理对象、步骤、实施日期、进度要求、责任部门和责任人等内容的具体计划。再次，分层培训，理解标准。通过"请进来"和"走出去"的形式，组织各级人员学习理解国际标准、国家标准、地方标准、行业标准，做到管理决策层要"学懂"，管理执行层要"学透"，运行操作层要"学会"。同时还应学习汲取已认可机构的经验和教训。只有全体鉴定人充分理解质量管理的内涵和基本原理、目的和作用，才能自觉分析、识别本部门、本岗位的质量活动过程，为实现机构的质量方针目标而尽责。最后，确定质量方针和质量目标。质量方针是组织的纲领和准则。建立质量管理体系就是要实现质量方针所规定的组织宗旨和目标。质量目标是组织质量追求的目的，是质量方针的具体展示，具有可测量性和可考核性。从以鉴定报告为中心的各个环节入手，识别和管理组织所使用的过程，特别是对过程系统中单个过程之间的联系以及过程的组合和相互作用进行控制。

四、探索建立环境损害司法鉴定行政管理和行业管理相结合模式

环境损害司法鉴定实行相结合的管理模式已经越来越被大陆法系和英美法系国家认可，司法鉴定的法律性和技术性也决定了两相结合的必要性。环境损害司法鉴定行业管理体系亟待建立和完善，行业协会的行业自律监管和标准质量管控功能尚待发掘，行政管理与行业管理相结合的机制的建立具备了必要性和可行性，在条件成熟时可以考虑建立全国司法鉴定协会。

（一）建立全国性协会

为提升对环境损害司法鉴定行业的事中事后监管能力，有必要重新审视行业管理的地位和作用。由于环境损害司法鉴定的特殊性，建立环境损害鉴定领域的行风监督员制度能够有效增强监管力量和质量。在行业中，选择相关经验丰富、诚信评价优良、责任心强的鉴定人或者从专家库中选取部分专家担任行风监督员，及时发现环境损害鉴定行业中的问题，并提出行之有效的整改建议。除了行业监督功能，司法鉴

定协会在标准制度上也能发挥积极作用。司法鉴定协会参与鉴定标准的制定有两种情况:其一,司法鉴定协会在创新性的技术含量的检测方法不断出现的情况下,率先制定相关的行业标准;其二,司法鉴定协会在已有的官方标准之上制定更高或者更细化的标准,提升鉴定意见的可靠性。由环境损害司法鉴定行业协会制定的标准可以说是该领域理论研究和实务操作的最高水平。可以参考美国的司法鉴定协会的技术标准管理模式,由司法鉴定协会成立各鉴定领域的专家委员会,对相关标准进行管理和汇编。

随着中国各省市司法鉴定协会的建立,司法鉴定管理体制基本统一的背景下,构建中华全国司法鉴定协会势在必行,这也符合国际上的鉴定管理发展趋势。在时机恰当的时候,应当由司法鉴定管理局、司法部司法鉴定科学研究院、各省级司法鉴定协会共同参与。中华全国司法鉴定协会主要负责研究制定和推广各专业领域的鉴定技术标准,开展司法鉴定的培训与指导,进行鉴定人职业道德约束、监管和惩戒,在国际、国内开展司法鉴定学术交流与技术合作,组织协调国内重大疑难复杂案件的鉴定工作等。全国司法鉴定协会的建立能够使行业管理得以丰富和完善,真正发挥行业自律组织的作用。此外,在司法行政部门的业务指导下,各地司法鉴定协会以提升鉴定公信力和管理质量为目标,在协会中增设环境损害司法鉴定分会。可以率先由江西、云南、海南等环境损害鉴定机构和鉴定人较多的省份开展试点工作,由环境损害司法鉴定分会进行统一管理和制定全国统一的环境损害鉴定技术标准和行业规范。

(二)完善行政管理与行业管理衔接机制

由于我国行政管理的特殊性,并不需要过多更改司法行政部门在环境损害司法鉴定管理方面承担的职责,只需要将部分工作委托行业协会进行细化处理,司法行政部门集中力量主管指导、监督和检查工作,有助于提升管理效率和质量。在资格准入方面,在进行评审时,可以邀请司法鉴定行业协会成员进行技术指导,该举措能够让资质审查实质化和增强审查的可信度。在质量管理方面,司法行政部门负责审核能力验证和认证认可工作,由行业协会督促鉴定机构建立内部质量管理评价体系,保证能够对鉴定机构的鉴定能力进行动态监督。对此问题,《司法鉴定资质认定能力提升三年行动方案(2022—2024年)》明确,需要充分发挥行业协会自律管理职能,完善行政处罚与行业惩戒衔接,形成行政管理与行业自律管理良性结合的管理模式,多层次提升行业监管水平。在教育培训方面,由于实践中环境损害鉴定人水平不一从而影响鉴定意见质量的情况客观存在,由司法行政部门完全负责鉴定人的培训学习工作并不能很好改善该问题,应当在相关规范中明确由司法行政部门负责教育培训的指导工作,具体由司法鉴定行业协会负责开展鉴定机构和鉴定人的鉴定水平提升活动。行业协会可以通过多种方式开展学习提升活动。例如,定期发布行业重点学习案例、初任鉴定人培训、鉴定人继续教育培训等，以期达到更好的效果。

五、健全环境损害司法鉴定国家监督管理制度

对环境损害司法鉴定活动实施必要的国家监督是保障鉴定机构和鉴定人依法行使权利和履行义务的重要保障。监督手段上，除了应当从硬性的法律责任上扩充承担责任的情形，还应使用诚信管理等软性手段约束鉴定机构和鉴定人的鉴定活动。法律监督方式上，传统的行政机关等职能部门的监督应当保质保量完成，还应当引进以社会群众、社会组织、舆论媒体为代表的社会监督，增强监督合力。

（一）实施诚信管理制度

诚信档案制度是对鉴定机构和鉴定人进行有效监督管理的途径，这一措施的试行要求司法行政机关与行业协会分工配合，由司法行政部门牵头制订收集计划，行业协会进行信息收集与更新并传输到司法行政部门定期更新。在此基础上，通过考察鉴定机构质量认证情况、鉴定人资质认定情况、错误鉴定率、职业道德遵守情况、违反鉴定流程等情况，将鉴定机构和鉴定人的诚信等级分为良好、守信、失信、严重失信。比如，厦门市率先试行了诚信管理制度，出台了《厦门市司法鉴定机构和司法鉴定人诚信管理办法》，采用百分制进行打分，低于90分就将被评价为严重失信，厦门市司法鉴定协会有权建议市司法行政部门不予上报延续登记。具体分工上，司法鉴定协会负责全市司法鉴定机构和鉴定人执业活动诚信行为信息的采集、录入、诚信分数的加减和评定分数的公布。

除此之外，诚信管理体系应当衔接环境损害司法鉴定黑名单制度，确保诚信管理制度落实到位。司法行政部门对环境损害司法鉴定活动中鉴定机构和鉴定人失信情况进行记录、公示和预警，无故拖延鉴定期限纳入环境损害司法鉴定黑名单，及时向社会公开，并推送给委托人，在委托前进行警示。各级司法行政机关要对纳入黑名单的鉴定机构和鉴定人进行重点监管，及时督促其进行整改。①

（二）引进社会监督机制

环境损害司法鉴定管理的社会监督的引进是必要的。但必须考虑到公众社会监督的能力会影响到监督效果，完全由社会公众和舆论媒体监督的评价体系在建立起来较为困难也没有必要，故可以将社会监督依托于行政监督和司法监督之中，增强监管合力。司法行政部门应当建立畅通的社会监督渠道，并对相关鉴定违规行为和委托鉴定注意事项进行教育宣传，增强群众对环境损害司法鉴定行业管理的认知度。例如，宁夏回族自治区2013年开展了司法鉴定社会责任评价试点工作，由司法行政

---

① 参见林雯：《给司法鉴定机构打"诚信分"——〈厦门市司法鉴定机构和司法鉴定人诚信管理办法〉出台实施》，载《厦门日报》2013年3月15日，第8版。

部门、司法机关和仲裁机构、卫生行政主管部门和当事人对7家试点机构进行全面评价，评价指标包括鉴定质量、规范管理、机构信誉、社会公益四项，其中鉴定质量、机构信誉两项指标当事人可以参与打分，这种各方共同参与监管鉴定机构鉴定活动的监督评价制度能够起到良好的监督效果。

（三）细化法律责任追究规范

考虑到环境损害司法鉴定在诉讼中许多时候直接起到"一锤定音"的作用，鉴定机构或者鉴定人违规出具鉴定意见或者司法行政部门管理不力将极大影响司法公正，因此在立法层面应当完善法律责任的设置，尤其是注意对鉴定机构和鉴定人刑事责任和行政责任的准确追究。

刑事责任层面，罪名确定上需要区分伪证罪和提供虚假证明文件罪的适用范围。根据《刑法》第305条的规定，伪证罪仅适用于刑事诉讼之中，且对犯罪主体有特殊身份要求，必须是鉴定人才能构成该罪。此外，还需要鉴定人有陷害他人或者隐匿罪证的主观意图。而提供虚假证明文件罪并不限于刑事诉讼，犯罪主体也不需要一定是取得资质的鉴定人，未取得国家认可的鉴定资质的人出具虚假证明文件也可能构成该罪。惩罚上应当增加对鉴定人的从业禁止处罚，禁止出具虚假鉴定的鉴定人在一定时间内从事鉴定业务。

行政责任层面，建议加大司法行政部门对存在《司法鉴定机构登记管理办法》第38条至第40条以及《司法鉴定人登记管理办法》第28条至第30条规定的违规情形的鉴定机构和鉴定人的惩罚力度，做好行政处罚与信用等级评价的衔接。同时对行政管理部门在日常监督活动中的失职行为类型应当给予细化说明，以保证准确追责。

六、推动鉴定费用收取标准化

（一）建立统一收费标准规范

在鉴定费用收取标准上，中央有关部门可以尽快出台环境损害司法鉴定指导性条目，规定鉴定收费的具体事项，同时各地区可以进行调研活动，结合本地区的实际情况制定本地区的环境损害司法鉴定的收费标准。由于各鉴定机构的设备和人员的专业程度不同，各鉴定事项的困难程度也不同，因此在鉴定费的数额标准上，要做到计算方式多元化，目光不单单放在案件性质以及案件标的额上，而应当多考虑鉴定的专业价值程度。

在鉴定费的程序标准上，要规范鉴定费的正当收取程序，有必要建立公开透明的费用收取制度，以法定形式向社会公开鉴定收费的法律依据和标准等信息，实现公开透明，未经公开的费用当事人可以拒绝交纳，使当事人明确收费细节，消除当事人的疑虑，规范收费。与此同时，国家有关部门还应该加强对鉴定机构日常收费的监督，确保鉴定机构严格依法收费，严防、严惩乱收费现象。最后在进行判决的时候，应当对鉴定费的负担规则进行详尽的说明,以确保程序上的公正性,对于当事人不认可鉴定费用判决的,应当在一定程度上赋予其相应的救济权利,在程序上合理保障当事人的诉权。

(二)扩展环境损害责任保险制度

美国等国家根据企业造成的环境损害类型将环境投保分为了两种情形:第一种是企业可以根据自己的实际情况或者通过评价投保的支出和投保带来的利益来决定是否需要投保或者选择投保的种类;第二种是在特定行业或特定领域内的企业会被强制购买环境责任保险。我国在保险制度方面也进行了探索,2013 年环境保护部、中国保监会发布了《关于开展环境污染强制责任保险试点工作的指导意见》,对哪些公司可以尝试开展环境污染强制责任保险进行了说明,从多个角度对相关条款等做了说明和建议;《生态文明体制改革总体方案》《环境污染强制责任保险管理办法(征求意见稿)》等也进行了相关规定。由此看来,我国的环境损害责任保险制度也有了一定的发展,完善此制度是保护生态环境的趋势。但是在保险责任制下,并不包括环境损害司法鉴定费用,因此可以扩大环境保险的覆盖面,将环境损害司法鉴定费用纳入保险理赔范围,当事人在申请司法鉴定之前可以相应进行投保,以避免无法支付的风险,同时另一方也可以选择投保,以期降低在案件判决之后可能无力承担高额鉴定费的风险,维持诉讼正常进行和保障当事人的利益。

(三)完善环境损害司法鉴定费用援助制度

目前司法部已经印发《司法鉴定与法律援助工作衔接管理办法(试行)》,对经济上有困难的群众依法减免司法鉴定费用作出了明确的规定。据统计,2019 年全国司法鉴定机构依法办理司法鉴定案件中涉及法律援助的业务有 16,000 多件。由于环境损害司法鉴定的特殊性,考虑到其专业性和费用的高昂,进一步完善司法鉴定法律援助制度,将环境损害司法鉴定纳入司法鉴定法律援助制度是必要的。

首先,政府可以设立专门支持保护环境的基金会,环境诉讼当事人在申请司法鉴定时有经济困难的可以向基金会申请援助,经审查符合要求的则可以帮其先行垫付鉴定费用;其次,出台司法鉴定机构的资金支持政策,对司法鉴定机构进行资金支持,能从源头上降低运营成本,减轻当事人司法认定的经济负担;最后,根据证明规则对环境司法鉴定费用作出一定的调整,根据原被告举证责任和证明责任合理分配费用。

第六章　环境损害司法鉴定意见的司法证据制度

环境案件中的专业性问题往往难以依靠司法人员通过日常生活常识或者普遍法理予以分析适用,但其往往又是案件审理的核心问题,尤其是围绕污染源、污染后果及行为与后果之间因果关系的论证。实践中,法官在对案件进行审理并对环境损害司法鉴定意见进行审查时,往往需要专家证人出庭对于鉴定的原理及结果可靠性予以解答。相应地,对于环境损害司法鉴定意见的合法合规性审查也较普通的司法鉴定更为复杂,如何对此类证据进行审查采信成为环境损害司法鉴定意见的司法证据制度研究的重中之重。为此,本章以环境损害司法鉴定意见可采性为研究主线,首先论证环境损害司法鉴定意见可采性的内在理论构成和逻辑框架,其次从证据资格审查、证明强度审查和程序审查三个方面对环境损害司法鉴定的制度体系和规范建构进行分析。

第一节　环境损害司法鉴定意见的司法证据制度概述

我国诉讼法传承大陆法系职权主义诉讼模式,法官在诉讼过程中负有查明案件事实的职责。尽管我国诉讼法未规定鉴定意见的可采性规则,但司法机关还是通过实践不断地总结经验,在最高人民法院《关于办理死刑案件审查判断证据若干问题的规定》第23条,《刑事诉讼法解释》第97条、第98条等规范设计中普遍采纳了鉴定意见"合法性""关联性""可靠性"的可采性规则。

一、可采性的概念

证据的可采性(admissibility)是英美证据法的核心规范,《布莱克法律词典》将可采性定义为"允许作为听讯、庭审及其他正式诉讼程序的证据使用的特性、状态或情况"[①],只有具有可采性的证据才可作为定案的依据。从制度功能上看,证据可采性与大陆法系的证据能力制度功能相近,都是对证据材料的资格性审查程序,因此许多

① Bryan A. Garner, Black's Law Dictionary (11th), Thomson Reuters, 2019, p. 57.

学者认为证据能力与可采性是同一问题在不同地区的称谓。① 但精研英美法证据法中的相关规则后发现，内置于陪审团诉讼模式中的可采性规则有着和我国证据能力制度迥乎不同的制度逻辑和价值取向，忠实溯源证据可采性规范的制度原貌，有助于廓清中外证据法语境下"可采性"概念的共性与分歧，为建立在可采性理论之上的专门证据理论展开提供可靠的基础。

英美证据法，特别是美国证据法一般可采性规范由相关证据审查和证明价值审查两条规范构成，和其他特殊证据规则一起发挥审查证据可容许性的作用。概括起来，美国可采性规范有以下 4 个特征。

第一，可采性规范反映事实认定过程中法官与陪审团的权力配置。陪审团诉讼模式下，证据审查者由法官担任，事实认定者则是陪审团。相对而言，法官在审查证据时更加理性且具备完备的法律知识体系，而陪审团更加感性，容易受到律师辩护技巧的影响。基于两者认识能力的不同，美国可采性规范的重要价值假设即陪审团缺乏足够的判断能力，需要法官在证据审查中排除那些可能对事实认定造成消极干扰的证据。为此，本应由陪审团负责的事实认定才需要法官的干预和引导，但法官在事实认定中的权力边界亦被限制在服务陪审团的事实认定需要之内。

第二，证明价值审查是实践中排除证据的主要手段，关联性审查实效性不强。根据《美国联邦证据规则》第 401 条"自由可采性标准"的立法态度，绝大多数证据都能够满足相关性的要求。尽管对此宽泛标准有一些反对的声音，但大多数判例承认了相关性是一个较低的门槛，绝大多数证据都足以通过关联性审查。为了消弭"自由可采性标准"引起的司法风险，使陪审团控制理论能够有效践行，证明价值审查在实践中起到了排除相关证据的主力作用。

第三，可采性规范高度依赖于对经验认识的判断。证据审查是基于经验认识审查证据的关联性、证明价值和采纳风险的认识过程。认识过程中经验性认识的可靠程度直接决定审查结论的公正性和可接受性。经验认识具有开放性的特点，因此随着社会观念的革新和文化风俗的改变，对相同问题的审查结论也可能改变。当前，经验性认识可靠性面临的最严峻挑战就是随着科学技术的高速发展兴起的科学性认识，尽管法庭已经在对科学证据可采性问题进行探索，但传统的可采性规范想要适应日新月异的前沿科学知识无疑还要作出更多变革。

第四，可采性审查并非孤立地考虑每一项证据，而是综合全案的证据资料和证明需求进行审查。在进行证据审查前，法官首先要厘清实体法对法律要件的规定，因为关联性审查中的实质性要件要求将每一项证据事实与法律要件相联系，进而构建

---

① 参见刘显鹏：《电子证据的证明能力与证明力之关系探析——以两大诉讼法修改为背景》，载《北京交通大学学报(社会科学版)》2013 年第 2 期。

“证据事实—要素性事实—法律要件”的认识逻辑链。若某一项要素性事实已经得到了充分证明或双方并无争议,则拟证明该要素性事实的其他证据可能被视为“不必要地提交累计证据”而被排除。此外,当事人还可通过多项证据建构连贯的逻辑链,若逻辑链中的一环推理不够有力则整条逻辑链上的证据证明价值都会遭到减损。

二、环境损害司法鉴定意见可采性的概念

环境损害司法鉴定意见的可采性应当是环境损害司法鉴定意见作为一项特定证据被呈于法庭之上时的核心审查标准。这里的可采性审查思路来源于前述英美法系可采性审查标准,同时也不应排斥传统大陆法系对证据能力和证明力的审查。英美法系可采性审查标准的弊端在于其“零”或“一”这般非有即无的二元答案,且其具体审查标准也过于抽象。大陆法系对证据能力和证明力的判断有顺序的线性逻辑,即在具备证据资格之后才考量证明强度,与我国目前对证据审查和质证环节的混同审查模式相悖。实质上,我国在证据法上对于真实性、关联性、合法性的审查融合了英美法系可采性理论和大陆法系的证据审查理论。为此,本书结合中国特色法治理念和法治实践形成的可采性概念,并以环境损害司法鉴定为具体的研究和应用对象,最终形成本书所聚焦的环境损害司法鉴定意见可采性,即人民法院在审理各类生态环境诉讼中,依照法定程序对环境损害司法鉴定意见的生成主体、证据资格、证明强度、鉴定内容进行审查并作出是否采纳或采信的司法审查标准。

三、环境损害司法鉴定意见可采性的内容

如图6－1所示,环境损害司法鉴定意见的可采性可以通过5个部分予以具体构造。一是对鉴定人资质、能力进行审查的主体可采性。二是对鉴定意见自身合法性、相关性以及所依据的科学技术可靠性进行审查的证据资格可采性。三是对证据的似真性、科学技术的先进准确性(科学充分性)和证据对一般事实的还原程度(一般充分性)进行审查的证明强度可采性。四是对鉴定内容当中关于生态环境损害事实和因果关系等进行审查的鉴定内容可采性。五是对鉴定意见从形成到举证再到质证认证,直至证明责任分配全过程的程序进行审查的程序可采性。

此处必须对采纳和采信这两个词的含义进行准确的区分,它们是当前我国司法发展过程中非常容易混淆的概念,结合审查证据的需求而言,区分其概念具有不可忽视的必要性。其中采纳最为主要的部分是“纳”,即当事人提交的证据是否具有其应有的效力,是否可以在诉讼程序中发挥作用;采信的主体是“信”,即在诉讼阶段中的证据是否具有足够的可信度,其是否具备较高的证明价值。换句话说,采纳主要针对的是证据是否能够“进门”,采信针对的是证据是否可以对案件的判定发挥决定性的作用,两者一同实现了证据在案件审理活动中证明某个事实的过程。因此,我们可以对采信规则进行界定,即在预设的采信模式下,法官按照严格的采信标准对证据所具

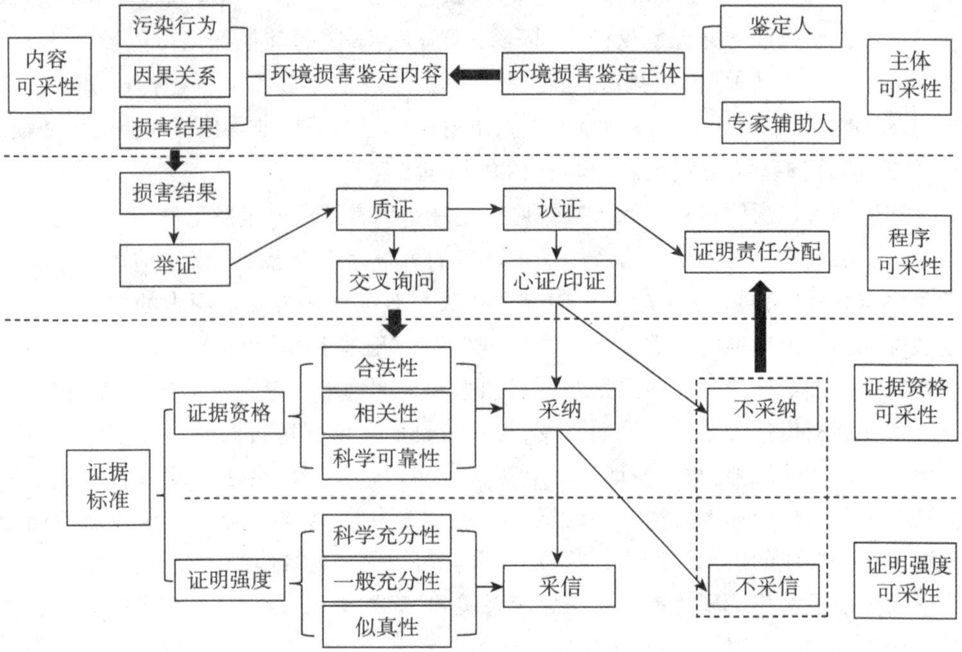

图 6－1　环境损害司法鉴定意见的可采性框架

有的证明强度展开判定的方法、制度。整体来讲，环境损害司法鉴定的结果对法官是否采纳当事人的证据具有非常关键的影响，法官应对鉴定意见的采信进行进一步强化。

以上 5 个可采性共同组成了环境损害司法鉴定意见可采性的构成要件，在司法审判实践中法官可以据此综合运用自由心证和相关证据印证的方法对环境损害司法鉴定意见进行全过程和体系化的审查，最大限度地保障每一份鉴定意见经得起科学、法律和法理的检验。鉴于前文已对环境损害司法鉴定的主体可采性和内容可采性进行过介绍，后文将从证据资格可采性、证明强度可采性和程序可采性三方面详细展开。

第二节　环境损害司法鉴定意见的证据资格审查制度

证据审查规则的构建是传统证据法的重要研究领域，而通过学者的分析整理总结，当前的证据审查制度分为“证据准入”和“证据评估”两部分。① 其中，“证据准

① 参见吴洪祺：《刑事证据审查的基本制度结构》，载《中国法学》2017 年第 6 期。

入”是“证据评估”的前提和基础，只有通过了“证据准入”这一环节，才可对证明材料进行“证据评估”。

证据资格审查是判断环境损害司法鉴定意见能否作为证据参与司法审判活动的重要一环，其在司法活动中集中体现为法庭对证据是否采纳予以判定。从内涵上分析，环境损害司法鉴定意见证据资格是对传统证据法上证据资格的继承与发展；从标准框架分析，其包括合法性、相关性和科学可靠性三项审查内容。

一、环境损害司法鉴定意见证据资格的概念

（一）证据资格的概念

大陆法系国家通过构建“证据资格”规则来实现对“证据准入”环节的审查。大陆法系的证据逻辑是由证据材料到证据原因再到证据方法的审查路径[①]，因此在大陆法系国家“证据资格”是指在特定诉讼案件的严格证明[②]过程中，某一材料被法律容许作为证据使用的资格。在这里，大陆法系国家的学者分析认为，证据资格规则包含三个层面：一是证据材料的取得或使用的合法性；二是证据材料对待证事实的证明方法的合法性；三是法庭审查程序的合法性。可见，大陆法系国家对于证据资格的研究往往集中于证据的合法性问题，对其审查的标准主要包括调查主体、证据形式、收集程序等多方面的合法性，只有符合上述条件，该项证据方具有证据能力。

与之相对，英美法系国家则主要通过建立“可采性规则”以达到证据审查目的。也就是说，在合法性审查之余，对证据的相关性进行要求。英美法系国家确立了一系列的证据排除规则，如非法证据排除规则、传闻证据规则、最佳证据规则、意见证据规则等。证据的相关性标准，指的是证据必须与待证事实具有一定的联系。证据的排除规则，则主要集中于时间和人力的耗费是否允许，以及该证据是否给证明带来不必要的干扰或者混乱。

我国通说认为，证据资格是证据能力的别称，是指“证据在法律上所具有的法庭准入资格”。[③] 在现有的制度框架下，司法实务中的证据规范主要以对“证据属性”的分析审查为目标。三大诉讼法中均存在“不得作为定案依据”的相关条文，该条文规定宽泛，实际上同时包含了对证据真实性、合法性、关联性和证明力的审查要求，易导致对证明材料证据资格和证明强度的混同审查。其中对于证据资格合法性的审查主要是其是否符合法定的证据要件形式这一宽泛的要求，难以真正起到对证据资格的筛查作用，同时仅在刑事诉讼中规定了非法证据排除规则，但这方面的立法粗疏，难

---

① 参见袁中华：《论民事诉讼中的法官调查取证权》，载《中国法学》2020 年第 5 期。

② 严格证明，是针对犯罪事实是否存在以及与刑罚权范围有关的待证事实，严格依据证据法规定进行的证明。参见张保生主编：《证据法学》（第 3 版），中国政法大学出版社 2018 年版，第 22 页。

③ 陈瑞华：《关于证据法基本概念的一些思考》，载《中国刑事法杂志》2013 年第 3 期。

以真正起到实质作用;而对于证据相关性的审查则落于表面,仅以宽泛的证据应具有“关联性”进行规定,缺乏实际操作指导性,导致司法实务中对关联性的认定缺乏统一标准。

(二)环境损害司法鉴定意见证据资格的内涵

环境损害司法鉴定意见证据资格是指环境损害司法鉴定意见在法律上所具有的法庭准入资格。环境案件司法审判对于鉴定意见的依赖性较高,部分司法工作者对于环境损害司法鉴定存在一定的盲从盲信,忽视了对其证据资格的审查。这种忽视可能导致对证据法基本价值的损害。对环境损害司法鉴定意见证据资格加以规范是保障司法公正的需要,也是提升诉讼效率的需要,更是保障当事人诉讼和权利的需要。环境损害司法鉴定意见的证据资格审查应从程序和实体两方面进行全面系统的检视。

在程序方面,应着重于合法性的审查,包括但不限于鉴定人是否具有法定资质,鉴定委托程序是否依法进行,检材的来源、处理、保管是否依照程序等。其中鉴定主体的资格规范包括鉴定机构和鉴定人资格的双重规范要求,应当通过法律、行政法规、部门规章等予以明确规定。鉴定过程的正当性对其证据资格也会产生重大影响,以检材的取得为例,作为鉴定意见的基础依据,检材来源的合法性将会直接影响鉴定意见的证据资格。

在实体方面,应着重于对相关性,即鉴定的必要性规范进行审查。比如,是否全部的事项都需要进行鉴定,鉴定内容是否与案件内容相关联等都应成为法庭审查的重点。环境损害司法鉴定所针对的必须是借助于专门技术和技能才能认定的事实问题,且该鉴定意见的得出应当有助于证明待证事实的存在或不存在。

同时,环境损害司法鉴定这一类脱胎于科学技术的“科学证据”,对于其客观性、真实性的研究应当更多地集中于其所应用的科学技术是否真实可靠,经得起推敲与反复验证。例如,鉴定的规程与方法是否得到广泛验证,鉴定意见是否具有可靠性等。这种科学可靠性的要求,既包括其所依据的科学本身之可靠性,也包括其背后的科学原理及方法运用过程中的可靠性问题。

二、环境损害司法鉴定意见证据资格的审查

环境损害司法鉴定意见证据资格可采性认定规则的构造应当包括以下三个方面。一是合法性审查规则,具体包括明确合法性审查的法律依据、适用对象、具体路径、规范标准。二是相关性审查规则,在明确基础审查思路的基础上建立有限相关性审查规则和环境损害司法鉴定意见的排除规则。三是科学可靠性审查规则,在明确基础审查思路的基础上建立普遍接受性审查规则和明确的司法人员责任分担制度。

(一)合法性审查规则

合法性是一切证据的首要特性,是证明材料成为证据的首要前提。环境损害司

法鉴定意见在环境案件审理过程中具有重要地位，是最为重要的定案依据，因此对于其合法性的审查就更为重要。

1. 明确合法性审查的法律依据

首先，应当明确环境损害司法鉴定意见合法性的主要依据。根据一般法理，只有法律法规方能成为诉讼法中的合法性渊源，而环境损害司法鉴定意见作为环境审判中的重要证据种类，在司法实务中的重要地位日益凸显。对其进行立法确认具有重要的法律意义，应当从理论的高度和宪法、法律的角度来研究、构建，以宏观的视角奠定环境损害司法鉴定的理论基础及法律依托。环境损害司法鉴定意见作为诉讼法的重要组成部分，其制度的法律体系完备性也是诉讼立法完备性的重要标志之一。应尽快填补我国三大诉讼法领域对于环境损害司法鉴定意见立法规制的空白，为合法性审查提供明确的证据规则。

其次，对于行政类文件的合理转化问题。如前文所述，环境损害司法鉴定意见的相关规制文件多为部门规章、行业管理类条例和办法等。上述文件的内容是对环境损害司法鉴定意见的程序规制，且为行业内部所统一适用，具有较强的约束力，应当作为合法性审查的重要参考。同时，针对其中的共性、刚性内容，应当及早完成立法的转化，完善环境损害司法鉴定体系的构建。

最后，制度制定的顺序问题。相对于传统诉讼法研究分支，环境损害司法鉴定意见的审查属于特殊的、具体的、专门的问题，应当由最高人民法院、最高人民检察院等机关以司法解释等方式进行试点性的尝试后，再予以全面推广。在具体落实过程中，应当充分考虑到环境损害司法鉴定意见的特殊性，不能简单地照搬、盲目地沿用司法鉴定的概括性规定。

2. 明确合法性审查的适用对象

首先，对主体合法性的审查。这里包括两个层级：一方面是鉴定的申请人抑或启动人的资质审查。在环境损害司法鉴定申请人方面，基于我国兼采鉴定权主义与鉴定人主义并行模式，综合考量当前“三审合一”的实务现状，在充分保证当事人诉权及人权的基础上，可以考虑将鉴定申请的启动权合理分配给双方当事人，对于鉴定机构的选任程序，可由当事人决定共同信赖的鉴定机构，当双方当事人协商不成时，由法院作为中立方明确鉴定机构。另一方面是对于鉴定机构及鉴定人的资质审查。当前对于鉴定机构能力认定多采用推荐制和评审制，侧重于市场化、行政管理层面，对于鉴定机构及鉴定人的负面考评制度缺失，对于因严重不负责任而导致的鉴定失误欠缺法律规制，使法官承担过多的审查义务。未来应当对鉴定机构及鉴定人进行严格的追责并建立相应的负面准入制度，将存在非纯技术原因导致的鉴定失误，甚至违法犯罪等情况的鉴定机构、鉴定人列入负面清单，以此督促鉴定机构尽职履行鉴定义务。

其次,对流程合法性的审查。此处主要探讨鉴定过程中的合法性问题。第一是要分析鉴定人,关于鉴定人的回避是环境损害司法鉴定形式审查的重要内容,在审查中应当全面考量环境损害司法鉴定机构、鉴定人与委托人是否存在利害关系,该利害关系是否会影响鉴定意见的作出。对于鉴定人的回避既可依申请进行,也可由法官依职权进行,这样有利于最大限度地保证诉讼公平,符合我国立法、司法基本原则。第二是要对鉴定程序进行审查,对于此内容的审查应当延展至检材的获取阶段,即自检材获取到鉴定意见作出的全流程审查。在鉴定文书的审查方面,应当认识到鉴定意见属于兼具书证与言词证据的特殊证据形式,对于文书的书写类瑕疵应当允许鉴定机构予以补正,但对于实质内容的错误或基于非法取证等情况而得出的鉴定意见应当参照非法言词证据予以排除。

最后,对取证合法性的审查。与一般案件不同的是,环境损害司法鉴定的原始检材取证人员往往是环境执法部门工作人员,他们既不具有鉴定机构工作人员的专业知识,也不像司法从业人员一样具有丰富的取证意识与经验,因此在环境行政执法过程中在检材的获取、保管和移送方面就有存在问题的可能,实务中要进行仔细审查。考虑到生态环境类案件的时效性特征,检材一旦灭失就难以取得,应当敦促相关部门及时加强沟通协调与培训,尽快建立规范的取证程序,积极建立妥善的衔接机制。

3. 明确合法性审查的具体路径

此处应当明确非法证据与瑕疵证据的分野。目前我国《刑事诉讼法》关于非法证据排除程序的规定中存在非法证据和瑕疵证据,对于非法证据如刑讯逼供的讯问,必须予以排除,而对于瑕疵证据,则可以给予补正机会。一般而言,言词证据多为直接排除,而书证等多为经补正后可采纳。但是鉴定意见具有特殊性,其兼具言词证据与书证的特性,环境损害司法鉴定意见应当适用何种排除方式,应当分情况予以讨论。

首先,由于鉴定解决的是案件中的专门性问题,因此对于涉及鉴定机构及鉴定人没有相关资质、鉴定人违反回避规定等会严重影响鉴定意见的似真性、准确性的问题,应当予以坚决排除。针对环境损害司法鉴定意见,应当审查作出鉴定意见的鉴定机构是否属于生态环境部、司法部所列名录中的机构、是否具有相关资质,鉴定人是否依法取得相关证照、是否需要回避等问题。

其次,鉴定必须立足于相应的基础材料,也就是检材和样本。环境损害司法鉴定意见对于检材和样本的来源和质量要求尤为严格,其直接关系到环境损害司法鉴定意见的科学性和可靠性。因此需要着重对检材和样本的来源、提取、处理、固定、保管等方式的科学性、准确性、真实性进行审查。检材、样本的来源不明或者保管过程受到污染或者有被污染的可能性,都会影响该份鉴定意见的可采性。

最后,是对于相关形式要件的审查。当环境损害司法鉴定意见形式要件不完备时,如鉴定人未签名、文书制作不符合样本等情况,由于并没有对实质内容产生直接影响,可以先行补正,经补正后无合理解释的,不得作为定案根据。

4. 明确合法性审查的规范标准

鉴定标准规范不统一的根本原因在于行政管理方面的权责设置分散、混乱,自然资源、生态环境等部门根据分管业务各自制定出台技术规范标准,因此要解决这一问题还要从行政管理方面入手。以海洋行政管理为例,机构改革后海洋行政管理变为"海陆环境统筹保护、环境资源分别管理"的模式,考虑到海洋环境保护的特殊性,应统筹海洋资源、人身财产损害鉴定内容,由生态环境部、海洋生态环境保护部门牵头会同自然资源部、农业农村部等相关部门实行海洋环境资源统筹保护,对原国家海洋局出台的规范文件进行全面梳理,统一出台海洋领域的损害鉴定评估规范体系,并明确由牵头部门作为唯一规范体系的管理部门,防止政出多门的现象。体系内容上要对鉴定工作程序、鉴定事项、报告格式内容等全面作出规定,既保证与环境损害鉴定规范的一致性,又要考虑到海洋环境损害的特点。应以损害为中心构建体系,整合目前对船舶溢油、工业排污、海洋海岸工程等一系列的技术标准,将相关内容统一到人身财产、自然资源、海洋环境、海洋生态几个方面的标准大类中,便于参考适用。

(二)相关性审查规则

鉴定意见作为一种特殊的证据类型,对于其证据资格的审查,实践中在合法性的基础上广泛吸收英美法系可采性规则,进而发展出相关性审查理论。尤其是在环境损害司法鉴定中,由于环境案件千差万别,具体事项究竟能否进行鉴定、是否有必要进行鉴定等问题往往会对案件的审理产生重要影响。《司法鉴定程序通则》对司法鉴定的程序进行了明确的规定,在进行证据能力审查时要相应对其程序予以审查,相关司法解释同时规定了鉴定意见相关性的排除规则。① 相关性法则是证据法中的重要规则,是证据材料具有可采性的前提条件。考虑到环境损害司法鉴定意见的作出往往需要较长时间、较高花费,不必要的环境鉴定可能会对污染现场的整治修复产生极大的负面影响,对于这一类证据与案件待证事实的相关性审查就至关重要。

1. 明确基础审查思路

对于相关性的审查应当同时兼具实质性与证明性。实质性是指证据证明的对象

---

① 《环境民事公益诉讼解释》第23条规定:"生态环境修复费用难以确定或者确定具体数额所需鉴定费用明显过高的,人民法院可以结合污染环境、破坏生态的范围和程度,生态环境的稀缺性,生态环境恢复的难易程度,防治污染设备的运行成本,被告因侵害行为所获得的利益以及过错程度等因素,并可以参考负有环境资源保护监督管理职责的部门的意见、专家意见等,予以合理确定。"

应当是能够决定案件结果的事实。证明性则是指证明材料能证明待证事实的存在更有可能或者更无可能。

环境损害司法鉴定意见作为一种特殊证据种类，其所能提供给司法人员的是依托于科学方法而得出的科学事实，而司法审判中需要经过证据证明的法律事实。因此，首先应当对客观事实、经验事实、科学事实和法律事实的关系进行分析。客观事实是客观上发生的事实，具有客观既定性，但难以还原，只能通过证据予以推断；经验事实是指一般人根据客观生活经验可以推断出的事实，具有主观感知性，是司法人员通过日常生活积累的经验而得出的一种推论，具有较强的主观性；科学事实是指鉴定人依照科学方法所作出的科学推断，是以技术为中心，以科学语言表述出的事实，具有一定的科学性和推断性；法律事实则是司法人员综合全案证据对案件事实的法律认定，具有规范性与政策性。

事实上，什么事实是案件审理的实质性事实不应当由证据法规定，而是实体法的范畴。一般而言，如刑法上的犯罪构成要件事实、民事案件的因果关系事实等都属于实质性事实，要看一个证据的证明事实是否属于案件结果事实，关键要看这个事实对于案件的结果有没有影响。因此，对于环境损害司法鉴定意见的相关性，也应当结合全案全部证据予以综合审核，而不能单纯、片面地认为某类案件必须作出环境损害司法鉴定意见方得裁判，或者简单地认为环境损害司法鉴定意见与所有的环境案件均具有相关性。有的案件中，鉴定意见看似与待证事实存在关联，但是待证事实实际上涉及的是法律问题，在法律已经有了明确规定的情况下，就不能简单地以鉴定意见取代法律规定，在这种情况下，该环境损害司法鉴定意见不具有相关性。

2. 建立有限相关性审查规则

环境案件中环境损害司法鉴定意见的作出往往存在鉴定费用高、鉴定周期长等情况，而在此期间，为了保证检材的合法有效，出于固定证据等内容的考虑，涉案地块往往难以得到及时的整治，而使得污染现状长期难以得到解决。出于对环境公益的保护及节约司法成本的双重目的，在对环境损害司法鉴定意见进行相关性的审查时，不是全面排除已经作出的环境损害司法鉴定意见，而是通过对鉴定行为加以限制而避免越权鉴定、超范围鉴定。也就是要求司法从业人员对科学事实进行法律判断，有选择地进行采纳。当然，这样的指引性规范应当通过司法解释或司法规定予以确认。

简言之，对已经作出的环境损害司法鉴定意见进行相关性审查时，可能出现的一种情况是一份鉴定委托中含有多个鉴定事项，其中部分事项存在超越授权、不属于鉴定事项等，对于此类鉴定意见，如果简单地加以全部排除显然是对司法资源的浪费，但是如果全部采纳又会造成审判的不公，因此在有指引性规范的前提下，可以对其中的部分事项予以采纳，而对超越授权或者无授权、不应授权部分予以排除，无须再次启动鉴定。

这一思路也是对美国证据法上的有限采纳规则[①]的一种借鉴。以污染物性质或损害成本计算为例，当鉴定意见对于部分事项作出了科学的论断，却无法对其他事项如因果关系进行判断时，法官可以对其中污染物性质或损害成本计算予以采纳，而对因果关系的论断不予采纳，以达到尽可能采纳证据的目的。[②]

3. 建立环境损害司法鉴定意见的排除规则

这里所谓的排除规则包括客观上的排除规则与主观上的排除规则两种。

客观上的排除规则是指所针对的事项在客观上无须再次证实，包括但不限于以下情况：符合自然规律和科学定理的事实、无须证明而众所周知的事实；能够通过社会发展规律等现实规则得出的高度盖然性的事实；生效判决等具有法律效力的文书所确认的事实等无须进行鉴定而可以直接得出结论的事实。法庭得以排除针对上述事实的鉴定申请，以达到节约司法资源，提升诉讼效率的目的。

主观上的排除规则是指虽然不是客观公认，但是通过司法执业人员的主观判断，可以得出相应的事实认定结论，基于节约司法资源的考量而无须再次进行鉴定的情况，包括但不限于：第一，通过法律的规定可以作出的权利推定，如民法中对合法占有的推定[③]；环境案件中，如在污染企业所有的土地上存在的暗井、渗坑等可以推定为污染企业使用。第二，无须重复鉴定的情况。在有权部门出具检测报告或监测数据足以对待证事实予以证明的情况下，可以排除环境损害司法鉴定申请。主观上的否定相对于客观上的免除，证据标准要更加严格，因为不同于客观事实的既定性，主观上的免除具有较强的主观性，如果存在相反证据产生合理怀疑，则不能贸然地进行主观否定。

除此以外还有一种情况涉及环境损害司法鉴定意见的排除情况。由于环境案件的时效性特征、环境污染的危害性特征、环境修复耗费性特征等，环境案件审判时务必要注意的是案件审理与环境修复之间的平衡。因此，如表 6 - 1 所示，综合考虑时间成本、修复成本与案件审理之间的平衡，系统考量该鉴定意见的证明力与鉴定成本之间的比例，方能确定其作为证据的相关性大小。

---

① 参见《美国联邦证据规则》第 105 条规定：对不能采纳反对其他当事人或者用于其他目的之证据进行限制。

② 参见王进喜：《美国〈联邦证据规则〉（2011 年重塑版）条解》，中国法制出版社 2012 年版，第 29 页。

③ 参见张卫平：《民事证据法》，法律出版社 2017 年版，第 146 页。

表6-1 相关性审查标准矩阵

证明强度	鉴定成本		
	高	中	低
高	通过审查	通过审查	通过审查
中	酌情通过/排除	通过审查	通过审查
低	排除	酌情通过/排除	通过审查

（三）科学可靠性审查规则

环境损害司法鉴定意见作为一种科学证据，在采信上存在的最大风险即为科学技术的不可靠性，这种不可靠性在既往的多种技术上得到体现，如测谎技术、心理画像等。因此，有必要针对环境损害司法鉴定意见构建出专门的科学可靠性审查规则。

1. 明确基础审查思路

可靠性审查，是指对环境损害司法鉴定所依据的技术予以全面考察，主要集中于对所采用的技术进行可靠性及准确性的审查。实际上，要求司法人员对环境损害司法鉴定意见所依托的全部科学技术进行实质审查是不可能实现的，也没有这样做的必要。司法人员作为司法工作者，应当负责对案件材料的法律构成予以审核，而对于证据的科学性审查，则应当交付于专业人士。但司法人员也不能简单地一交了之，而应当建立起一条符合逻辑的审查路径。以多伯特案为例，主审法官布莱克蒙在审查时认为应当注意该鉴定依据的技术理论在科学上有效且应用适当，该技术能够被检验，同时还应该审查该技术已知的或潜在的误差发生率。①

为此，对科学技术的可靠性审查，实际上应当着重于针对技术在现实中的有效应用、技术方法的可重复验证性和技术方法可能存在的错误风险三个方面建立审查规则。首先是有效应用，要求环境损害司法鉴定意见所依据的科学技术已经在现实中得到了有效应用，需要提供相应的证明材料予以证实。对"有效应用"的界定不宜过分约束，应赋予法官一定的自由裁量权，但不能超出一般理性人的价值判断。其次，对于技术的可重复验证性也是认可该项技术的重要参考指标，科学研究中，结果的可重复验证性是衡量理论的可行性的重要指标。最后，应该充分考察该技术已知或者潜在的误差可能性，任何技术都会存在一定的误差，在对环境损害司法鉴定意见进行审查时也应将误差考量在内。

审查方式上，第一，应突出对鉴定意见的科学性前置审查，把运用的原理、技术的

① 参见[美]肯尼斯·R.福斯特、[美]彼得·W.休伯：《对科学证据的认定——科学知识与联邦法院》，王增森译，法律出版社2001年版，第318～334页。

科学可靠标准作为证据具备证据能力的重要标准,确保最终进入庭审的鉴定意见在整体上是科学可靠的。审查可以参照最高人民法院《技术咨询、技术审核工作管理规定》,由法官向司法技术人员进行技术咨询的方式来进行,咨询后出具审核意见书,供法官参考。第二,在完善环境损害司法鉴定的标准规范体系基础上,对普遍情况下鉴定事项的一般方法、工作程序、参数标准等作出统一明确的规定,便于法官在进行科学性审查时参考。例如,在计算海洋损害价值时,对不同情况应适用直接统计计算法或采取生境等价分析法等作出具体规定。第三,聘请有专门知识的人、技术调查官、专家陪审员参与审查,通过法院聘请"专家"的方式提升合议庭理解和审查鉴定意见的技术能力。

2. 建立普遍接受性审查规则

普遍接受性规则是美国科学证据的重要审查规则,通过弗莱伊案、多伯特案予以确立,该规则的审查标准主要是考察该证明材料在相关领域是否被接受、是否经过同行复核和公开发表。①

在我国的司法实践中,也可以考虑适当将技术评价扩展到同行审核领域,尝试通过行业内部的技术应用、学术发表等对行政部门的行政规范予以质疑和审查。以最高人民检察院第23批指导性案例之一刘某某涉嫌生产、销售"伪劣产品"案为例②,检察机关在对涉案新型跑步机的性质认定的鉴定合理性存疑时,通过广泛征求行业协会及专业人士的意见,最终得出合理结论。这就是对于同行审核的现实应用。

对于有关部门发布的技术规范、专家库等,应当同鉴定机构名录一样,在对其性质的把握上,应当以推荐性为主,不应将其视为不可挑战的权威或范本。这主要是考虑到时代的不断发展和技术的迅速迭代与立法司法滞后性之间的矛盾,一味地以固有的技术指南予以约束,可能会导致不能准确查明案件事实真相。

同时应树立追求法律真实的证据价值取向,不应过分纠结在对鉴定技术手段合理性实用性的探讨上,而应该把是否符合程序公正,是否符合各项法律法规要求作为科学性审查的重点。例如,鉴定中采取的某项符合国家标准的技术方法,尽管现阶段

① 参见苏青:《鉴定意见证据规则研究》,法律出版社2016年版,第179页。

② 本案的关键问题在于涉案"智能平板健走跑步机"是创新产品还是不合格产品,能否按照跑步机的国家强制标准认定该产品为不合格产品。检察机关经审查,鉴定报告中认定"智能平板健走跑步机"为不合格产品的主要依据是,该产品没有根据跑步机的国家强制标准加装紧急停止装置、安全扶手、脚踏平台等特殊安全配置。经进一步核实,涉案"智能平板健走跑步机"最高限速仅8公里/小时,远低于传统跑步机20公里/小时的速度,加装该公司自主研发的红外感应智能控速、启停系统后,实际使用安全可靠,并无加装前述特殊安全配置的必要。进一步咨询行业协会和专业人士,业内认为"智能平板健走跑步机"是一种新型健身器材,对其适用传统跑步机标准认定是否安全不尽合理。综合全案证据,永康市人民检察院认为,"智能平板健走跑步机"可能是一种区别于传统跑步机的创新产品,鉴定报告依据传统跑步机质量标准认定其为伪劣产品,合理性存疑。

有更先进的技术可以取代,但按照《司法鉴定程序通则》规定,可以认为该鉴定意见符合科学性标准。

最后,对生态损害价值计算应坚持以修复为核心。以海洋环境损害司法鉴定为例,由于海水的流动性造成海洋环境损害影响范围广、潜伏周期长、证据易逝,准确计算出生态损害的价值一直是鉴定技术难点。如果一味追求鉴定结果的准确、科学,可能会加长审判周期、降低审判效率,延误了第一时间修复环境的宝贵时机,影响修复效果。这样就犯了本末倒置的错误,因为海洋环境诉讼的最重要目的就是使环境得到更好的修复。基于以修复为核心的价值判断,法院应借鉴美国海洋损害鉴定中广泛应用的通过计算重建成本来评估价值的方法对鉴定意见进行审查。目前比较常用的如增殖放流等方法,虽然科学性上还有待提高,但由于这种方法立足于解决实际问题,有利于提升效率,有利于对海洋环境和受损人身财产的保护,因而应该鼓励广泛应用。

3. 建立明确的司法人员责任分担制度

对于环境损害司法鉴定意见的可靠性审查与普遍接受性审查都只能从技术层面上对科学可靠性进行风险防范,并不能够防范科学事实对法律事实的僭越,而在此时,对于事实认定拥有决定权的司法裁判者的主观心证就将发挥重要作用。在对环境损害司法鉴定意见进行审查时,法官不可避免地要行使其自由裁量权,而在当前司法责任制改革的大环境下,司法执业人员的终身责任制导致部分司法人员对于司法实务产生推诿、不愿承担责任的错误思想,从而出于所谓自我保护的考虑,过度依赖鉴定意见,使司法的权威受到挑战,鉴定人越位成为科学法官。

为此,司法体制改革过程中,应当明确建立司法从业人员的责任分担及相关容错机制。对于部分司法执业人员不履行审查义务,盲目采纳鉴定意见而导致错误判决的情况,应当追究其怠于履职的法律责任;但对于已经尽到合理义务的司法执业人员,因为超出其专业知识范围或因科学不确定性而造成的采信错误,应当从制度层面免除或减轻相关人员的责任。只有这样司法人员才敢于充分行使自由裁量权,当好证据审查的守门人。

第三节　环境损害司法鉴定意见证明强度的审查制度

环境损害司法鉴定意见证明强度可采性认定中的问题主要包括两个方面。一方面是理论层面法定采信主义和自由采信主义的价值取向不同,进而导致实务界实然需求与学界的应然要求之间存在紧张。另一方面是现实层面采信环境损害司法鉴定的事实认知问题、司法认知问题和科学认知问题。

一、环境损害司法鉴定意见证明强度的概念

证明强度即证明力的强度，用于审查评估有证据资格的证据材料证明待证事实的能力大小。环境损害司法鉴定意见证明强度是指作为法定证据的鉴定意见对案件事实证明作用与效力的大小强弱，其可采性在司法活动中的认定即法庭的采信行为。采信主要是指法官在审理案件的过程中，结合案件中各方主体的举证、质证等展开合理的审查认定，进而明确证据的证明强度，并最终决定该证据是否能够作为判案的有效依据。

二、环境损害司法鉴定意见证明强度的审查规则

（一）似真性审查规则

似真性的证明要点不在于论证一个证据究竟有多"真"，而是通过证明"假的存在"来逆向排除"真的存在"。故似真性的最佳证明途径需要制定一系列的排除规则来实现。

1. 鉴定机构与鉴定人的品格证据排除规则

如果要降低意见类证据证明强度，最为普遍的方法是对提供证据的人的精神情况、利害关系等因素进行质疑，而如果提供证据的人经常撒谎，那么其品性可以作为反驳"利器"。这是因为个人品格与其所述之言的可信度存在紧密的联系，而品格特性的提出就是为了提升或降低证据的可信性。

第一，鉴定机构在业界的声誉。从早期对于品格证据的本源性内涵来讲，"声誉"是最符合其目的的解释。在我国汉语的语境中，声誉是指个体在既定的区域，其他的个体对其品行、道德等相关方面的评价。通常来说，鉴定机构声誉的产生经历的时间较长，该过程一般情况下是由同行基于鉴定机构长期的行为所产生的统一看法，而且在特定情形下，"声誉"能够有效地体现被评价者的品格。然而我们普遍认为，不管社会发生怎样的改变，鉴定机构都处于特定的情形中，而其他同行在与该机构共同发展的过程中，必然会给予该机构积极评价或负面评价。如果这些同行针对某个评价形成共鸣，便产生该单位的"声誉"。其中的负面"声誉"也就会影响该机构鉴定意见的证明强度。

第二，鉴定机构所具有的倾向性。鉴定机构存在采取特定行为的倾向，而此类倾向通常是指"该单位时常实施的行为，或某行为所体现的不易变化的特点"。结合上述定义我们可知，"行为"、"经常实施"和"稳定特点"与倾向行为之间关系紧密。比如，某鉴定机构或鉴定工作人员在特定类型的鉴定事项中作出的一致性较高的鉴定意见，其原因也涵盖鉴定人对环境侵权行为的极端排斥，而且此类一致性与社会科学

的常态认知严重不符。例如,在诸多环境侵权诉讼中,鉴定人对案情有了简单了解之后,按照鉴定工作的要求,鉴定人应与委托方针对事实关系进行沟通,委托方通常将“政治正确”、环境影响等相关要素进行暗示,在绝大部分条件下,其能够对鉴定人的判断产生影响。

第三,鉴定机构在以往出现的特定事件。例如,提供的鉴定意见不符合真实情况或由于采取了违法行为而受到处罚。以品格证据为核心扩展往事,从法律的层面而言,它也可命名为前科。然而并不是全部的往事都能够被看作品格证据,该特定事件应与待判定的事实关系具有明显关联性。对于我国环境司法而言,单位由于具有某种前科而在鉴定活动中资格被否定是存在的,例如对于环境污染案件,环保组织必须具备超过5年无违法记录的条件。针对鉴定机构,我国相关规定中提出“司法单位如果有违法行为,给予停止鉴定业务三个月以上一年以下的处罚”,假如情节并非非常严重,通常不会撤销登记,在过了制裁期之后该单位的业务依然能够顺利开展,以往所发生的违法行为并不能对其形成更严重的影响。因此,一般将鉴定机构提供的鉴定意见所具有的证明力作为制裁对象,加入特定的评价机制,进而对鉴定机构的业务行为进行规范。

2. 概率证据排除规则

概率就本质而言是数学概念,不属于证据的类型,其在证明过程中主要用于事件发生概率的量度。有关证据的概率评估与表述不但可以表现出客观性,而且也能够表述主观性的内容;其不但能够用于普通事物的解释,同时也可以用于推断一些尚未发现的事物,所以概率在证据证明领域能够拓展的空间非常广泛。

具体到环境损害司法鉴定中,特定污染物和损害结果是客观存在的,所以这两部分鉴定成功的关键在于检材的客观真实。更需要作出科学判断的是污染行为与损害结果之间因果关系的鉴定。须知,此处的因果关系与法律语境下的因果存在巨大的差异。《环境损害鉴定评估推荐方法(第Ⅱ版)》对于环境科学语境下的因果关系的表达如下:“污染环境行为与环境损害间的因果关系判定包括环境暴露与环境损害间的因果关系判定和环境污染物从源到受体的暴露路径的建立与验证两部分。”《环境损害鉴定评估推荐方法(第Ⅱ版)》又作出具体解释:环境暴露与环境损害间的因果关系判定应符合环境暴露与环境损害间存在时间先后顺序,二者关联具有合理性、一致性、特异性等特点,且环境损害发生在特定的环境暴露条件下,不因其他原因导致。同时,由于环境暴露与环境损害间可能存在单因多果、多因多果等复杂因果关系,因此,环境暴露与环境损害间关联的特异性不做强制性要求。《民法典》第1230条表达为“因污染环境、破坏生态发生纠纷,行为人应当就法律规定的不承担责任或者减轻责任的情形及其行为与损害之间不存在因果关系承担举证责任”。由此法律上对因果关系的认知就是“存在”或“不存在”。

根据上述表述，环境损害司法鉴定所要求的因果关系强调了污染行为与污染结果之间的必然客观联系，超越了法律意义上因果关系要求的高度盖然性标准或疫学因果关系的证明标准。也正是因为这种高标准的技术要求，许多环境损害司法鉴定并不能给出明确的“存在或不存在因果关系”的鉴定意见，转而按照科学表达为“按照现有证据，不能排除因果关系的存在”之类的模糊性话语，而这种概率性科学判断极大地干扰了法庭的价值判断。这是因为自然科学中采用的概率原理通常情况下为顺向思维，可借助时间对其准确性进行准确的检验；而司法证明就某个角度而言是对事实认定的逆向思维，往往难以通过时间对其正确性进行检验。所以，概率原理无法直接地在司法证明中进行应用。法官绝不可以在案件审理过程中使用如同天气预测的语言，这是因为法官虽然对事实关系的认识存在或多或少的模糊性，但是对于各类侵权诉讼给出的判决应具有确定性。因而，对于环境损害司法鉴定中的概率性表达有必要作出专门的规则限制。

为此，应当正确对待环境损害司法鉴定中因果关系的鉴定方法和鉴定结论。从方法上讲，应当严格执行不同鉴定事项的国家标准和推荐方法，做到方法的科学性。从鉴定意见上看，应当明确科学判断与法律价值判断的界限，即如果不能得出因果关系存在或不存在的结论，就应当如实写明“环境暴露与环境损害间在时间上先后顺序，环境暴露与环境损害间的关联在不同时间、地点和研究对象中重复性验证的结果”等鉴定的事实性结论。对于超越科学的判断，在不能基于科学知识作出科学的因果关系结论时作出的关于“不能排除因果关系”“可能存在因果关系”的模糊表述，则不能被法庭采信。除非依据可靠的科学技术，如基于医学、生物学、毒理学等理论解释环境暴露与环境损害关联性的机理，明确得出因果关系存在的或然率，如20%、50%、80%甚至100%，否则，可以考虑排除相关意见的采信，并将是否存在盖然性因果关系或疫学因果关系交由法院依职权组织法庭调查并作出法律判断。

3. 裁决性意见排除规则

承上所述，鉴定意见无法对裁决性问题（其中比较具有代表性的包括环境侵权责任要件、量刑情节等）发表自身的意见，此类问题主要由法官解决；鉴定意见不可以回答“是”或“否”的问题，而只能向法官阐述某个事实为真实的概率有多高。在司法实践中，假如专家对裁决性问题表达了自身的意见，该意见即便与案件存在关联性，也应该将其排除。裁决性问题规则设计的初衷为：首先，尽管可在一定程度上突破规则，为专业问题发表客观的意见，然而鉴定意见就本质而言只是一类证据，对案件裁决性方面的问题应由法官负责。其次，裁决性问题绝大部分为法律问题，并不是常规的事实问题。针对法律问题的分析，法官在这方面更有权威性，而不牵涉超越法官专业能力的复杂问题,无须鉴定意见的帮助。假如鉴定意见针对某些案件问题发表了自身的意见,只会对法官的判断结果产生影响,在某些情况下还会造成鉴定意见取代法官的决定。最后,鉴定意见在案件审判过程中仅负责针对某个法官无法解决的问题为其提供帮助,只涉及与该问题有所关联的部分内容,无法在这种情况下给出符合事实的判决结果。

(二)一般充分性审查规则

环境损害司法鉴定很长一段时间以来在环境污染案件中起到"决定最终结果"的作用,这同时也是各案件中存在争议的关键点,所以多头鉴定后鉴定意见不统一而导致的争论屡见不鲜。此外,根据《环境污染刑事案件解释》第 14 条①和《环境侵权责任纠纷解释》第 8 条②的表述,鉴定意见并不是唯一证明生态环境侵权诉讼中专门性问题的证据,相关行政机关认可或其指定的单位所提供的检验结果也能够作为重要的鉴定依据。因此如果要认定各类司法鉴定所具有的证明力,应设计具体的证明力规则。

1. 最佳证据规则

最佳证据是指对某个事实关系,应采用可以收集的说服力最强的证据进行证明。因为很长一段时间以来,我国主要采用大陆法系职权主义审判模式,相关研究人员也是近几年才逐步对英美法系系统规范进行分析和借鉴,因此我国在当前并未制定出系统性的证据规则。然而,在对我国三大诉讼法进行剖析和总结之后,我们能够发现最佳证据规则的创设宗旨,我国也存在最佳证据规则因素的相关规定,其中比较具有代表性的包括《民事诉讼法》《刑事诉讼法解释》等。

在科技可靠的条件下,可通过下述规则进行认定。第一层面,看技术,先对鉴定机构的质量控制系统进行全面的考察,判定其是否具备高等级的规范化认证资格,实验室认可的鉴定机构所提供的鉴定意见具有更高的证明力。另外,适用更严格标准的鉴定意见具有更高的采信概率,如办公场所室内空气污染检测中,不同的国际标准检测出的污染物是否超标的结论是截然不同的;在标准一致的时候,应优先选择通过更为现代化的鉴定技术得到的鉴定意见。在 2022 年之前,涉及室内空气污染的案件中,办公场所室内空气污染检测时有两个国家标准,一是《室内空气质量标准》(GB/T 18883－2002),二是《民用建筑工程室内环境污染控制标准》(GB 50325－

---

① 《环境污染刑事案件解释》第 14 条规定:"对案件所涉的环境污染专门性问题难以确定的,依据司法鉴定机构出具的鉴定意见,或者国务院环境保护主管部门、公安部门指定的机构出具的报告,结合其他证据作出认定。"

② 《环境侵权责任纠纷解释》第 8 条规定,对查明环境污染、生态破坏案件事实的专门性问题,可以委托具备相关资格的司法鉴定机构出具鉴定意见或者由负有环境资源保护监督管理职责的部门推荐的机构出具检验报告、检测报告、评估报告或者监测数据。

2020)，两个标准对比如表6－2所示，在室内环境污染鉴定中，这两个标准皆可适用，那么两个标准如何取舍就十分重要了。

表6－2　办公场所室内空气污染检测中的国家标准

对比指标	标准		
	GB/T 18883－2002	GB 50325－2020	
制定单位	卫生部门等	住房和城乡建设部	
		Ⅰ类民用建筑工程	Ⅱ类民用建筑工程
甲醛	≤0.10 mg/m^3	≤0.07 mg/m^3	≤0.08 mg/m^3
氨	≤0.20 mg/m^3	≤0.15 mg/m^3	≤0.2 mg/m^3
苯	≤0.11 mg/m^3	≤0.06 mg/m^3	≤0.09 mg/m^3
总挥发性有机物(TVOC)	≤0.60 mg/m^3	≤0.45 mg/m^3	≤0.50 mg/m^3
氡	≤400 Bq/m^3	≤150 Bq/m^3	≤150 Bq/m^3

第二层面，看申请主体，如果各委托者的鉴定意见存在矛盾之处，将其鉴定意见证明强度进行对比。受国家机关的安排，鉴定机构给出的鉴定意见比当事人提供的鉴定意见具有更高的证明强度。这是因为当事人与鉴定机构存在紧密的雇佣关系。在我国，证人提供的对与其存在利益关联的当事人有利的证言，其证明力通常情况下低于其他证人所提供的证言。对各案件主体提供的鉴定意见必须进行全面的考虑，通过鉴定机构与鉴定人专家品质、利益倾向性等考察其是否具有较高的独立性。实践中，存在某些环境诉讼案件的部分检材必须利用光谱仪器来判断环境污染的实际情况，光打在检材上的位置有所差异，其得到的结果就不一致，所以，委托方有可能会要求鉴定机构按照对自身有利的方式提供鉴定意见，从而产生了既满足标准又符合事实的鉴定，鉴定机构不但达成了委托方的要求，也获得了更多的鉴定费用。因此，在一定程度上减少委托方鉴定意见所具有的证明力是合理的。

第三层面，考察鉴定机构与鉴定人的能力。不具备鉴定主体资格的单位所提供的证据不存在任何证明强度，此处不对其进行讨论。我们应当对鉴定人的信誉进行审查，如其是否与委托方进行过交流，鉴定机构与当事人是否存在工作关系或者其他方面的利益关系，鉴定机构的鉴定与本身利益是否存在关联。上述因素都会对鉴定意见的证明力产生影响。就专业性的层面而言，鉴定事项与其专业符合的鉴定意见具有更高的证明强度，其强度明显超过鉴定事项与专业不符合的鉴定意见。所以这也是审查鉴定人的鉴定能力是否符合鉴定目标的客观标准。

第四层面，应当看鉴定人是否出庭质证。鉴定人在案件审理过程中针对鉴定意见和鉴定过程进行具体论述，进而消除案件各方主体的疑虑，从而提升鉴定意见的稳定性。一般而言，鉴定人在庭审的过程中作证所提出的鉴定意见明显超过书面意见。以上所进行比较的是鉴定技术成熟可靠的情形下环境损害司法鉴定意见的证明力。对于所依赖的技术具有科学不确定的情况本书未予阐述。

2. 证明强度补强规则

在普通法上，补强规则的作用是对法官的规则运用方式进行提醒，之后也逐步演变为证据充分性的关键性规则。作为约束法官擅断的证据规则，它对于一些证明力较高的证据具有比较理想的适用性，其中主要包括被告人口供、性犯罪案件被害人的证言等。鉴定意见具有特定的属性，人们对它的误解是存在的，因此对其补强规则进行强调具有不可忽视的价值意义。首先，就本质属性而言，环境损害司法鉴定绝大部分为间接证据，其无法独立对某个事实关系进行证明，而应该与另外的证据进行搭配应用，在经过一系列的推理之后才可以认定案件事实。通常认为环境损害司法鉴定通过现代化的科学技术展示其证明价值，而这个过程不能离开专业的鉴定人。通常而言，各证据的证明力高低都无法靠证据本身进行证明，而应该结合证据自身的具体状况、相关证据的关联性等问题展开综合性的衡量，如此才可以进行科学的判断。对环境损害鉴定的补强来讲，应先通过其他证据对其证明力进行提升。必须明确的是，尽管鉴定人出庭作证是鉴定意见体现其证明强度的关键性保障，然而鉴定人在案件审理过程中提出的意见不可以作为其提供鉴定意见的在一般充分性证明中的补强要素。另外，对证据证明强度的提升必须符合既定的证明标准。

3. 文本规范性规则

文本规范性规则是指鉴定机构应当按照司法行政部门司法鉴定文书的有关规定制作规范的司法鉴定文书。文书不规范的，应当赋予人民法院要求鉴定人重新制作鉴定文书的权力。文本规范性规则意在通过对环境损害司法鉴定意见的格式文本进行统一性的规范，改变各地区对环境损害司法鉴定意见的文本规范不统一进而影响法官作出裁判的现状；通过对格式文本问题进行规范，提高人民法院审查鉴定意见的效率。鉴定人应当根据司法部印发的《关于印发司法鉴定文书格式的通知》制作环境损害鉴定意见，文书制作不规范，影响到法官对鉴定意见的理解的，人民法院可以要求其重新制作鉴定文书，但不需要因为文本规范问题进行重新鉴定。

（三）科学充分性审查规则

科学充分性与一般证据所具有的充分性存在明显差异，对环境损害司法鉴定意见来讲，其科学充分性是对鉴定人在有关专业性问题研究过程中对科学知识所做的判断的证明力考察。此处必须强调的一点是，专家依据已较为完善的科学原理所提供的意见，就客观的角度而言只具有一般充分性的考察问题，而并非科学技术的充分性问题。所以，一般充分性通常情况下将证据事实作为基础，而科学充分性不但与目标材料的似真性存在关联,同时对科学原理的可靠性与鉴定人对专业性问题的分析存在较高的依赖性。为保证此条件获得满足而设计的相关规则即为该类鉴定意见的科学充分性规则。

1. 鉴定人资格规则

鉴定意见是鉴定人通过现代化科学技术对专业问题进行深入分析之后获得的结论,换句话说,法官对证据材料的理解很大程度上以鉴定人的解读结果为基础。所以,鉴定人是否具备足够的能力对各类专业性问题进行分析,是影响鉴定意见科学充分性的关键性要素。考察鉴定人在特定问题的有关领域内是否具备优秀能力的体制就逐渐演变为专家资格规则,唯有满足资格规则的人员才可以在案件审理过程中发表自身的意见。

2. 专业领域规则

随着科技的进步,社会分工得到进一步细化,结合各国实践的情况,本书提到的专家资格规则通常只可以精确至"学科"的水平。环境损害司法鉴定机构是通过招募一定数量的一级学科的鉴定人和具备一定相关仪器设备而取得资质的。但在环境保护领域存在自然科学与社会科学的分野,即使在自然科学领域,环境损害也区分固体废物、有毒物质(不包括危险废物)、放射性废物、含传染病病原体的废物(不包括医疗废物)、地表水与沉积物环境污染、水生态系统损害、环境空气损害、土壤环境损害、土壤生态系统损害、近岸海洋与海岸带环境损害、海洋动植物损害、生态系统损害等多个领域。例如,Q 省 Y 市中级人民法院曾因其辖区存在高原珍稀植被破坏而向多个环境损害鉴定机构咨询委托鉴定事宜,鉴定机构皆因该特殊植被鉴定难度过大而无法承接鉴定工作。因此,如果要委托鉴定机构对某案件提供专业的鉴定意见,并非只要是领域专家就可以进行审查,而应要求其"专业领域"能够进一步精确。法官在对某鉴定意见的可靠性进行审查时,一般情况下可要求鉴定人提供一些有所关联的信息资料,其中比较具有代表性的包括学位方向、相关研究成果等,从而证明鉴定人与待解析问题在特定方向上的匹配程度,以及该专家提供意见的可信度。为此,下一步有必要明确由具体到二级学科甚至三级学科的专业鉴定人来进行专门性鉴定的规则。需要注意的一点是,该规则只涉及鉴定意见的证明力,并不涉及鉴定意见的证据能力。

3. 科学原理检验规则

环境损害鉴定技术在当前存在诸多不足,而且有关科技很大程度上表现出不确定性的特性,因此必然会出现全新的技术方法对当前的技术进行修正,这就要求法官对科学原理"验真"设计专门的规则。

我国当前在环境损害司法鉴定领域通常情况下采用职权主义与当事人主义兼

有,但职权主义色彩更加浓厚的诉讼模式,因此本书提出对司法鉴定的科学充分性规则进行设计和优化是可行的。一般情况下,法律要求在对鉴定意见进行审查过程中司法机关应该对鉴定意见进行独立的分析,不能受到鉴定意见的过多影响而直接进行判决。然而因为法官自身专业知识是有限的,对于鉴定机构提供的意见在缺乏标准的情况下,法官难以对其依据的原理展开判断,如此就造成法官对科学证据关联性的取舍存在难以规避的盲目性。

4. 科学不确定性免责规则

除了上述规则,还可以考虑通过相关规则的制定减少法官对鉴定意见的依赖性。除了要减轻法官对"科学"的盲目迷信,矫正法官对科学的认知态度,还应该通过规则的制定防止法官为了避免承担责任而不加分析直接采信鉴定意见的情况出现。最好的方法就是通过法规的制定增加法官的责任感,如果法官对鉴定意见不加审查直接采信,那么出现错案、冤案就应当由法官承担相应责任;如果法官对鉴定意见认真审查后才加以采信,那么即使出现冤假错案,也可以减轻甚至免除法官对错误责任的承担。这样法官对鉴定意见的依赖就会减弱,增强法官自身的判断力。

第四节 环境损害司法鉴定意见鉴定程序的审查制度

司法鉴定程序是进行司法鉴定活动应当遵循的规则和规范,包含鉴定程序的启动、实施和审查等程序性内容。环境损害司法鉴定意见的鉴定程序审查是指人民法院依据法定程序和标准,参照案件实际审理情况,对司法鉴定启动、举证证明、质证等程序进行必要性审查。

一、环境损害司法鉴定启动程序

鉴定启动程序在司法鉴定程序中占据重要地位,是鉴定程序启动的前提和始端,对鉴定程序是否能实施具有直接决定性作用。司法鉴定启动程序就是在诉讼活动中,对案涉待证事实进行鉴定需要通过由谁提起鉴定程序并由谁决定应否进行鉴定,以及选择谁实施鉴定的整体过程活动。质言之,启动程序涉及鉴定申请、决定及委托的环节。其中,委托环节还包含了选择鉴定人。根据民事诉讼法律,除法院依职权启动外,鉴定启动应经申请、决定、委托三个方面的程序性环节。因此,鉴定启动程序是司法鉴定的必经程序,只有启动鉴定,才有与鉴定相关的一系列活动的实施。

(一)环境损害司法鉴定启动程序中的权利分配

1. 当事人的申请权

当事人的申请权,是指在环境诉讼案件中,除合议庭外,参加诉讼的原被告双方主动向法庭申请对某一事项或内容进行鉴定的权利。在司法鉴定制度发展初期,因为其费用和程序等原因,启动司法鉴定程序的主动权一直牢牢掌握在公权力手中,在一定程度上规避了当事人滥用鉴定制度的风险,但同时造成了部分案件因无法进行司法鉴定导致当事人举证不能,影响案件审理结果的问题。2013 年实施的《民事诉讼法》首次赋予了当事人申请进行司法鉴定的权利。当事人拥有主动启动司法鉴定的可能,这固然是我国法律制度在司法鉴定启动主体上的一大突破和扩展,但有关以当事人申请为中心的鉴定制度规定尚未完善,如何理解和定性当事人的申请权也在学界引起讨论。

2. 法官的释明权

所谓法官释明权,是指当事人在诉讼活动过程中所提出的请求、声明、主张、举证等不清楚、不明确或不充分,进而可能影响案件的实质审理结果时,审判法官通过提问、询问、提醒、启发或告知等方式,合理引导当事人对自己的请求、声明、主张、举证等给予必要补充、澄清、明确,使当事人与法官之间的意思沟通与联络保持一致,从而相对正确地处理案件的一种职权。在环境损害案件审判中,由于其专业性,这种权力被进一步发挥和扩充。正如前文所述,当事人的申请权为法律所保障,但由于当事人往往只是社会关系中的普通个体,其对环境损害和法庭审理不具有专业性的视角和审度。为此,《民事证据规定》(2019 年)规定了当事人提出申请或经法院释明后提出申请两种行使申请权的方式。法官额外的鉴定释明权力不但不违反法官中立原则,而且可以发挥争点整理的效果,避免当事人由于遗漏事实争点而遭受突袭性裁判。公益诉讼中,出于维护公共利益的需要,法官的释明权得到了进一步强化。《环境民事公益诉讼解释》第 9 条规定:"人民法院认为原告提出的诉讼请求不足以保护社会公共利益的,可以向其释明变更或者增加停止侵害、修复生态环境等诉讼请求。"

3. 合议庭的审查权

审查权是法律赋予合议庭最终决定鉴定是否启动的权力,是法院所掌握的司法鉴定的保险锁。法院对当事人鉴定申请的审查,在实务工作中可以视为证据审查的一种。当事人提出鉴定申请,法院经过审查程序,如果认为其合乎条件,则启动司法鉴定程序,形成权威性较强且在冲突时具有更高证明力的司法鉴定意见,通常这种司法鉴定意见就成为认定案件事实的依据,因为从证据规则上看,否定司法鉴定意见的效力难度较大。从这个角度讲,法院对当事人鉴定申请进行审查,在一定程度上相当于对鉴定意见证明力的一种提前审查,或者说,是对其必要性的一种限制性审查。当法院通过了这一鉴定申请,则一定程度上可以认为法院认可和接受了这份申请背后即将出现的司法鉴定意见,这两者是可以互相推导的。如果法院对当事人的鉴定申请形成否定性的审查意见,不启动司法鉴定程序,表明法院认为鉴定意见所要证明的事实可以通过其他方式得到。

(二)环境损害司法鉴定启动的时机

由于我国采取两审终审制,且法律明文规定当事人应当在人民法院指定期间内提出鉴定申请,对于鉴定内容与待证事实关联性不强的,法院不予审查通过,因此鉴定的启动几乎集中在一审,在司法实践中,对于当事人在二审中提出的鉴定申请法院一般不予许可。关于这一现象,理论界有不同的观点争论。

一种观点认为,不允许任何鉴定活动在二审程序阶段启动。依照我国审判分级的制度原则,有关事实认定的部分应当在一审中予以解决。如果当事人一方在一审举证期限届满后和在法庭的一审审理中均未提起鉴定,等到二审时再提出鉴定,属于证据突袭的一种,故不应被允许。同时,鉴定在一审中未被提出也侧面反映了其对审判没有关键性的影响。而且二审初次启动鉴定会导致适用程序混乱。从效率的角度出发有可能产生新的重新鉴定。二审中法官同意一方鉴定后,若另一方提出反对意见,在征得法官允许后还可以申请重新鉴定。那么,案件将继续拖延下去,这不符合诉讼解决纠纷的目的。

当然也有观点认为,二审中进行司法鉴定有利于查明事实,追求实体正义。该观点认为对于当事人提出的鉴定申请,法院应当按照法律规定的标准和要求进行审查,如果认为应当鉴定的,原则上发回重审、由一审法院委托鉴定,而不应因为审级的考虑不予允许。该观点认为鉴定的本质是法庭审判的公正进行,只要鉴定符合事实条件,就不应否定其可行性。至于程序适用的问题,由于鉴定是针对当事人争议的重要事实,关系到对当事人实体权利的保护,对重要事实及其证据的认定应当经由两级审理程序,以确保当事人的实体权利在程序上得到保障。例如,在北京市昌平区多元智能环境研究所诉湖北长舟盐化有限公司一案中,湖北省高级人民法院认为案涉生态环境受到损害至恢复原状期间服务功能损失的认定,属于为维护社会公共利益所必要的专门性问题,一审法院依法可以依职权委托具备资格的鉴定人进行鉴定,但一审法院以“智能研究所在举证期限内和庭审时均未提供相关损失的证据”为由,未支持智能研究所的该项主张,举证责任分配不当。二审期间,智能研究所向二审法院提交了《专家意见书》及《检测报告》等证据,用于证明湖北长舟盐化有限公司违法外排污水造成周边耕地盐渍化,生态环境遭受损害,经评估,总修复费用为10,576,000元。鉴于湖北长舟盐化有限公司对上述新证据提出异议,且在二审中启动鉴定程序不利于保护当事人审级利益，裁定撤销原审判决、发回重审。[①]

（三）启动环境损害司法鉴定意见的审查要点

1. 审判效率

在民事和行政案件中，审理结果公正性和审判效率的平衡十分重要。环境损害司法鉴定为了精确地认定事实，往往需要实地考察，运用精密仪器进行研究分析，更有甚者，在特殊案件中，为了确定环境损害结果和行为之间的关联性，需要模拟现场环境进行对照试验，以达到其鉴定的目标。其间需要花费大量的时间成本，对于涉事双方是一种成本的考验和精力的消磨。此时就需要合议庭衡量该司法鉴定对案件审理结果的作用大小和其所花费的时间成本是否相对应，若该鉴定结果对于审判起到的作用较小，或者其认定的事实与争议焦点关联不强，却需要花费大量时间成本，在审核时就可不启动司法鉴定。

除却时间成本，司法审查还应关注鉴定的金钱成本和人力成本。部分环境损害司法鉴定费用高昂，耗费人力、物力巨大，有时甚至接近或者超过了案件中的损失数额或者赔偿标的。这时执意启动司法鉴定显然是得不偿失的，如能引导其调解或者依据其他事实完成审判是更符合效率原则的。法院可以要求当事人或相关专业机构对具体案件的鉴定方案作出预案，粗略估计出鉴定所需要的成本，并与案件的标的以及鉴定对结果所造成的影响进行对比。

2. 司法鉴定可替代性

司法鉴定的可替代性审查是指通过分析案件具体事实和情况，法官对司法鉴定是否是获得结果的唯一方式进行审查，其目的在于防止司法鉴定的随意启动以致浪费司法资源。环境损害司法鉴定对环境损害中的事实认定固然有十分重要的作用，但并不是在所有环境损害相关案件中，其效果都是不可替代的。环境损害案件中既有涉及高精尖技术认定的类型，也有凭借数千年文化积累和农学经验能够解决认定的部分。因此法官在进行可替代性审查时，可以从以下几个方面入手。

第一，对于损害程度类的司法鉴定，法官应当对确定损害程度的方法进行调查和罗列，可以让申请鉴定的当事人或者其他专业人员提供不同方法成本和效果的对比数据，以确定是否有更好的确定方式代替司法鉴定。

第二，对于因果关系认定等的司法鉴定，在有些案件，由于同种情况的历史鉴定数据积累较多，不需要额外做司法鉴定也能凭借经验得出结论。由于环境损害案件中大部分同类型案件的事实原因相近，很多司法鉴定结果有可借鉴性。在司法审查中，可以形成有关司法鉴定的案例数据库，法官对于事实发展相似的案件，不必另行

---

① 参见湖北省高级人民法院民事裁定书，(2021)鄂民终1076号。

启动审查。

第三,我国司法体系中设有专家辅助人制度,专家辅助人可以在一定程度上弥补法官和当事人在专业知识上的欠缺,其所需成本也远低于司法鉴定。对于专业性不是特别强,不必通过鉴定来解决的案件,可以以专家辅助人的方式进行替代。

3. 属于"专门性问题"

环境案件的专业性较强,法官难以凭借自己的知识储备并根据环境案件的具体情况来确定要鉴定的事项是不是属于环境"专门性问题",这时就会偏向启动环境损害司法鉴定。我国现行法律条文中并未对"专门性问题"作出明确规定,规范性文件中的"专门性问题"不仅规定得比较粗糙,而且效力层次比较低,对法官约束力较弱,法官仍然可以根据自由裁量权启动环境损害司法鉴定。所以应当从法律条文层级制定"专门性问题"细化条款。"专门性问题"应当规定得具体细致,并且仅限于科学知识范畴内的问题,明确需要根据特定问题的经验和技能进行识别的问题。

对此,法院或其他责任部门可以聘请相关专业人士和法律人员共同对专业性问题定性后分类,如赔偿金额确定问题、损害等级确定问题、污染严重程度等,形成环境损害案件的问题索引。实务中,法院在进行司法鉴定审查时可以对照有关细则,对案件问题进行定性分析,判断其是否属于专业性问题,属于哪一类专业性问题。这样可以精简审查工作,帮助法官进行专业判断。

4. 检材具备鉴定条件

鉴定材料满足鉴定要求是环境损害司法鉴定的前提,鉴定材料应当满足真实性、合法性、充分性、可检测性。法官负有向环境损害司法鉴定机构提供鉴定材料的责任,并且需要当事人的配合。

环境损害司法鉴定能够为污染事实及损害结果、因果关系、环境修复等环境案件中的"专门性问题"提供鉴定意见,为环境司法审判提供专业技术支持,能够帮助法官更加全面、客观地了解环境案件,作出符合公平正义理念并考虑双方利益的裁判。但是对环境损害司法鉴定的运用不能矫枉过正,环境司法审判中不能过分依赖环境损害司法鉴定。环境损害司法鉴定不应被随意启动,其启动应当适用效益原则等必要性审查标准。环境"专门性问题"不能完全依赖环境损害司法鉴定的启动,环境监测、环境专家意见等在环境案件中的恰当运用也能发挥重要作用。非环境"专门性问题"不应当启动环境损害司法鉴定,可以依据环境侵权规则进行案件审理、采取环境事件调查等手段进行案件调查。当环境损害司法鉴定费用过高,违背环境修复的最终目的时,考虑运用专家意见等方式解决"专门性问题"。应当明确环境损害司法鉴定启动条件、强化启动阶段法官审查责任、完善启动阶段配套制度以及启动替代性措施,使环境损害司法鉴定启动的司法适用更加科学与合理。

二、环境损害司法鉴定意见举证证明责任分配

刑事和行政案件的举证证明分别由专业性较强的公诉机关和行政机关完成,而民事案件中的举证证明责任则在当事人之间进行分配。相对而言,民事案件当事人的取证、存证能力较差,更容易出现在案证据对要件事实的证明无法达到证明标准的情况,进而可能需要法官依职权分配结果意义上的证明责任。因此,本书关于环境损害司法鉴定的举证证明责任的讨论主要以民事案件为背景展开。

根据《民法典》第1230条、《环境侵权责任纠纷解释》第6条和《环境民事公益诉讼解释》第8条的规定,环境民事案件中,原告(公益诉讼起诉人)需就侵权人排放了污染物或者破坏了生态(或在公益诉讼中被告的行为已经损害社会公共利益或者具有损害社会公共利益重大风险)、被侵权人的损害、侵权人排放的污染物及其次生污染物或破坏生态行为与损害之间具有关联性承担举证证明责任;被告则需举证证明不承担责任或者减轻责任的情形及其行为与损害之间不存在因果关系。我国现行立法中生态环境案件的举证责任见表6-3。

表6-3　我国现行立法中生态环境案件的举证责任

法律文件名称	条款	内容
《民法典》	第1230条	因污染环境、破坏生态发生纠纷,行为人应当就法律规定的不承担责任或者减轻责任的情形及其行为与损害之间不存在因果关系承担举证责任
《民事诉讼法》	第67条	当事人对自己提出的主张,有责任提供证据。 当事人及其诉讼代理人因客观原因不能自行收集的证据,或者人民法院认为审理案件需要的证据,人民法院应当调查收集。 人民法院应当按照法定程序,全面、客观地审查核实证据
《水污染防治法》	第98条	因水污染引起的损害赔偿诉讼,由排污方就法律规定的免责事由及其行为与损害结果之间不存在因果关系承担举证责任
《民事诉讼法解释》	第91条	人民法院应当依照下列原则确定举证证明责任的承担,但法律另有规定的除外: ①主张法律关系存在的当事人,应当对产生该法律关系的基本事实承担举证证明责任; ②主张法律关系变更、消灭或者权利受到妨害的当事人,应当对该法律关系变更、消灭或者权利受到妨害的基本事实承担举证证明责任

续表

法律文件名称	条款	内容
《环境侵权责任纠纷解释》	第6条	被侵权人根据《民法典》第七编第七章的规定请求赔偿的，应当提供证明以下事实的证据材料： ①侵权人排放了污染物或者破坏了生态； ②被侵权人的损害； ③侵权人排放的污染物或者其次生污染物、破坏生态行为与损害之间具有关联性
《环境民事公益诉讼解释》	第8条	提起环境民事公益诉讼应当提交下列材料： ①符合《民事诉讼法》第121条（现为第124条）规定的起诉状，并按照被告人数提出副本； ②被告的行为已经损害社会公共利益或者具有损害社会公共利益重大风险的初步证明材料； ③社会组织提起诉讼的，应当提交社会组织登记证书、章程、起诉前连续5年的年度工作报告书或者年检报告书，以及由其法定代表人或者负责人签字并加盖公章的无违法记录的声明
	第14条	对于审理环境民事公益诉讼案件需要的证据，人民法院认为必要的，应当调查收集。 对于应当由原告承担举证责任且为维护社会公共利益所必要的专门性问题，人民法院可以委托具备资格的鉴定人进行鉴定
	第30条	已为环境民事公益诉讼生效裁判认定的事实，因同一污染环境、破坏生态行为依据《民事诉讼法》第119条的规定提起诉讼的原告、被告均无须举证证明，但原告对该事实有异议并有相反证据足以推翻的除外。 对于环境民事公益诉讼生效裁判就被告是否存在法律规定的不承担责任或者减轻责任的情形、行为与损害之间是否存在因果关系、被告承担责任的大小等所作的认定，因同一污染环境、破坏生态行为依据《民事诉讼法》第119条（现为第122条）的规定提起诉讼的原告主张适用的，人民法院应予支持，但被告有相反证据足以推翻的除外。被告主张直接适用对其有利的认定的，人民法院不予支持，被告仍应举证证明

续表

法律文件名称	条款	内容
《生态环境损害赔偿案件规定》	第6条	原告主张被告承担生态环境损害赔偿责任的,应当就以下事实承担举证责任: ①被告实施了污染环境、破坏生态的行为或者具有其他应当依法承担责任的情形; ②生态环境受到损害,以及所需修复费用、损害赔偿等具体数额; ③被告污染环境、破坏生态的行为与生态环境损害之间具有关联性

由此,在司法鉴定委托过程中,原告需承担举证证明责任的鉴定事项主要围绕侵权行为、损害后果两项要件展开,包括证明原告的行为确实造成了环境污染或者生态破坏、财产损失或生态损害的存在及量化、原告行为和损害后果之间存在"关联性"。

被告需承担举证证明责任的鉴定事项主要围绕因果关系法律要件不成立展开,具体包括:排放污染物、破坏生态的行为没有造成该损害可能的;排放的可造成该损害的污染物未到达该损害发生地的;环境损害于排放污染物、破坏生态行为实施之前已发生的;其他可以认定污染环境、破坏生态行为与损害之间不存在因果关系的情形。

需要注意的是,民事案件中,法庭在委托环境损害司法鉴定时需根据双方的举证责任向鉴定机构明示必须鉴定的事项,鉴定机构只应围绕被委托的鉴定事项展开鉴定,不得自行拓展鉴定事项。例如,在一起案件中,原告诉称被告建设的健身步道比热容小,夏季雨水流经暴晒后的健身步道升温成热水,流入原告鱼塘导致塘水异常升温,致鱼虾死亡。被告则辩称当季夏季温度很高,鱼塘中的一类水草可能释放毒素,导致鱼虾死亡。该案中,法院依据当事人申请委托鉴定在案发当天的温度下,经健身步道流入鱼塘的水温如何。鉴定人在编制鉴定意见时,应围绕法院委托的鉴定事项"流入鱼塘的水温如何"展开,不得在鉴定意见中认定"水温温度较高,被告对该鱼塘实施了环境污染行为"或"被告建造健身步道与鱼虾死亡间存在因果关系"。

在鉴定意见作出后,法庭在审查司法鉴定意见时,不宜直接盲目依据鉴定意见确定的数额或比例在当事人之间分配责任,而应当根据具体鉴定事项是否查清、在鉴定事项查清时鉴定意见能否使要件事实的证明达到排除合理怀疑等因素,确定是否需要分配证明责任。同时,当事人预付鉴定费用时也应当依据各自需承担的举证责任承担相应的费用。

三、环境损害司法鉴定意见质证程序

（一）环境损害司法鉴定意见质证程序的概念

环境损害司法鉴定意见的质证程序，是指诉讼参与人针对环境损害司法鉴定意见进行质疑、验证和核实的程序过程。从质证内容上看，环境损害司法鉴定意见质证环节需要围绕鉴定所使用的检材、鉴定技术、鉴定人和鉴定机构的鉴定能力展开实质性的质证。

（二）完善环境损害司法鉴定意见质证程序

1. 庭前质证程序

立法层面，应当明确环境损害司法鉴定意见庭前质证的定位与功能。明确在双方当事人协商一致的情况下可以进行鉴定意见证据开示，双方若发现鉴定意见存在形式瑕疵、程序违法，可以要求申请进行补充或者重新鉴定，保证进入审判环节的鉴定意见均满足法定形式要件、鉴定程序合法，从而减少质证时间，提升庭审效率。对于双方有异议的鉴定意见焦点，应当予以记录，在庭审中进行集中质证，增强质证效果。

现阶段普遍实施的庭前会议制度为我国构建环境损害司法鉴定意见庭前开示程序奠定了良好的基础，然而为了确保庭前开示发挥理想的效果，必须对鉴定意见庭前开示的启动、方式等进行更为详细的安排。除此之外，应防止合议庭庭前预断，发生庭审“走过场”的情况。

对于庭前开示的内容而言，可从鉴定人和有专门知识的人资格、学术著作、对鉴定工作的参与性等多个层面展开说明。对于鉴定意见的详细内容，可从鉴定活动遵循的科学原理、选择的技术方法等层面展开详细说明。此外，通过对鉴定意见的开示，确保案件各方主体都对鉴定的情况有更为具体的了解，为质证活动提供一定帮助。

运行层面，法官应当结合庭前会议调整审判程序。如果双方已经对鉴定意见达成了共识，在法庭给予说明之后该鉴定意见应当视为已经被质证的证据。那么在可行情况下，法官可以促进双方选择和解结案或者可以将法庭调查和法庭辩论合并进行，不再形式化地割裂两个步骤，将问题难点集中审理，这将极大提升庭审的效率和诉讼进程。庭审实质化改革后的质证流程如图 6 – 2 所示。

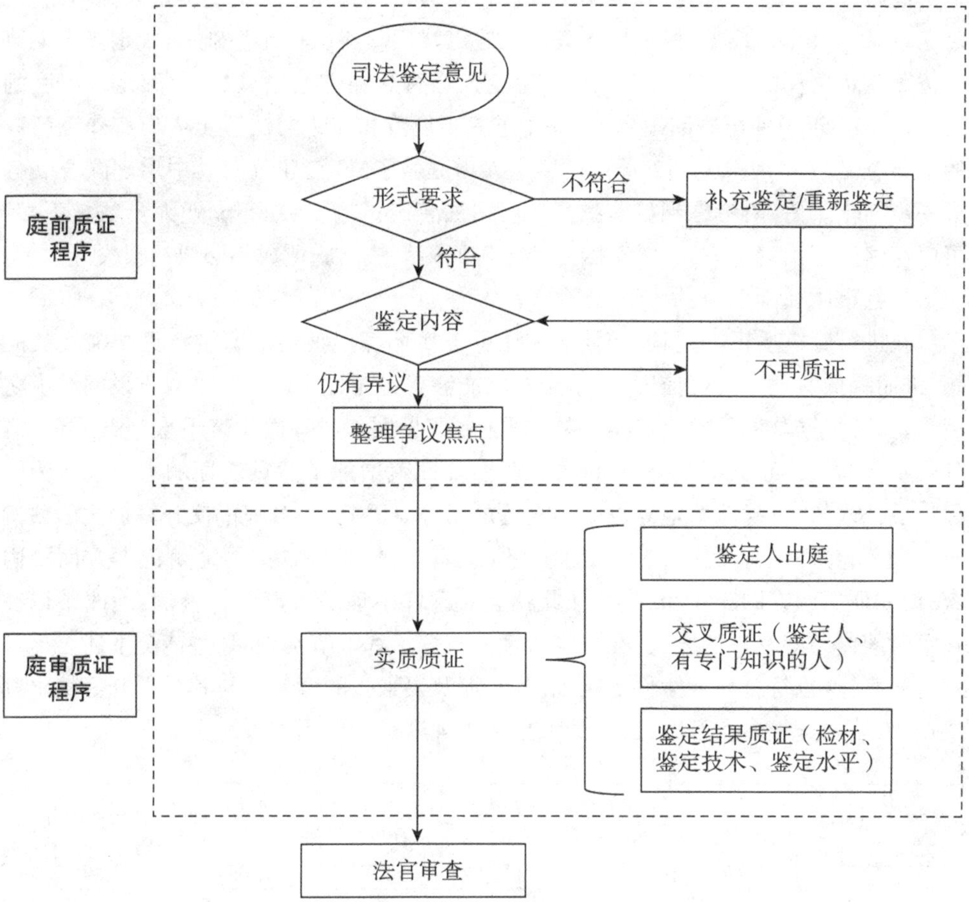

图6－2　庭审实质化改革后的质证流程

2. 鉴定人出庭质证

首先，单方委托的鉴定人在质证环节中应当兼具质询和回答两种功能，既能够对法院委托的鉴定人和鉴定意见进行质询，也能够对自己出具的鉴定意见以及观点进行陈述以及补充。单方自行委托鉴定时，其提供的检材以及对案件事实的描述难免会有倾向性，或者通过利益引诱、人情干扰等方式让鉴定意见尽可能符合自己的利益，所以单方委托的鉴定人应当推定具有立场预设，一般来说不具有中立性。其在质证中的陈述应当视为当事人的陈述，并由当事人承担对应的法律后果。

其次，明确申请鉴定人出庭的申请程序。鉴于生态环境损害案件本身情况复杂、标的额大、鉴定专业性强的特点，建议明确所有环境损害司法鉴定人必须出庭接受质证。

最后，明确鉴定人出庭和证明责任。目前的司法解释中规定了鉴定人拒不出庭，鉴定意见不可作为证据，另可要求其返还鉴定费用。建议在此基础上，规定当事人可以按照鉴定费用的倍数对鉴定机构和鉴定人进行惩罚性赔偿，以强化鉴定人出庭的义务。2020 年 5 月司法部出台了《关于进一步规范和完善司法鉴定人出庭作证活动的指导意见》(司规〔2020〕2 号)，对鉴定人出庭做了规范，建议对其中出庭配合义务进一步细化。另外，考虑到目前我国环境司法鉴定机构比较少，专业人员数量不多，可以探索远程出庭等方式，避免因距离远等原因无法出庭造成不必要的损失。

3. 庭审质证程序

在进行庭审质证的过程中，涉事主体可查找环境损害司法鉴定意见中潜在的问题，进而降低鉴定人的可信度，让鉴定意见能够获得充分质证。涉事双方发问结束之后，法官可根据具体需求决定是否补充发问。(见图 6 – 3)通过若干次交叉质证，案件当事人的质证意见都获得了良好的表达，如此就增加了意见质证的有效性。为了保证质证效果，应确保鉴定意见获得充分的质证。因此，可对庭审仅开庭一次的惯例进行调节，允许进行多次开庭。除此之外，庭审证据审查的实质化涵盖多方面的内容，比如证据调查的充实和细化，如此就会对案件审理的节奏产生影响，即改革以往在短时间内结束庭审的方式，在一定程度上减缓了庭审节奏，在某些情况下还会出现多次开庭，这也符合环境案件影响范围广、涉及要素多的特点。与其一次开庭给出判决结果，不妨进行多次开庭，进而最大化地体现庭审的作用。

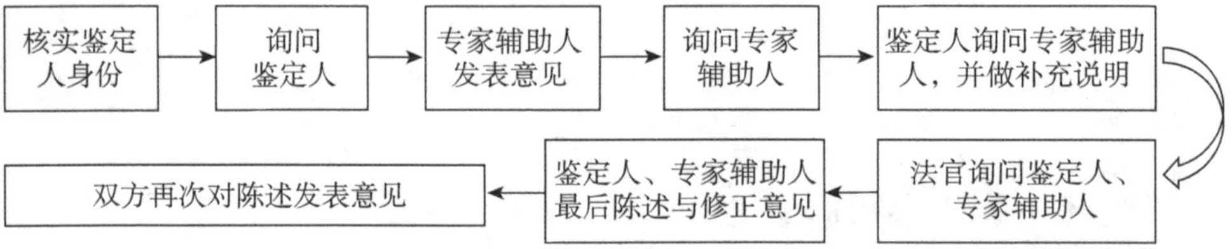

图 6 – 3 交叉质证程序流程

首先，庭审辩论实质化要求法院的审理模式应当从书面文牍主义转向庭审实质主义。书面审应当与庭审相结合，共同促进案件事实的发现。法官在认定事实和认证争议证据时应当结合当事人双方的质证以及其他书证、物证、证人证言和鉴定意见相互印证。

其次，质证环节应当交由双方当事人主导。当事人和律师针对鉴定意见的形式问题进行询问，专家辅助人针对鉴定意见的实质内容实体问题向鉴定人询问并回答鉴定人和对方当事人的询问，法官只补充发问，或者维持秩序穿插其中。

最后，司法机关应当平等审查不同主体作出的环境损害司法鉴定意见。对于法院委托作出的鉴定意见，法官不能因其有较高的中立性而推定其有较强的证明力，不加质证就采信。鉴定人虽然需要对申请的鉴定意见预交费用,但其不是直接的委托人,双方协商申请后仍需要法院决定后由法院出面委托,双方与鉴定机构及鉴定人之间不存在直接的法律关系,所以对于鉴定意见双方都有怀疑的权利。鉴定人出具的鉴定意见只是基于其主观的科学判断,仍然应当由法官进行法律判断。

综上所述,法庭和当事人可以参照以下几个方面要素,有针对性地加强对环境损害司法鉴定意见实质要件的质证:

第一,对鉴定机构,要具体到鉴定事项的细分领域来确定鉴定资质,由于生态系统、自然资源、人身损害等不同领域鉴定的技术体系、标准差距很大,需要具备细分的资质和相关经验来进行审查。

第二,对于鉴定人,可参照鉴定机构,并结合工作年限、办理过的案例、通过专业水平考试情况、个人职业道德表现等方面进行综合审查。

第三,对于鉴定所采取的科学原理和技术,审查是否已获得学界广泛认可、是否已在实务界具备大量成功应用的案例、是否代表了当前领域内比较先进的技术。

第四,对于鉴定操作全过程的记录,审查检材的采集是否符合时效性的要求,距离污染发生时间越近价值越高;检材的储存、运送、处理等过程是否严格按照规范进行。

第五,对于形成鉴定意见的过程,审查分析和推理过程是否符合一般性的逻辑原理,所依据的标准规范如果存在多项竞合的情况按照位阶最高、出台最新、部门职能与鉴定事项最接近的原则审查。

第六,对于鉴定结果,审查鉴定结果的形成过程是否合理,各项数据与最终结果是否形成了逻辑关系,审查鉴定结果作为证据的一项,能否与其他证据共同形成合理完整的证据链。

第七章 环境损害司法鉴定的技术规范

第一节 环境损害司法鉴定的流程规范

环境损害司法鉴定的流程规范是指司法鉴定机构和鉴定人进行司法鉴定活动的方式、步骤以及相关规则的总称。环境损害司法鉴定的技术规范要求司法鉴定机构和司法鉴定人进行环境损害司法鉴定时应当遵守法律、法规、规章,遵守职业道德和执业纪律,尊重科学,遵守技术操作规范。于2015年修订通过,自2016年起实施的《司法鉴定程序通则》围绕提高司法鉴定质量和公信力,对进一步优化司法鉴定程序,保障司法鉴定活动合法、公正,保障诉讼活动的顺利进行具有重要意义。

本节主要介绍进行环境损害司法鉴定时应遵守的流程与规范要求。环境损害司法鉴定主要分为司法鉴定的委托与受理、司法鉴定的实施、司法鉴定意见书的出具、司法鉴定人出庭作证等司法流程。

一、环境损害司法鉴定的委托与受理

在案件进入诉讼程序以后,司法鉴定机构应当统一受理办案机关的司法鉴定委托,当事人不能自行委托司法鉴定,鉴定人也不能私自接受委托。委托人委托鉴定,应当提供鉴定材料,并对其真实性、合法性负责,鉴定机构应当核对并记录收到的鉴定材料,并在7个工作日内进行审查并作出是否受理的决定。经审查,如果委托事项符合规定,司法鉴定机构决定受理的,则签订委托书;如果司法鉴定机构决定不予受理的,需要退还鉴定材料,并说明理由。此外,需要说明的是,在非诉程序中,司法鉴定机构可以接受行政机关、法人、其他组织、公民的鉴定委托,提供鉴定服务,但此种鉴定在性质上不属于法定证据种类之一的司法鉴定,本书不做讨论。①

(一)环境损害司法鉴定的委托

在环境损害司法鉴定活动中,司法鉴定机构应当统一受理在其业务范围内的鉴定委托。委托人委托鉴定的,应当向司法鉴定机构提供真实、完整、充分的鉴定材料,并对鉴定材料的真实性、合法性负责。司法鉴定机构应当核对并记录鉴定材料的名称、种类、数量、性状、保存状况、收到时间等。诉讼当事人对鉴定材料有异议的,应当

---

① 参见司法部公共法律服务管理局组编:《〈司法鉴定程序通则〉释义》,中国政法大学出版社2020年版,第38页。

向委托人提出，如无必要，司法鉴定机构和鉴定人应当避免直接接触当事人，避免因为当事人的介入对鉴定意见的公平性、公正性产生影响。

司法机构在受到委托后应确定承办人并确定是否需要前期勘查等事项。对于复杂的案件，司法鉴定机构应该开展前期现场勘查，对于简单的案件进行上报讨论，在收到委托之日起7个工作日内作出是否受理的决定。对于复杂、疑难或者特殊鉴定事项的委托，司法鉴定机构可以与委托人协商决定受理的时间。

（二）环境损害司法鉴定的受理

在环境损害司法鉴定活动中，司法鉴定机构在对委托鉴定事项、鉴定材料等进行审查后，应当受理的鉴定委托情形如下：属于本机构司法鉴定业务范围，鉴定用途合法，提供的鉴定材料能够满足鉴定需要的；鉴定材料不完整、不充分，不能满足鉴定需要，但经委托人补充后能够满足鉴定需要的。

司法鉴定机构不得受理的鉴定委托情形有：一是委托鉴定事项超出本机构司法鉴定业务范围的。二是发现鉴定材料不真实、不完整、不充分或者取得方式不合法的。三是鉴定用途不合法或者违背社会公德的；鉴定要求不符合司法鉴定执业规则或者相关鉴定技术规范的。四是鉴定要求超出本机构技术条件或者鉴定能力的。五是委托人就同一鉴定事项同时委托其他司法鉴定机构进行鉴定的。六是其他不符合法律、法规、规章规定的情形。

在上述司法机关决定受理委托的情形下，司法鉴定机构应当与委托人签订司法鉴定委托书。如司法鉴定机构决定不予受理鉴定委托的，应当向委托人说明理由并退还鉴定材料。

二、环境损害司法鉴定的实施

司法鉴定机构接受委托后，应当确定本机构的符合资质条件且依法不需要回避的鉴定人开展鉴定。鉴定过程中，应当严格鉴定材料管理，依照规定择定技术标准、技术规范和技术方法；对于需要现场提取鉴定材料、需要对特殊人群进行鉴定的，应当符合相应的要求。同时，鉴定人要按照规定全程记录鉴定过程，一般应在30个工作日内完成鉴定。

（一）鉴定人的选任与回避

在司法鉴定机构受理鉴定委托后，鉴定人的选任方式为指定本机构具有该鉴定事项执业资格的司法鉴定人进行鉴定。指定的鉴定人应当满足两项要求：一是鉴定人应当是登记在本机构执业的鉴定人；二是具有该鉴定事项执业资格，即具有与委托鉴定事项相符合的执业资格。如果委托人有特殊要求的，经双方协商一致，也可以从本机构中选择符合条件的司法鉴定人进行鉴定。委托人不得干预鉴定活动，委托人不得要求或者暗示司法鉴定机构、司法鉴定人按其意图或者特定目的提供鉴定意见。

在人数要求上,司法鉴定机构对同一鉴定事项,应当指定或者选择两名司法鉴定人进行鉴定;对复杂、疑难或者特殊鉴定事项,可以指定或者选择多名司法鉴定人进行鉴定。

在环境损害司法鉴定活动中,涉及鉴定人应当回避的情形有以下两种:一是司法鉴定人本人或者其近亲属与诉讼当事人、鉴定事项涉及的案件有利害关系,可能影响其独立、客观、公正进行鉴定的,应当回避;二是司法鉴定人曾经参加同一鉴定事项鉴定的,或者曾经作为专家提供咨询意见的,或者曾被聘请为有专门知识的人参与同一鉴定事项法庭质证的,应当回避。

(二)鉴定实施

1. 鉴定人权利与鉴定记录规定

在鉴定时,司法鉴定人有权了解进行鉴定所需要的案件材料,可以查阅、复制相关资料,必要时可以询问诉讼当事人、证人。

经委托人同意,司法鉴定机构可以派员到现场提取鉴定材料。现场提取鉴定材料应当由不少于两名司法鉴定机构的工作人员进行,其中至少一名应为该鉴定事项的司法鉴定人。现场提取鉴定材料时,应当有委托人指派或者委托的人员在场见证并在提取记录上签名。

司法鉴定人应当对鉴定过程进行实时记录并签名。记录可以采取笔记、录音、录像、拍照等方式。记录应当载明主要的鉴定方法和过程,检查、检验、检测结果,以及仪器设备使用情况等。记录的内容应当真实、客观、准确、完整、清晰,记录的文本资料、音像资料等应当存入鉴定档案。

2. 司法鉴定时限

司法鉴定机构应当自司法鉴定委托书生效之日起 30 个工作日内完成鉴定。鉴定事项涉及复杂、疑难、特殊技术问题或者鉴定过程需要较长时间的,经本机构负责人批准,完成鉴定的时限可以延长,延长时限一般不得超过 30 个工作日。鉴定时限延长的,应当及时告知委托人。司法鉴定机构与委托人对鉴定时限另有约定的,从其约定。在鉴定过程中补充或者重新提取鉴定材料所需的时间,不计入鉴定时限。

3. 终止鉴定

司法鉴定机构、司法鉴定人在接受司法鉴定委托后,应当在规定的时限内出具鉴定意见。但是如果在鉴定过程中遇到以下情形,致使鉴定机构和鉴定人无法继续进行鉴定的,鉴定机构可以单方面作出终止鉴定的决定。

一是发现有《司法鉴定程序通则》第 15 条第 2 项至第 7 项规定情形的;二是鉴定材料发生耗损,委托人不能补充提供的;三是委托人拒不履行司法鉴定委托书规定的义务、被鉴定人拒不配合或者鉴定活动受到严重干扰,致使鉴定无法继续进行的;四是委托人主动撤销鉴定委托，或者委托人、诉讼当事人拒绝支付鉴定费用的；五是因不可抗力致使鉴定无法继续进行的；六是其他需要终止鉴定的情形。

终止鉴定的，司法鉴定机构应当书面通知委托人，说明理由并退还鉴定材料。

4. 补充鉴定

实践中，由于原委托的鉴定事项有遗漏而增加新的鉴定事项，或者针对原鉴定事项提出新的鉴定要求，或者由于发现了新的更重要的鉴定材料等，鉴定人需要基于变化的鉴定事项、鉴定要求、鉴定材料，调整原鉴定意见，出具补充鉴定意见。

具体来讲，在环境损害司法鉴定活动中，有下列情形之一的，司法鉴定机构可以根据委托人的要求进行补充鉴定：原委托鉴定事项有遗漏的；委托人就原委托鉴定事项提供新的鉴定材料的；其他需要补充鉴定的情形。

补充鉴定是原委托鉴定的组成部分，应当由原司法鉴定人进行。

5. 重新鉴定

重新鉴定是在前次鉴定存在瑕疵或因案件需要时对同一事项再次进行鉴定，是确保鉴定意见合法性、科学性的重要方式和途径，也是诉讼当事人对司法鉴定意见有异议时的一种重要救济手段。

在环境损害鉴定活动中有下列情形之一的，司法鉴定机构可以接受办案机关委托进行重新鉴定：原司法鉴定人不具有从事委托鉴定事项执业资格的；原司法鉴定机构超出登记的业务范围组织鉴定的；原司法鉴定人应当回避没有回避的；办案机关认为需要重新鉴定的；法律规定的其他情形。

重新鉴定应当委托原司法鉴定机构以外的其他司法鉴定机构进行；因特殊原因，委托人也可以委托原司法鉴定机构进行，但原司法鉴定机构应当指定原司法鉴定人以外的其他符合条件的司法鉴定人进行。接受重新鉴定委托的司法鉴定机构的资质条件应当不低于原司法鉴定机构，进行重新鉴定的司法鉴定人中应当至少有一名具有相关专业高级专业技术职称。

三、司法鉴定意见书的出具

鉴定意见是法定证据种类之一，司法鉴定意见书是鉴定意见的书面载体，是司法鉴定人依照法定程序和条件，运用科学技术或者专门知识对相关专门性问题进行分析、鉴别和判断的具体体现。在司法鉴定活动实施后，需要出具司法鉴定意见书。因此，《司法鉴定程序通则》对司法鉴定机构和司法鉴定人制作、出具司法鉴定意见书的有关要求作出规定。

（一）司法鉴定意见书的制作与相关规定

为规范司法鉴定意见书的制作格式，保障司法鉴定意见书严谨规范，提高鉴定质量和公信力，司法鉴定机构和司法鉴定人应当按照统一规定的文本格式制作司法鉴定意见书。

1. 司法鉴定意见书的内容

司法鉴定意见书应当包括基本情况、基本案情、资料摘要、鉴定过程、分析说明、鉴定意见、附件等组成部分，但各省级司法行政机关或司法鉴定协会可以根据不同专业的特点制定具体的格式。司法鉴定机构也可以根据实际情况做合理增减。关于“基本情况”，应当简要说明委托人、委托事项、受理日期、鉴定材料等情况；关于“基本案情”，应当说明诉讼案件中当事人争议的法律关系和基本事实，介绍必要的诉讼过程，如是否经历重新鉴定等；关于“资料摘要”，应当摘录与鉴定事项有关的鉴定资料，如法医鉴定的病史摘要等；关于“鉴定过程”，应当客观、翔实、有条理地描述鉴定活动发生的过程，包括人员、时间、地点、内容、方法，鉴定材料的选取、使用，采用的技术标准、技术规范或者技术方法，检查、检验、检测所使用的仪器设备、方法和主要结果等；关于“分析说明”，应当详细阐明鉴定人根据有关科学理论知识，通过对鉴定材料，检查、检验、检测结果，鉴定标准，专家意见等进行鉴别、判断、综合分析、逻辑推理得出鉴定意见的过程，司法鉴定意见书要具有良好的科学性、逻辑性。司法鉴定意见书各页之间应当加盖司法鉴定专用章红印，作为骑缝章。根据修订后的文书格式，司法鉴定机构不再需要在司法鉴定意见书上加盖钢印。

司法鉴定机构在制作司法鉴定意见书时，应当同时制作四份，且不分正本、副本。司法鉴定委托的主体、客体分别是委托人和司法鉴定机构，司法鉴定机构作出鉴定意见，应当将鉴定意见书交委托人，而不能将鉴定意见书交给其他单位或个人。

2. 司法鉴定意见书的格式

司法鉴定机构和司法鉴定人按照司法部《关于印发司法鉴定文书格式的通知》(司发通〔2016〕112 号)规定的统一文本格式制作司法鉴定意见书。

具体来讲，司法鉴定意见书各页之间应当加盖司法鉴定专用章红印，作为骑缝章。司法鉴定专用章制作规格为：直径 4cm，中央刊五角星，五角星上方刊司法鉴定机构名称，自左向右呈环形；五角星下方刊司法鉴定专用章字样，自左向右横排。印文中的汉字应当使用国务院公布的简化字，字体为宋体。民族自治地区司法鉴定机构的司法鉴定专用章印文应当并列刊汉字和当地通用的少数民族文字。司法鉴定机构的司法鉴定专用章应当经登记管理机关备案后启用。司法鉴定意见书应使用 A4 纸，文内字体为 4 号仿宋，两端对齐，段首空两格，行间距一般为 1.5 倍。

(二) 司法鉴定意见书的补正

一般来说，司法鉴定意见书由鉴定机构出具后，即形成案件证据材料，通过办案人员的审查判断后，作为定案的根据。但是在司法鉴定实践中经常遇到这一类情况，即鉴定机构出具鉴定意见书后，鉴定人主动地或者根据委托人的询问被动地发现鉴定意见书存在一些不影响鉴定意见原意的瑕疵问题。根据相关规定,鉴定机构可以制作司法鉴定意见补正书,对有瑕疵的鉴定意见进行补正,在不改变原有鉴定意见的情况下,对司法鉴定意见书予以完善,以保证司法鉴定意见书对专门性问题的证明效力,避免或者减少不必要的多次鉴定、重复鉴定。

司法鉴定机构可以进行补正的情况包括:图像、谱图、表格不清晰的;签名、盖章或者编号不符合制作要求的;文字表达有瑕疵或者错别字,但不影响司法鉴定意见的。

补正应当在原司法鉴定意见书上进行,由至少一名司法鉴定人在补正处签名。必要时,可以出具补正书。对司法鉴定意见书进行补正,不得改变司法鉴定意见的原意。

四、司法鉴定人出庭作证

鉴定意见在认定事实和判断其他证据中发挥着重要作用,但是鉴定意见并不具有天然的证明力,不能由此推定鉴定意见的证明效力当然优于其他证据,甚至可以不经审查和法庭质证而直接采信。因此,鉴定人出庭作证,接受当事人和法庭质询,是对鉴定意见进行质证的正当程序和必要方式,也是保障鉴定意见真实性、证明力的重要形式。

经人民法院依法通知,司法鉴定人应当出庭作证,回答与鉴定事项有关的问题。人民法院通知鉴定人出庭一般通过鉴定机构来实现,司法鉴定机构接到出庭通知后,应当及时与人民法院确认司法鉴定人出庭的时间、地点、人数、费用、要求等。司法鉴定机构应当支持司法鉴定人出庭作证,为司法鉴定人依法出庭提供必要条件。在出庭的礼仪要求方面,司法鉴定人出庭作证,应当举止文明,遵守法庭纪律。

鉴定人出庭作证的费用主要规定于《民事证据规定》(2019 年)第 38 条和第 39 条。第一,对于鉴定人出庭费用的预交,对环境损害司法鉴定意见有异议并申请鉴定人出庭的当事人应当根据《诉讼费用交纳办法》第 11 条的规定,预交鉴定人出庭费用。有异议的当事人不预交鉴定人出庭费用的,视为放弃异议。双方当事人对鉴定意见均有异议的,分摊预交鉴定人出庭费用。人民法院委托鉴定时已经确定鉴定人出庭费用包含在鉴定费用中的,不再通知当事人预交。第二,对于鉴定人出庭费用的承担,一般情况下鉴定人出庭费用由败诉的当事人负担,按照证人出庭作证费用的标准计算;在鉴定失范,即因鉴定意见不明确或者有瑕疵需要鉴定人出庭的情况下,出庭费用由鉴定人自行负担。

第二节　水质及污水环境损害鉴定评估相关国家标准

一、水质及污水环境损害鉴定评估相关国家标准体系

我国的水质及污水环境损害鉴定评估相关国家标准体系由水环境质量标准、水污染物排放标准和其他相关标准组成。

首先是水环境质量标准。水环境质量标准总数较少，效力较高，包括《农田灌溉水质标准》《地表水环境质量标准》《海水水质标准》《渔业水质标准》四部国家标准（见表7-1）。其次是水污染物排放标准。水污染物排放标准数量较多，效力较高，主要是针对各工业行业的工业废水排放标准。此类环境标准直接约束产业发展，与我国第二产业的发展情况紧密关联，均为由生态环境保护主管部门和市场监督管理主管部门共同制定和发布的国家标准。最后是其他相关标准。其他相关标准包括技术标准制定技术指南（导则）、水体中pH或特定有机物的测定技术标准、水质及污水环境术语标准等，此类标准多起到辅助作用，多是由生态环境主管部门独立发布的行业标准。

表7-1　水环境质量标准

序号	发布部门	标准名称	标准编号	实施日期
1	生态环境部、国家市场监督管理总局	《农田灌溉水质标准》	GB 5084-2021	2021年7月1日
2	原国家环境保护总局、原国家质量监督检验检疫总局	《地表水环境质量标准》	GB 3838-2002	2002年6月1日
3	原国家环境保护局	《海水水质标准》	GB 3097-1997	1998年7月1日
4	原国家环境保护局	《渔业水质标准》	GB 11607-89	1990年3月1日

二、水环境质量标准

水环境质量标准主要规定在《地表水环境质量标准》（GB 3838-2002）中，该标准于2002年4月26日发布，2002年6月1日实施，代替《地面水环境质量标准》（GB 3838-88）、《地表水环境质量标准》（GHZB 1-1999）。该标准保持了原标准水域水

质按功能分类、宏观控制的原则，强化了集中式饮用水水源地水质保护内容；结合我国国情，吸收了美国等国家关于基准、标准的最新研究成果，协调了与相关专业水质标准的关系，在监测方法的选择上更加灵活。

（一）主要内容和适用范围

从主要内容上看，《地表水环境质量标准》按照地表水环境功能分类和保护目标，规定了水环境质量应控制的项目及限值，以及水质评价、水质项目的分析方法和标准的实施与监督。该标准将标准项目分为地表水环境质量标准基本项目、集中式生活饮用水地表水水源地补充项目和集中式生活饮用水地表水水源地特定项目。地表水环境质量标准基本项目适用于全国江河、湖泊、运河、渠道、水库等具有使用功能的地表水水域；集中式生活饮用水地表水水源地补充项目和特定项目适用于集中式生活饮用水地表水水源地一级保护区和二级保护区。集中式生活饮用水地表水水源地特定项目由县级以上人民政府生态环境主管部门根据本地区地表水水质特点和环境管理的需要进行选择，集中式生活饮用水地表水水源地补充项目和选择确定的特定项目作为基本项目的补充指标。该标准项目共计 109 项，其中地表水环境质量标准基本项目 24 项，集中式生活饮用水地表水水源地补充项目 5 项，集中式生活饮用水地表水水源地特定项目 80 项。

在适用范围上，该标准适用于中华人民共和国领域内江河、湖泊、运河、渠道、水库等具有使用功能的地表水水域。具有特定功能的水域，执行相应的专业用水水质标准。

（二）水域功能和标准分类与标准值

水域功能和标准的分类是为了满足水资源合理开发、利用、节约和保护的需求，根据水资源的自然条件和开发利用现状，按照全国水资源综合规划、水资源保护规划和经济社会发展要求，按其主导功能划定相应水域范围、执行相应水环境质量标准并进行分类保护和管理的制度。

1. 水域功能和标准分类

首先，依据地表水水域环境功能和保护目标，按功能高低依次划分为五类：Ⅰ类主要适用于源头水、国家自然保护区；Ⅱ类主要适用于集中式生活饮用水地表水水源地一级保护区、珍稀水生生物栖息地、鱼虾类产卵场、仔稚幼鱼的索饵场等；Ⅲ类主要适用于集中式生活饮用水地表水水源地二级保护区、鱼虾类越冬场、洄游通道、水产养殖区等渔业水域及游泳区；Ⅳ类主要适用于一般工业用水区及人体非直接接触的娱乐用水区；Ⅴ类主要适用于农业用水区及一般景观要求水域。

2. 地表水环境质量标准值

对应地表水上述五类水域功能，《地表水环境质量标准》将地表水环境质量标准基本项目标准值分为五类，不同功能类别分别执行相应类别的标准值。水域功能类别高的标准值严于水域功能类别低的标准值。同一水域兼有多类使用功能的，执行最高功能类别对应的标准值。实现水域功能与达功能类别标准为同一含义。

三、水污染物排放标准

水污染物排放标准是水资源优化配置、人民生活健康水平和国家环境管理水平的综合体现，其本质是控制点源污染物排放并达到保护水质的核心目标。水污染物排放标准的不断出台，是水污染物排放管理领域管理思路演变和发展的体现（水污染物排放标准详见表7－2）。我国目前形成了以综合排放标准为基础突出行业排放标准的结构体系，有行业型排放标准的优先执行，本部分将着重介绍一些具有典型性的行业排放标准。

表7－2 水污染物排放标准

序号	发布部门	标准名称	标准编号	实施日期
1	生态环境部、国家市场监督管理总局	《电子工业水污染物排放标准》	GB 39731－2020	2021年7月1日
2	原环境保护部、原国家质量监督检验检疫总局	《船舶水污染物排放控制标准》	GB 3552－2018	2018年7月1日
3	原环境保护部、原国家质量监督检验检疫总局	《石油炼制工业污染物排放标准》	GB 31570－2015	2015年7月1日
4	原环境保护部、原国家质量监督检验检疫总局	《再生铜、铝、铅、锌工业污染物排放标准》	GB 31574－2015	2015年7月1日
5	原环境保护部、原国家质量监督检验检疫总局	《合成树脂工业污染物排放标准》	GB 31572－2015	2015年7月1日
6	原环境保护部、原国家质量监督检验检疫总局	《无机化学工业污染物排放标准》	GB 31573－2015	2015年7月1日
7	原环境保护部、原国家质量监督检验检疫总局	《电池工业污染物排放标准》	GB 30484－2013	2014年3月1日
8	原环境保护部、原国家质量监督检验检疫总局	《制革及毛皮加工工业水污染物排放标准》	GB 30486－2013	2014年3月1日
9	原环境保护部、原国家质量监督检验检疫总局	《合成氨工业水污染物排放标准》	GB 13458－2013	2013年7月1日

续表

序号	发布部门	标准名称	标准编号	实施日期
10	原环境保护部、原国家质量监督检验检疫总局	《柠檬酸工业水污染物排放标准》	GB 19430－2013	2013 年 7月 1 日
11	原环境保护部、原国家质量监督检验检疫总局	《麻纺工业水污染物排放标准》	GB 28938－2012	2013 年 1月 1 日
12	原环境保护部、原国家质量监督检验检疫总局	《缫丝工业水污染物排放标准》	GB 28936－2012	2013 年 1月 1 日
13	原环境保护部、原国家质量监督检验检疫总局	《纺织染整工业水污染物排放标准》	GB 4287－2012	2013 年 1月 1 日
14	原环境保护部、原国家质量监督检验检疫总局	《炼焦化学工业污染物排放标准》	GB 16171－2012	2012 年 10月 1 日
15	原环境保护部、原国家质量监督检验检疫总局	《铁合金工业污染物排放标准》	GB 28666－2012	2012 年 10月 1 日
16	原环境保护部、原国家质量监督检验检疫总局	《钢铁工业水污染物排放标准》	GB 13456－2012	2012 年 10月 1 日
17	原环境保护部、原国家质量监督检验检疫总局	《铁矿采选工业污染物排放标准》	GB 28661－2012	2012 年 10月 1 日
18	原环境保护部、原国家质量监督检验检疫总局	《橡胶制品工业污染物排放标准》	GB 27632－2011	2012 年 1月 1 日
19	原环境保护部、原国家质量监督检验检疫总局	《发酵酒精和白酒工业水污染物排放标准》	GB 27631－2011	2012 年 1月 1 日
20	原环境保护部、原国家质量监督检验检疫总局	《汽车维修业水污染物排放标准》	GB 26877－2011	2012 年 1月 1 日
21	原环境保护部、原国家质量监督检验检疫总局	《弹药装药行业水污染物排放标准》	GB 14470.3－2011	2012 年 1月 1 日
22	原环境保护部、原国家质量监督检验检疫总局	《钒工业污染物排放标准》	GB 26452－2011	2011 年 10月 1 日
23	原环境保护部、原国家质量监督检验检疫总局	《磷肥工业水污染物排放标准》	GB 15580－2011	2011 年 10月 1 日

续表

序号	发布部门	标准名称	标准编号	实施日期
24	原环境保护部、原国家质量监督检验检疫总局	《稀土工业污染物排放标准》	GB 26451 – 2011	2011年10月1日
25	原环境保护部、原国家质量监督检验检疫总局	《硫酸工业污染物排放标准》	GB 26132 – 2010	2011年3月1日
26	原环境保护部、原国家质量监督检验检疫总局	《硝酸工业污染物排放标准》	GB 26131 – 2010	2011年3月1日
27	原环境保护部	《水质 显影剂及其氧化物总量的测定 碘 – 淀粉分光光度法(暂行)》	HJ 594 – 2010	2011年1月1日
28	原环境保护部、原国家质量监督检验检疫总局	《镁、钛工业污染物排放标准》	GB 25468 – 2010	2010年10月1日
29	原环境保护部、原国家质量监督检验检疫总局	《铜、镍、钴工业污染物排放标准》	GB 25467 – 2010	2010年10月1日
30	原环境保护部、原国家质量监督检验检疫总局	《铅、锌工业污染物排放标准》	GB 25466 – 2010	2010年10月1日
31	原环境保护部、原国家质量监督检验检疫总局	《铝工业污染物排放标准》	GB 25465 – 2010	2010年10月1日
32	原环境保护部、原国家质量监督检验检疫总局	《陶瓷工业污染物排放标准》	GB 25464 – 2010	2010年10月1日
33	原环境保护部、原国家质量监督检验检疫总局	《油墨工业水污染物排放标准》	GB 25463 – 2010	2010年10月1日
34	原环境保护部、原国家质量监督检验检疫总局	《酵母工业水污染物排放标准》	GB 25462 – 2010	2010年10月1日
35	原环境保护部、原国家质量监督检验检疫总局	《淀粉工业水污染物排放标准》	GB 25461 – 2010	2010年10月1日
36	原环境保护部、原国家质量监督检验检疫总局	《制糖工业水污染物排放标准》	GB 21909 – 2008	2008年8月1日
37	原环境保护部、原国家质量监督检验检疫总局	《混装制剂类制药工业水污染物排放标准》	GB 21908 – 2008	2008年8月1日

续表

序号	发布部门	标准名称	标准编号	实施日期
38	原环境保护部、原国家质量监督检验检疫总局	《中药类制药工业水污染物排放标准》	GB 21906 – 2008	2008 年 8 月 1 日
39	原环境保护部、原国家质量监督检验检疫总局	《提取类制药工业水污染物排放标准》	GB 21905 – 2008	2008 年 8 月 1 日
40	原环境保护部、原国家质量监督检验检疫总局	《化学合成类制药工业水污染物排放标准》	GB 21904 – 2008	2008 年 8 月 1 日
41	原环境保护部、原国家质量监督检验检疫总局	《发酵类制药工业水污染物排放标准》	GB 21903 – 2008	2008 年 8 月 1 日
42	原环境保护部、原国家质量监督检验检疫总局	《合成革与人造革工业污染物排放标准》	GB 21902 – 2008	2008 年 8 月 1 日
43	原环境保护部、原国家质量监督检验检疫总局	《电镀污染物排放标准》	GB 21900 – 2008	2008 年 8 月 1 日
44	原环境保护部、原国家质量监督检验检疫总局	《羽绒工业水污染物排放标准》	GB 21901 – 2008	2008 年 8 月 1 日
45	原环境保护部、原国家质量监督检验检疫总局	《杂环类农药工业水污染物排放标准》	GB 21523 – 2008	2008 年 8 月 1 日
46	原环境保护部、原国家质量监督检验检疫总局	《制浆造纸工业水污染物排放标准》	GB 3544 – 2008	2008 年 8 月 1 日
47	原国家环境保护总局、原国家质量监督检验检疫总局	《皂素工业水污染物排放标准》	GB 20425 – 2006	2007 年 1 月 1 日
48	原国家环境保护总局、原国家质量监督检验检疫总局	《煤炭工业污染物排放标准》	GB 20426 – 2006	2006 年 10 月 1 日
49	原国家环境保护总局、原国家质量监督检验检疫总局	《医疗机构水污染物排放标准》	GB 18466 – 2005	2006 年 1 月 1 日
50	原国家环境保护总局、原国家质量监督检验检疫总局	《啤酒工业污染物排放标准》	GB 19821 – 2005	2006 年 1 月 1 日
51	原国家环境保护总局、原国家质量监督检验检疫总局	《味精工业污染物排放标准》	GB 19431 – 2004	2004 年 4 月 1 日

续表

序号	发布部门	标准名称	标准编号	实施日期
52	原国家环境保护总局、原国家质量监督检验检疫总局	《兵器工业水污染物排放标准 火炸药》	GB 14470.1 - 2002	2003 年7月1日
53	原国家环境保护总局、原国家质量监督检验检疫总局	《兵器工业水污染物排放标准 火工药剂》	GB 14470.2 - 2002	2003 年7月1日
54	原国家环境保护总局、原国家质量监督检验检疫总局	《城镇污水处理厂污染物排放标准》	GB 18918 - 2002	2003 年7月1日
55	原国家环境保护总局、原国家质量监督检验检疫总局	《畜禽养殖业污染物排放标准》	GB 18596 - 2001	2003 年1月1日
56	原国家环境保护总局、原国家质量监督检验检疫总局	《污水海洋处置工程污染控制标准》	GB 18486 - 2001	2002 年1月1日
57	原国家环境保护局	《污水综合排放标准》	GB 8978 - 1996	1998 年1月1日
58	原国家环境保护局、原国家技术监督局	《航天推进剂水污染物排放与分析方法标准》	GB 14374 - 93	1993 年12月1日
59	原国家环境保护局、原国家质量监督检验检疫总局	《肉类加工工业水污染物排放标准》	GB 13457 - 92	1992 年7月1日
60	原国家环境保护局	《海洋石油开发工业含油污水排放标准》	GB 4914 - 85	1985 年8月1日

（一）电子工业水污染物排放标准

《电子工业水污染物排放标准》（GB 39731 - 2020）是电子工业水污染物排放控制的基本要求，该标准于2021年7月1日实施。该标准的实施，在削减污染物排放量方面起到了积极的促进作用，具有良好环境效益，有效减少了半导体行业对环境的影响。

1. 主要内容和适用范围

《电子工业水污染物排放标准》规定了电子工业企业、生产设施或研制线的水污染物排放控制要求、检测要求和监督管理要求。电子工业污水集中处理设施的水污染物排放管理也适用该标准。

该标准是电子工业水污染物排放控制的基本要求。省级人民政府对该标准未做规定的项目，可以制定地方污染物排放标准；对该标准已做规定的项目，可以制定严于该标准的地方污染物排放标准。

2. 术语

《电子工业水污染物排放标准》规定了适用于该标准的术语：电子工业、电子专用材料、电子元件、印制电路板、半导体器件、显示器件、光电子器件、电子终端产品、现有企业、新建企业、直接排放、间接排放、污水集中处理设施、电子工业污水集中处理设施、排水量、单位产品基准排水量、稀释倍数、最低无效应稀释倍数等。

（二）石油炼制工业污染物排放标准

《石油炼制工业污染物排放标准》（GB 31570－2015）是石油炼制工业水污染物和大气污染物排放控制的基本要求，该标准于2015年7月1日实施。该标准的实施，促进了石油炼制工业的技术进步和可持续发展。

1. 主要内容和适用范围

《石油炼制工业污染物排放标准》规定了石油炼制工业企业及其生产设施的水污染物和大气污染物排放限值、监测和监督管理要求。

该标准适用于现有石油炼制工业企业或生产设施的水污染物和大气污染物排放管理，以及石油炼制工业建设项目的环境影响评价、环境保护设施设计、竣工环境保护验收及其投产后的水污染物和大气污染物排放管理。

2. 术语

《石油炼制工业污染物排放标准》规定了适用于该标准的术语：石油炼制工业、石油炼制工业废水、工艺废水、污染雨水、含碱废水、含硫含氨酸性水、含苯系物废水、废水集输系统、排水量、加工单位原（料）油排水量、公共污水处理系统、直接排放、间接排放、挥发性有机物、非甲烷总烃、挥发性有机液体、真实蒸气压、泄漏检测值、工艺加热炉、催化裂化再生烟气、酸性气回收装置、空气氧化反应器、非正常工况、排气筒高度、标准状态、现有企业、新建企业、企业边界等。

（三）再生铜、铝、铅、锌工业污染物排放标准

《再生铜、铝、铅、锌工业污染物排放标准》是再生有色金属（铜、铝、铅、锌）工业污染物排放控制的基本要求，该标准于2015年7月1日实施。该标准的实施，促进了再生有色金属（铜、铝、铅、锌）工业生产工艺和污染治理技术的进步。

1. 主要内容和适用范围

《再生铜、铝、铅、锌工业污染物排放标准》规定了再生有色金属（铜、铝、铅、锌）工业企业水污染物和大气污染物排放限值、监测和监控要求，以及标准的实施与监督等相关规定。

该标准适用于再生有色金属（铜、铝、铅、锌）工业企业的水污染物和大气污染物排放管理，以及再生有色金属（铜、铝、铅、锌）工业企业建设项目的环境影响评

价、环境保护设施设计、竣工环境保护验收及其投产后的水污染物和大气污染物排放管理。

2. 术语

《再生铜、铝、铅、锌工业污染物排放标准》规定了适用于该标准的术语：再生有色金属工业、再生铜工业、再生铝工业、再生铅工业、再生锌工业、特征生产工艺和装置、现有企业、新建企业、公共污水处理系统、直接排放、间接排放、排水量、单位产品基准排水量、二噁英类、毒性当量因子、毒性当量、标准状态、排气量、单位产品基准排气量、企业边界等。

(四)电池工业污染物排放标准

《电池工业污染物排放标准》(GB 30484 - 2013)是电池工业污染物排放控制的基本要求，该标准于2014年3月1日起实施。该标准的实施，促进了电池工业生产工艺和污染治理技术的进步。

1. 主要内容和适用范围

《电池工业污染物排放标准》规定了电池[包括锌锰电池(糊式电池、纸板电池、叠层电池、碱性锌锰电池)锌空气电池、锌银电池、铅蓄电池、镉镍电池、氢镍电池、锂离子电池、锂电池、太阳电池]工业企业水污染物和大气污染物排放限值、监测和监控要求，以及标准的实施与监督等相关规定。

该标准适用于电池工业企业或生产设施的水污染物和大气污染物排放管理，以及电池工业企业建设项目的环境影响评价、环境保护设施设计、竣工环境保护验收及其投产后的水污染物和大气污染物排放管理。

该标准适用于法律允许的污染物排放行为。新设立污染源的选址和特殊保护区域内现有污染源的管理，按照《大气污染防治法》《水污染防治法》《海洋环境保护法》《固体废物污染环境防治法》《环境影响评价法》等法律、法规、规章的相关规定执行。

该标准规定的水污染物排放控制要求适用于企业直接或间接向其法定边界外排放水污染物的行为。

2. 术语

《电池工业污染物排放标准》规定了适用于该标准的术语：电池工业、糊式电池、碱性锌锰电池、纸板电池、锌空气电池、锌银电池、扣式电池、铅蓄电池、镉镍电池、氢镍电池、锂电池、锂离子电池、太阳电池、硅太阳电池、非晶硅太阳电池、现有企业、新建企业、排水量、单位产品基准排水量、排气筒高度、标准状态、企业边界、公共污水处理系统、直接排放、间接排放等。

(五)制革及毛皮加工工业水污染物排放标准

《制革及毛皮加工工业水污染物排放标准》(GB 30486 - 2013)是制革工业水污

染物排放控制的基本要求,该标准于2014年3月1日实施。该标准的实施,促进了制革及皮毛加工企业生产工艺和污染治理技术的进步。

1.主要内容和适用范围

《制革及毛皮加工工业水污染物排放标准》规定了制革及毛皮加工企业水污染物排放限值、监测和监控要求,以及标准的实施与监督等相关规定。

该标准适用于现有制革及毛皮加工企业的水污染物排放管理,对制革及毛皮加工企业建设项目的环境影响评价、环境保护设施设计、竣工环境保护验收及其投产后的水污染物排放管理,法律允许的水污染物排放行为;新设立污染源的选址和特殊保护区域内现有污染源的管理,按照《水污染防治法》《海洋环境保护法》《环境影响评价法》等法律、法规、规章的相关规定执行。

该标准规定的水污染物排放控制要求适用于企业直接或间接向其法定边界外排放水污染物的行为。

2.术语

《制革及毛皮加工工业水污染物排放标准》规定了适用于该标准的术语:原料皮、制革、毛皮加工、制革企业、毛皮加工企业、现有企业、新建企业、排水量、单位产品基准排水量、公共污水处理系统、直接排放、间接排放等。

(六)纺织染整工业水污染物排放标准

1.主要内容和适用范围

《纺织染整工业水污染物排放标准》规定了纺织染整工业企业或生产设施水污染物排放限值、监测和监控要求,以及标准的实施与监督等相关规定。

该标准适用于现有纺织染整工业企业或生产设施的水污染物排放管理,对纺织染整工业企业建设项目的环境影响评价、环境保护设施设计、竣工环境保护验收及其投产后的水污染物排放管理。

该标准适用于法律允许的污染物排放行为。新设立污染源的选址和特殊保护区域内现有污染源的管理,按照《水污染防治法》《海洋环境保护法》《环境影响评价法》等法律、法规、规章的相关规定执行。

该标准不适用于洗毛、麻脱胶、煮茧和化纤等纺织用原料的生产工艺水污染物排放管理。

该标准规定的水污染物排放控制要求适用于企业直接或间接向其法定边界外排放水污染物的行为。

2.术语

《纺织染整工业水污染物排放标准》规定了适用于该标准的术语:纺织染整、标准品、现有企业、新建企业、排水量、单位产品基准排水量、直接排放、间接排放、公共污水处理系统等。

（七）钢铁工业水污染物排放标准

1. 主要内容和适用范围

《钢铁工业水污染物排放标准》（GB 13456－2012）规定了钢铁生产企业或生产设施水污染物排放限值、监测和监控要求，以及标准的实施与监督等相关规定。

该标准适用于现有钢铁生产企业或生产设施的水污染物排放管理，对钢铁工业建设项目的环境影响评价、环境保护设施设计、竣工环境保护验收及其投产后的水污染物排放管理。

该标准不适用于钢铁生产企业中铁矿采选废水、焦化废水和铁合金废水的排放管理。

该标准规定的水污染物排放控制要求适用于企业直接或间接向其法定边界外排放水污染物的行为。

2. 术语

《钢铁工业水污染物排放标准》规定了适用于该标准的术语：钢铁联合企业、钢铁非联合企业、烧结、炼铁、炼钢、轧钢、现有企业、新建企业、直接排放、间接排放、公共污水处理系统、排水量、单位产品基准排水量等。

（八）铝工业污染物排放标准

1. 主要内容和适用范围

《铝工业污染物排放标准》规定了铝工业企业水污染物和大气污染物排放限值、监测和监控要求，以及标准的实施与监督等相关规定。

该标准适用于铝工业企业的水污染物和大气污染物排放管理，以及对铝工业企业建设项目的环境影响评价、环境保护设施设计、竣工环境保护验收及其投产后的水污染物和大气污染物排放管理。

该标准不适用于再生铝和铝材压延加工企业（或生产系统），也不适用于附属于铝工业企业的非特征生产工艺和装置。

该标准适用于法律允许的污染物排放行为。新设立污染源的选址和特殊保护区域内现有污染源的管理，按照《大气污染防治法》《水污染防治法》《海洋环境保护法》《固体废物污染环境防治法》《环境影响评价法》等法律、法规、规章的相关规定执行。

该标准规定的水污染物排放控制要求适用于企业直接或间接向其法定边界外排放水污染物的行为。

2. 术语

《铝工业污染物排放标准》规定了适用于该标准的术语：铝工业企业、现有企业、新建企业、排水量、单位产品基准排水量、排气筒高度、标准状态、企业边界、公共污水处理系统、直接排放、间接排放等。

(九)制浆造纸工业水污染物排放标准

1. 主要内容和适用范围

《制浆造纸工业水污染物排放标准》规定了制浆造纸企业或生产设施水污染物排放限值,适用于现有制浆造纸企业或生产设施的水污染物排放管理,对制浆造纸工业建设项目的环境影响评价、环境保护设施设计、竣工环境保护验收及其投产后的水污染物排放管理。

该标准适用于法律允许的污染物排放行为,规定的水污染物排放控制要求适用于企业向环境水体的排放行为。

2. 术语

《制浆造纸工业水污染物排放标准》规定了适用于该标准的术语:制浆造纸企业、现有企业、新建企业、制浆企业、造纸企业、制浆和造纸联合生产企业、废纸制浆和造纸企业、排水量、单位产品基准排水量等。

(十)医疗机构水污染物排放标准

《医疗机构水污染物排放标准》(GB 18466 - 2005)规定了医疗机构污水及污水处理站产生的废气和污泥的污染物控制项目及其排放和控制限值、处理工艺与消毒要求、取样与监测和标准的实施与监督等。该标准在实施之日起代替了《污水综合排放标准》(GB 8978 - 1996)中有关医疗机构水污染物排放标准部分,并取代了《医疗机构污水排放要求》(GB 18466 - 2001)。

1. 主要内容与适用范围

从主要内容和适用范围上看,《医疗机构水污染物排放标准》适用于医疗机构污水、污水处理站产生污泥及废气排放的控制,医疗机构建设项目的环境影响评价、环境保护设施设计、竣工验收及验收后的排放管理。当医疗机构的办公区、非医疗生活区等污水与病区污水合流收集时,其综合污水排放均执行该标准。建有分流污水收集系统的医疗机构,其非病区生活区污水排放执行《污水综合排放标准》(GB 8978 - 1996)的相关规定。

2. 术语定义和技术内容

《医疗机构水污染物排放标准》规定了医疗机构、医疗机构污水、污泥、废气等适用于该标准的术语及定义。

在技术内容上,其对污水排放要求、废气排放要求、污泥控制与处置等方面进行了详细的规定。

（十一）污水海洋处置工程污染控制标准

1. 主要内容和适用范围

在主要内容上，《污水海洋处置工程污染控制标准》(GB 18486－2001)规定了污水海洋处置工程主要水污染物排放浓度限值、初始稀释度、混合区范围及其他一般规定。

在适用范围方面，该标准适用于利用放流管和水下扩散器向海域或向排放点含盐度大于5%的年概率大于10%的河口水域排放污水(不包括温排水)的一切污水海洋处置工程。

2. 术语定义和技术内容

《污水海洋处置工程污染控制标准》规定了污水扩散器、放流管、污水海洋处置、初始稀释度、混合区、污染物日允许排放量等适用于该标准的术语及定义。

技术内容分为标准值、初始稀释度的规定、混合区规定以及一般规定。在标准值方面，进入放流管的水污染物浓度日均值必须满足“污水海洋处置工程主要水污染物排放浓度限值”所规定的标准值。在初始稀释度的规定方面，污水海洋处置排放点的选取和放流系统的涉及应使其初始稀释度在一年90%的时间保证率下满足表7－3规定的初始稀释度要求。

表7－3 90%时间保证率下初始稀释度要求①

排放水域	水质类别	初始稀释度≥
海域	第三类	45
	第四类	35
按地面水分类的河口水域	Ⅲ	50
	Ⅳ	40
	Ⅴ	30

注：对经特批在第二类海域划出一定范围设污水海洋处置排放点的情形，按90%保证率下初始稀释度应≥55。

（十二）污水综合排放标准

在主要内容方面，《污水综合排放标准》(GB 8978－1996)按照污水排放去向，分年限规定了69种水污染物最高允许排放浓度及部分行业最高允许排水量。

从适用范围上看，该标准适用于现有单位水污染物的排放管理，以及建设项目的环境影响评价、建设项目环境保护设施设计、竣工验收及其投产后的排放管理。

① 参见《污水海洋处置工程污染控制标准》(GB 18486－2001)，第3页。

（十三）肉类加工工业水污染物排放标准

《肉类加工工业水污染物排放标准》（GB 13457－92）适用于肉类加工工业的企业排放管理，以及建设项目的环境影响评价、设计、竣工验收及其投产后的排放管理。

1. 相关术语及主要内容

《肉类加工工业水污染物排放标准》对活屠重、原料肉等专业术语进行规定与解释。该标准按照污水排放去向，分年限规定了肉类加工企业水污染物最高允许排放浓度及排水量等指标。按肉类加工企业的加工类别分为畜类屠宰加工、肉制品加工、禽类屠宰加工。该标准按排入水域的类别划分标准级别，并按照不同年限分别规定了肉类加工企业的排水量和水污染物最高允许排放浓度等指标。

2. 监测方法

监测时首先选取采样点，采样点应在肉类加工企业的废水排放口，排放口应设置废水水量计量装置和设立永久性标志。按生产周期确定监测频率，生产周期在 8 小时以内的，每 2 小时采样一次；生产周期大于 8 小时的，每 4 小时采样一次。排水量只计直接生产排水，不包括间接冷却水、厂区生活排水及场内锅炉、电站排水，若不符合以上条件，应改建排放口；排放量按月均值计算。企业原材料使用量、产品产量等，以法定月报表和年报表为准。该标准采用的测定方法按照表 7－4 执行。

表 7－4　肉类加工工业水污染物排放测定方法①

序号	项目	方法	方法来源
1	pH	玻璃电极	GB 6920
2	悬浮物	重量法	GB 11901
3	五日生化需氧量（BOD_5）	稀释与接种法	GB 7488
4	化学需氧量（COD_{Cr}）	重铬酸钾法	GB 11914
5	动植物油	重量法	（1）
6	氨氮	蒸馏中滴定法 纳氏试剂比色法 水杨酸分光光度法	GB 7478 GB 7479 GB 7481
7	大肠菌群数	发酵法	GB 5750

（十四）海洋石油开发工业含油污水排放标准

《海洋石油开发工业含油污水排放标准》为贯彻执行《海洋环境保护法》，防止海洋石油开发工业含油污水对海洋环境的污染而制定。在适用范围上，该标准适用于

① 参见《肉类加工工业水污染物排放标准》（GB13457－92），第 4 页。

在中华人民共和国管辖内的一切海域从事海洋石油开发的一切企业、事业单位、作业者(操作者)和个人。

四、水质及污水环境损害鉴定评估其他相关标准

其他相关标准大多是由生态环境部独立发布的各类行业标准(见表7-5)。本部分主要分析流域水污染物排放标准、人体健康水质基准制定技术指南、集中式饮用水水源地环境保护状况评估技术规范等标准。

表7-5 水质及污水环境损害鉴定评估其他相关标准

序号	发布部门	标准名称	标准编号	实施日期
1	生态环境部	《水质 pH值的测定 电极法》	HJ 1147-2020	2021年6月1日
2	生态环境部	《流域水污染物排放标准制订技术导则》	HJ 945.3-2020	2020年7月1日
3	生态环境部	《水中氚的分析方法》	HJ 1126-2020	2020年4月30日
4	生态环境部	《水质 致突变性的鉴别 蚕豆根尖微核试验法》	HJ 1016-2019	2019年9月1日
5	生态环境部	《水质 磺酰脲类农药的测定 高效液相色谱法》	HJ 1018-2019	2019年9月1日
6	生态环境部	《水质 联苯胺的测定 高效液相色谱法》	HJ 1017-2019	2019年9月1日
7	原环境保护部	《中国地表水环境水体代码编码规则》	HJ 932-2017	2018年3月1日
8	原环境保护部	《水质 灭多威和灭多威肟的测定 液相色谱法》	HJ 851-2017	2017年11月1日
9	原环境保护部	《水质 硝磺草酮的测定 液相色谱法》	HJ 850-2017	2017年11月1日
10	原环境保护部	《水质 乙撑硫脲的测定 液相色谱法》	HJ 849-2017	2017年11月1日
11	原环境保护部	《人体健康水质基准制定技术指南》	HJ 837-2017	2017年9月1日
12	原环境保护部	《湖泊营养物基准制定技术指南》	HJ 838-2017	2017年9月1日

续表

序号	发布部门	标准名称	标准编号	实施日期
13	生态环境部	《淡水生物水质基准推导 技术指南》	HJ 831－2022	2022年3月10日
14	原环境保护部	《排污单位自行监测技术指南 火力发电及锅炉》	HJ 820－2017	2017年6月1日
15	原环境保护部	《排污单位自行监测技术指南 造纸工业》	HJ 821－2017	2017年6月1日
16	原环境保护部	《排污单位自行监测技术指南 总则》	HJ 819－2017	2017年6月1日
17	原环境保护部	《集中式饮用水水源地环境保护状况评估技术规范》	HJ 774－2015	2016年3月1日
18	原环境保护部	《集中式饮用水水源地规范化建设环境保护技术要求》	HJ 773－2015	2016年3月1日
19	原环境保护部	《集中式饮用水水源编码规范》	HJ 747－2015	2015年7月1日
20	原环境保护部	《染料工业废水治理工程技术规范》	HJ 2036－2013	2013年12月1日
21	生态环境部	《六价铬水质自动在线监测仪技术要求及检测方法》	HJ 609－2019	2020年3月24日
22	原环境保护部	《饮用水水源保护区标志技术要求》	HJ/T 433－2008	2008年6月1日
23	原国家环境保护总局	《紫外(UV)吸收水质自动在线监测仪技术要求》	HJ/T 191－2005	2005年11月1日
24	原国家环境保护总局	《pH水质自动分析仪技术要求》	HJ/T 96－2003	2003年7月1日
25	原国家环境保护总局	《电导率水质自动分析仪技术要求》	HJ/T 97－2003	2003年7月1日
26	原国家环境保护总局	《浊度水质自动分析仪技术要求》	HJ/T 98－2003	2003年7月1日
27	原国家环境保护总局	《溶解氧(DO)水质自动分析仪技术要求》	HJ/T 99－2003	2003年7月1日

续表

序号	发布部门	标准名称	标准编号	实施日期
28	原国家环境保护总局	《高锰酸盐指数水质自动分析仪技术要求》	HJ/T 100－2003	2003 年 7 月 1 日
29	原国家环境保护总局	《总有机碳(TOC)水质自动分析仪技术要求》	HJ/T 104－2003	2003 年 7 月 1 日
30	原国家环境保护总局	《氨氮水质自动分析仪技术要求》	HJ/T 101－2003	2003 年 7 月 1 日
31	原国家环境保护总局	《总氮水质自动分析仪技术要求》	HJ/T 102－2003	2003 年 7 月 1 日
32	原国家环境保护总局	《总磷水质自动分析仪技术要求》	HJ/T 103－2003	2003 年 7 月 1 日
33	原国家环境保护总局	近岸海域环境功能区划分技术规范	HJ/T 82－2001	2002 年 4 月 1 日

(一)流域水污染物排放标准

1. 主要内容

流域水污染物排放标准主要规定在《流域水污染物排放标准制订技术导则》(HJ 945.3－2020)中。从内容上看,该标准规定了制定地方流域水污染物排放标准的基本原则和技术路线、主要技术内容的确定、标准实施的成本效益分析,以及标准文本结构与标准编制说明主要内容等要求。

2. 基本原则及技术路线

在基本原则方面,《流域水污染物排放标准制订技术导则》坚持生态安全优先性原则、技术经济可行性原则、分区分类差别化原则、限值推导科学性原则、综合施策系统性原则。

从技术路线上看,流域水污染物排放标准制(修)订的主要技术工作内容包括流域调查、区域分析与环境特征污染物识别、污染源调查与排放特征污染物识别、基于水环境质量改善目标的排放限值分析、排放限值的技术经济论证与实施方案设计、标准实施的环境效益与减排增容需求分析、标准文本和编制说明编写等。

(二)人体健康水质基准

1. 主要内容和适用范围

《人体健康水质基准制定技术指南》(HJ 837－2017)主要规定了人体健康水质基准的制定程序、方法与技术要求。该标准适用于我国地表水和可提供水产品的淡水水域中污染物质长期慢性健康效应人体健康水质基准制定,不适用于娱乐用水人体健康水质基准的制定以及微生物和物理因素人体健康水质基准的制定。

2. 水基准的制定程序

水基准的制定程序主要包括4个步骤,首先进行数据的收集和评价,其次确定本土参数,再次是基准的推导,最后是水质基准的审核,具体的制定程序如下:第一步是进行数据的收集,数据的收集内容包括剂量—效应数据、暴露参数、生物累积数据、水生态环境数据与污染物质理化数据。第二步需要进行数据评价检测是否满足数据评价标准,如果不满足标准,需要进行实验数据的补充;如果满足标准,则进行各参数的确定(暴露参数、BAF、非致癌和致癌效应参数、RSC 等)。第三步是进行基准值的推导(消费水产品;饮水和消费水产品)。第四步是进行基准值的审核。

(三)集中式饮用水水源地环境保护状况

《集中式饮用水水源地环境保护状况评估技术规范》规定了集中式饮用水水源地环境保护状况评估技术方法,推动饮用水水源地规范化建设和环境管理水平不断提高,保证水源水质安全。

从适用范围上看,该标准规定了集中式饮用水水源水量与水质、水源地环境管理状况及变化趋势评估的技术方法。该标准适用于单个集中式饮用水水源地环境保护状况和行政区域(如城市、城镇或乡镇等)多个集中式饮用水水源地环境保护总体状况的评估。

第三节 土壤环境损害鉴定评估相关国家标准

一、土壤环境损害鉴定评估相关国家标准体系

我国的土壤环境保护生态环境标准多由生态环境部(原环境保护部)发布,但在起草、制定时部分土壤环境标准可能由生态环境部会同其他业务部门共同制定,以保证环境标准的科学可靠性。按照生态环境部对环境标准的分类,我国关于土壤要素的现行国家标准和行业标准共计52项,另有各地生态环境主管部门制定的地方标准若干,因地方标准难以穷尽,本书的研究对象是52项国家标准和行业标准(见表7-6)。

表7-6 土壤环境保护标准

序号	发布部门	标准名称	标准编号	实施日期
1	生态环境部	《区域性土壤环境背景含量统计技术导则(试行)》	HJ 1185-2021	2021年8月1日
2	生态环境部	《建设用地土壤污染状况调查技术导则》	HJ 25.1-2019	2019年12月5日
3	生态环境部	《建设用地土壤污染风险管控和修复监测技术导则》	HJ 25.2-2019	2019年12月5日
4	生态环境部	《建设用地土壤污染风险评估技术导则》	HJ 25.3-2019	2019年12月5日
5	生态环境部	《建设用地土壤修复技术导则》	HJ 25.4-2019	2019年12月5日
6	生态环境部	《建设用地土壤污染风险管控和修复术语》	HJ 682-2019	2019年12月5日
7	生态环境部	《污染地块地下水修复和风险管控技术导则》	HJ 25.6-2019	2019年6月18日
8	生态环境部	《污染地块风险管控与土壤修复效果评估技术导则(试行)》	HJ 25.5-2018	2018年12月29日
9	生态环境部、国家市场监督管理总局	《土壤环境质量 农用地土壤污染风险管控标准(试行)》	GB 15618-2018	2018年8月1日
10	生态环境部、国家市场监督管理总局	《土壤环境质量 建设用地土壤污染风险管控标准(试行)》	GB 36600-2018	2018年8月1日
11	原环境保护部	《土壤 水溶性氟化物和总氟化物的测定 离子选择电极法》	HJ 873-2017	2018年1月1日
12	原环境保护部	《土壤和沉积物 多环芳烃的测定 高效液相色谱法》	HJ 784-2016	2016年3月1日
13	原环境保护部	《土壤和沉积物 有机物的提取 加压流体萃取法》	HJ 783-2016	2016年3月1日
14	原环境保护部	《土壤和沉积物 多氯联苯的测定 气相色谱-质谱法》	HJ 743-2015	2015年7月1日

续表

序号	发布部门	标准名称	标准编号	实施日期
15	原环境保护部	《土壤和沉积物 挥发性芳香烃的测定 顶空/气相色谱法》	HJ 742－2015	2015年7月1日
16	原环境保护部	《土壤和沉积物 挥发性有机物的测定 顶空/气相色谱法》	HJ 741－2015	2015年7月1日
17	原环境保护部	《土壤 氧化还原电位的测定 电位法》	HJ 746－2015	2015年7月1日
18	原环境保护部	《土壤 氰化物和总氰化物的测定 分光光度法》	HJ 745－2015	2015年7月1日
19	原环境保护部	《土壤和沉积物 铍的测定 石墨炉原子吸收分光光度法》	HJ 737－2015	2015年4月1日
20	原环境保护部	《土壤和沉积物 挥发性卤代烃的测定 顶空/气相色谱－质谱法》	HJ 736－2015	2015年4月1日
21	原环境保护部	《土壤和沉积物 挥发性卤代烃的测定 吹扫捕集/气相色谱－质谱法》	HJ 735－2015	2015年4月1日
22	原环境保护部	《土壤质量 全氮的测定 凯氏法》	HJ 717－2014	2015年1月1日
23	原环境保护部	《土壤 有效磷的测定 碳酸氢钠浸提－钼锑抗分光光度法》	HJ 704－2014	2014年12月1日
24	原环境保护部	《土壤和沉积物 酚类化合物的测定 气相色谱法》	HJ 703－2014	2014年12月1日
25	原环境保护部	《土壤 有机碳的测定 燃烧氧化－非分散红外法》	HJ 695－2014	2014年7月1日
26	原环境保护部	《土壤和沉积物 汞、砷、硒、铋、锑的测定 微波消解/原子荧光法》	HJ 680－2013	2014年2月1日
27	原环境保护部	《土壤和沉积物 丙烯醛、丙烯腈、乙腈的测定 顶空－气相色谱法》	HJ 679－2013	2014年2月1日

续表

序号	发布部门	标准名称	标准编号	实施日期
28	原环境保护部	《土壤、沉积物 二噁英类的测定 同位素稀释/高分辨气相色谱-低分辨质谱法》	HJ 650-2013	2013年9月1日
29	原环境保护部	《土壤 可交换酸度的测定 氯化钾提取-滴定法》	HJ 649-2013	2013年9月1日
30	原环境保护部	《土壤 有机碳的测定 燃烧氧化-滴定法》	HJ 658-2013	2013年9月1日
31	原环境保护部	《土壤和沉积物 挥发性有机物的测定 顶空/气相色谱-质谱法》	HJ 642-2013	2013年7月1日
32	原环境保护部	《土壤 水溶性和酸溶性硫酸盐的测定 重量法》	HJ 635-2012	2012年6月1日
33	原环境保护部	《土壤 氨氮、亚硝酸盐氮、硝酸盐氮的测定 氯化钾溶液提取-分光光度法》	HJ 634-2012	2012年6月1日
34	原环境保护部	《土壤 总磷的测定 碱熔-钼锑抗分光光度法》	HJ 632-2011	2012年3月1日
35	原环境保护部	《土壤 可交换酸度的测定 氯化钡提取-滴定法》	HJ 631-2011	2012年3月1日
36	原环境保护部	《土壤 有机碳的测定 重铬酸钾氧化-分光光度法》	HJ 615-2011	2011年10月1日
37	原环境保护部	《土壤 毒鼠强的测定 气相色谱法》	HJ 614-2011	2011年10月1日
38	原环境保护部	《土壤 干物质和水分的测定 重量法》	HJ 613-2011	2011年10月1日
39	原环境保护部	《土壤和沉积物 挥发性有机物的测定 吹扫捕集/气相色谱-质谱法》	HJ 605-2011	2011年6月1日
40	原环境保护部	《土壤 总铬的测定 火焰原子吸收分光光度法》	HJ 491-2009	2009年11月1日

续表

序号	发布部门	标准名称	标准编号	实施日期
41	原环境保护部	《土壤和沉积物 二噁英类的测定 同位素稀释高分辨气相色谱－高分辨质谱法》	HJ 77.4－2008	2009年4月1日
42	原国家环境保护总局	《温室蔬菜产地环境质量评价标准》	HJ/T 333－2006	2007年2月1日
43	原国家环境保护总局	《食用农产品产地环境质量评价标准》	HJ/T 332－2006	2007年2月1日
44	原国家环境保护总局	《土壤环境监测技术规范》	HJ/T 166－2004	2004年12月9日
45	原国家环境保护总局	《拟开放场址土壤中剩余放射性可接受水平规定(暂行)》	HJ 53－2000	2000年12月1日
46	原国家环境保护局、原国家技术监督局	《土壤质量 总砷的测定 硼氢化钾－硝酸银分光光度法》	GB/T 17135－1997	1998年5月1日
47	原国家环境保护局、原国家技术监督局	《土壤质量 铅、镉的测定 KI-MIBK萃取火焰原子吸收分光光度法》	GB/T 17140－1997	1998年5月1日
48	原国家环境保护局、原国家技术监督局	《土壤质量 总汞的测定 冷原子吸收分光光度法》	GB/T 17136－1997	1998年5月1日
49	原国家环境保护局、原国家技术监督局	《土壤质量 镍的测定 火焰原子吸收分光光度法》	GB/T 17139－1997	1998年5月1日
50	原国家环境保护局、原国家技术监督局	《土壤质量 铜、锌的测定 火焰原子吸收分光光度法》	GB/T 17138－1997	1998年5月1日
51	原国家环境保护局、原国家技术监督局	《土壤质量 铅、镉的测定 石墨炉原子吸收分光光度法》	GB/T 17141－1997	1998年5月1日
52	原国家环境保护局、原国家技术监督局	《土壤质量 总砷的测定 二乙基二硫代氨基甲酸银分光光度法》	GB/T 17134－1997	1998年5月1日

按照文件发布的主体区分,可将这些文件分为三类。第一类是20世纪末由原环境保护部和原国家技术监督局联合发布的7项国家标准。在这一阶段,我国土壤环境标准制定工作刚刚启动,制定的标准在内容上以确定土壤中各类元素的质量为主,内容相对基础,但发布的部门是原环境保护部和原国家技术监督局,在法律地位上属于国家标准,法律效力位阶较高。

第二类是21世纪初至2018年机构改革前,由原环境保护部制定的35项土壤环境标准。其中,多数标准是对土壤环境科学技术新成果的吸收和确认,属于纯技术性环境标准;少数则针对土壤环境质量检测、农产品产地环境质量评价、拟开放场地土壤中剩余辐射可接受性等问题制定专项标准,是环境技术和环境法律制度相结合下制定出的环境标准。这一阶段指定的土壤环境标准,占到现行土壤环境标准体系的67%,我国土壤环境质量标准体系在此阶段发展出了较为完备的规范性文件体系,也将许多可靠的环境科学技术吸收到了环境标准中。

第三类是2018年机构改革后,由生态环境部牵头发布的10项环境标准,其中有2项由生态环境部和国家市场监督管理总局联合发布,剩余8项由生态环境部独立发布。与其他8项行业标准相比,《土壤环境质量 农用地土壤污染风险管控标准(试行)》《土壤环境质量 建设用地土壤污染风险管控标准(试行)》这两部环境标准之所以要以法律位阶较高的国家标准的形式制定,是因为农用地和建设用地的污染风险管控涉及与国家市场监督管理总局、农业农村主管部门、住房和城乡建设主管等职能部门的配合,如果只由生态环境部一家制定,则因为该标准的约束对象涉及其他部门的职权范围,在标准实施过程中很可能会遭遇一定阻力。另外8部行业标准分别规制污染地块风险管控与土壤修复效果评估、污染地块地下水修复和风险管控、建设用地土壤污染风险管控和修复监测、建设用地土壤污染状况调查、建设用地土壤修复、区域性土壤环境背景含量统计等,均属于生态环境部专门性职能的范畴,因此制定行业规范即可满足立法需求。

二、农用地土壤污染风险管控标准

农用地土壤污染风险管控标准规定于《土壤环境质量 农用地土壤污染风险管控标准(试行)》(GB 15618-2018)中,此标准文件于2018年6月22日发布,替代了1995年的《土壤环境质量标准》(GB 15618-1995),并与系列标准《土壤环境质量 建设用地土壤污染风险管控标准(试行)》(GB 36600-2018)共同成为生态环境部成立以来在土壤环境保护生态环境标准领域参与发布的唯有的两部国家标准。

(一)主要内容和适用范围

从主要内容看,《土壤环境质量 农用地土壤污染风险管控标准(试行)》规定了农用地土壤污染风险筛选值和管制值,以及监测、实施和监督要求。因农用地土壤污染风险筛选值和管制值作为科学术语概念较为复杂,特对有关术语做如下解释。第一,农用地土壤污染风险指因土壤污染导致食用农产品质量安全、农作物生长或土壤生态环境受到不利影响。第二,农用地土壤污染风险筛选值的功能是判断农用地土壤污染风险的有无和大小。第三,农用地土壤污染风险管制值的功能是判断农用地土壤污染风险是否已达到需要采取严格管控措施的程度。农用地土壤中污染物含量超过该值的,食用农产品不符合质量安全标准等农用地土壤污染风险高,原则上应当采取严格管控措施。

在适用范围上,该标准可以适用于耕地土壤污染风险筛查和分类。园地和牧草地可参照执行。另根据《土地利用现状分类》(GB/T 21010－2017),前述耕地包括水田、水浇地、旱地;园地包括果园、茶园、橡胶园;草地包括天然牧草地、沼泽草地、人工牧草地。

(二)农用地土壤污染风险筛选值和农用地土壤污染风险管制值

农用地土壤污染风险筛选值的功能是判断农用地土壤污染风险的有无和大小,农用地土壤中污染物含量等于或者低于该值的,对农产品质量安全、农作物生长或土壤生态环境的风险低,一般情况下可以忽略;超过该值的,对农产品质量安全、农作物生长或土壤生态环境可能存在风险,应当加强土壤环境监测和农产品协同监测,原则上应当采取安全利用措施。

1. 农用地土壤污染风险筛选值和农用地土壤污染风险管制值的项目

农用地土壤污染风险筛选值的测试项目分为基本项目和其他项目。基本项目为必测项目,包括镉、汞、砷、铅、铬、铜、镍、锌,风险筛选值见表7－7。其他项目为选测项目,由地方生态环境主管部门根据本地区土壤污染特点和环境管理需求进行选择,包括六六六、滴滴涕和苯并[*a*]芘,风险筛选值见表7－8。农用地土壤污染风险管制值项目包括镉、汞、砷、铅、铬,风险管制值见表7－9。

表7－7　农用地土壤污染风险筛选值(基本项目)①　　单位:mg/kg

序号	污染物项目[1][2]		风险筛选值			
			pH≤5.5	5.5＜pH≤6.5	6.5＜pH≤7.5	pH＞7.5
1	镉	水田	0.3	0.4	0.6	0.8
		其他	0.3	0.3	0.3	0.6
2	汞	水田	0.5	0.5	0.6	1.0
		其他	1.3	1.8	2.4	3.4

① 参见《土壤环境质量 农用地土壤污染风险管控标准(试行)》(GB 15618－2018),第2页。

续表

序号	污染物项目		风险筛选值			
			pH≤5.5	5.5<pH≤6.5	6.5<pH≤7.5	pH>7.5
3	砷	水田	30	30	25	20
		其他	40	40	30	25
4	铅	水田	80	100	140	240
		其他	70	90	120	170
5	铬	水田	250	250	300	350
		其他	150	150	200	250
6	铜	果园	150	150	200	200
		其他	50	50	100	100
7	镍		60	70	100	190
8	锌		200	200	250	300

注:〔1〕重金属和类金属砷按元素总量计。

〔2〕对于水旱轮作地,采用其中较为严格的风险筛选值。

表7-8　农用地土壤污染风险筛选值(其他项目)①　单位:mg/kg

序号	污染物项目	风险筛选值
1	六六六总量〔1〕	0.10
2	滴滴涕总量〔2〕	0.10
3	苯并[a]芘	0.55

注:〔1〕六六六总量为α-六六六、β-六六六、γ-六六六、δ-六六六4种异构体的含量总和。

〔2〕滴滴涕总量为p,p′-滴滴伊、p,p′-滴滴滴、o,p′-滴滴涕、p,p′-滴滴涕4种衍生物的含量总和。

表7-9　农用地土壤污染风险管制值②　单位:mg/kg

序号	污染物项目	风险管制值			
		pH≤5.5	5.5<pH≤6.5	6.5<pH≤7.5	pH>7.5
1	镉	1.5	2.0	3.0	4.0
2	汞	2.0	2.5	4.0	6.0

---

① 参见《土壤环境质量　农用地土壤污染风险管控标准(试行)》(GB 15618-2018),第3页。

② 参见《土壤环境质量　农用地土壤污染风险管控标准(试行)》(GB 15618-2018),第3页。

续表

序号	污染物项目	风险管制值			
		pH≤5.5	5.5＜pH≤6.5	6.5＜pH≤7.5	pH＞7.5
3	砷	200	150	120	100
4	铅	400	500	700	1000
5	铬	800	850	1000	1300

2. 农用地土壤污染风险筛选值和农用地土壤污染风险管制值的使用

土壤环境质量类别划分应以《土壤环境质量　农用地土壤污染风险管控标准（试行）》为基础，结合食用农产品协同监测结果，依据相关技术规定进行划定。

当土壤中污染物含量等于或者低于风险筛选值时，农用地土壤污染风险低，一般情况下可以忽略；高于风险筛选值时，可能存在农用地土壤污染风险，应加强土壤环境监测和农产品协同监测。

当土壤中镉、汞、砷、铅、铬的含量高于风险筛选值、等于或者低于风险管制值时，可能存在食用农产品不符合质量安全标准等土壤污染风险，原则上应当采取农艺调控、替代种植等安全利用措施。

当土壤中镉、汞、砷、铅、铬的含量高于风险管制值时，食用农产品不符合质量安全标准等农用地土壤污染风险高，且难以通过安全利用措施降低食用农产品不符合质量安全标准等农用地土壤污染风险，原则上应当采取禁止种植食用农产品、退耕还林等严格管控措施。

（三）农用地土壤污染风险监测要求

农用地土壤污染风险监测工作由监测点位选择、样品采集、污染物分析3个步骤组成，由各级生态环境主管部门会同农业农村等相关主管部门监督实施。其中，监测点位选择和样品采集执行《土壤环境监测技术规范》（HJ/T 166－2004）等相关技术规定要求。

（四）温室蔬菜产地环境质量评价标准

《温室蔬菜产地环境质量评价标准》（HJ/T 333－2006）是食用农产品系列产地环境评价标准之一，该标准于2007年2月1日起实施，主要依据了《土壤环境质量标准》（已废止）、《地表水环境质量标准》、《保护农作物的大气污染物最高允许浓度》（已废止）、《环境空气质量标准》以及《食用农产品产地环境质量评价标准》等环境质量标准，并针对温室环境的质量要求做了适当修订，同时，补充了监测和评价方法。

1. 适用范围

《温室蔬菜产地环境质量评价标准》规定了以土壤为基质种植的温室蔬菜产地温室内土壤环境质量、灌溉水质量和环境空气质量的各个控制项目及其浓度（含量）

限值和监测、评价方法。

2. 评价指标限值

温室蔬菜产地土壤环境、灌溉水和空气环境中的污染物(或有害因素)项目均划分为基本控制项目和选择控制项目两类。基本控制项目为评价必测项目,选择控制项目由当地根据污染源及可能存在的污染物状况选择确定并予测定。

评价指标限值包括温室土壤环境质量评价指标限值、灌溉水质量评价指标限值和温室环境空气质量评价指标限值。

温室蔬菜产地土壤环境质量应符合表 7-10 的规定。

表 7-10 土壤环境质量评价指标限值① 单位:mg/kg

项目[1]		pH[2]		
		<6.5	6.5~7.5	>7.5
土壤环境质量基本控制项目	总镉 ≤	0.30	0.30	0.40
	总汞 ≤	0.25	0.30	0.35
	总砷 ≤	30	25	20
	总铅 ≤	50	50	50
	总铬 ≤	150	200	250
	六六六[3] ≤	0.10		
	滴滴涕[3] ≤	0.10		
	全盐量 ≤	2000		
土壤环境质量选择控制项目	总铜 ≤	50	100	100
	总锌 ≤	200	250	300
	总镍 ≤	40	50	60

注:[1]重金属和砷均按元素量计,适用于阳离子交换量大于 5cmol/kg 的土壤,若≤5cmol/kg,其标准值为表内数值的半数。

[2]若当地某些类型土壤 pH 变异为 6.0~7.5,鉴于土壤对重金属的吸附率,在 pH 6.0 时接近 pH 6.5,pH 6.5~7.5 组可考虑在该地扩展为 pH 6.0~7.5。

[3]六六六为 4 种异构体(α-666、β-666、γ-666、δ-666)总量,滴滴涕为 4 种衍生物总量(p,p′-DDE、o,p′-DDT、p,p′-DDD、p,p′-DDT)。

温室蔬菜产地灌溉水质量应符合表 7-11 的规定。

---

① 参见《温室蔬菜产地环境质量评价标准》(HJ/T 333-2006),第 1~2 页。

表 7-11 灌溉水质量评价指标限值① 单位:mg/L

项目			蔬菜种类	
			加工、烹调及去皮类	生食类
灌溉水质量基本控制项目	化学需氧量	≤	100	40
	粪大肠菌群数(个/L)	≤	10,000	2000
	pH		5.5~8.5[1]	
	总汞	≤	0.001	
	总镉	≤	0.005	
	总砷	≤	0.05	
	总铅	≤	0.1	
	六价铬	≤	0.1	
	硝酸盐	≤	20	
灌溉水质量选择控制项目	五日生化需氧量	≤	40	10
	悬浮物	≤	30	10
	蛔虫卵数(个/L)	≤	2	1
	全盐量	≤	2000	
	氯化物	≤	350	
	总铜	≤	1.0	
	总锌	≤	2.0	
	氰化物	≤	0.2	
	氟化物	≤	1.5	
	硫化物	≤	1.0	
	石油类	≤	1.0	
	挥发酚	≤	0.1	
	苯	≤	2.5	
	三氯乙醛	≤	0.5	
	丙烯醛	≤	0.5	

注:[1]酸性土壤区若灌溉水 pH 低于 6.0,可将 pH 标准值放宽到 5.5~8.5。

① 参见《温室蔬菜产地环境质量评价标准》(HJ/T 333-2006),第 2~3 页。

温室蔬菜产地环境空气质量应符合表 7－12 的规定。

表 7－12 环境空气质量评价指标限值①

项目[1]			浓度限值[2]	
			日平均浓度[3]	植物生长季平均浓度[4]
环境空气质量基本控制项目	二氧化硫[5]（mg/m^3）	≤	0.15[a] 0.25[b] 0.30[c]	0.05[a] 0.08[b] 0.12[c]
	氟化物[6]（标准状态）[μg/（dm^2·d）]	≤	5.0[d] 10.0[c] 15.0[f]	1.0[d] 2.0[e] 4.5[f]
	铅（标准状态）（μg/m^3）	≤	—	1.5
	二氧化氮（标准状态）（mg/m^3）	≤	0.12	—
环境空气质量选择控制项目	总悬浮颗粒物（标准状态）（mg/m^3）	≤	0.30	—
	苯并[*a*]芘（标准状态）（μg/m^3）	≤	0.01	—

注：〔1〕本列内标准状态指温度为 273.15 K，压力为 101.325kPa 时的状态。

〔2〕各污染物数据统计的有效性按《环境空气质量标准》（GB 3095－2012）第 6 条的规定执行。

〔3〕日平均浓度指任何 1 日的平均浓度。

〔4〕植物生长季平均浓度指任何一个植物生长季的月平均浓度的算术平均值，月平均浓度指任何 1 月的日平均浓度的算术平均值。

〔5〕二氧化硫：a. 适用于敏感性蔬菜，如菠菜、青菜、白菜、莴苣、黄瓜、南瓜、西葫芦、马铃薯。b. 适用于中等敏感性蔬菜，如番茄、茄子、胡萝卜。c. 适用于抗性蔬菜，如蚕豆、油菜、甘蓝、芋头。

〔6〕氟化物：d. 适用于敏感性蔬菜，如甘蓝、菜豆。e. 适用于中等敏感性蔬菜，如白菜、芥菜、花椰菜。f. 适用于抗性蔬菜，如茴香、番茄、茄子、辣椒、马铃薯。

3. 监测

进行监测首先要进行采样，采样包括对土壤监测采样、灌溉水监测采样以及温室空气监测采样，之后进行分析，各项分析方法按相应的国标方法进行，实际应用中也可采用其他等效方法，但等效方法必须做比对实验，其检出限、准确度、精密度不低于相应的通用方法要求水平或待测物准确定量的要求。

（五）食用农产品产地环境质量评价标准

食用农产品产地环境质量评价标准规定于《食用农产品产地环境质量评价标准》（HJ/T 332－2006），该标准于 2007 年 2 月 1 日起实施。该标准为指导性标准，针对食用农产品产地环境质量的要求作出了适当的修订。

① 参见《温室蔬菜产地环境质量评价标准》（HJ/T 333－2006），第 3 页。

1. 适用范围

《食用农产品产地环境质量评价标准》规定了食用农产品产地土壤环境质量、灌溉水质量和环境空气质量的各个项目及其浓度(含量)限值和监测、评价方法。该标准适用于食用农产品产地,不适用于温室蔬菜生产用地。

2. 评价指标限值

《食用农产品产地环境质量评价标准》对土壤环境、灌溉水和空气环境中的污染物(或有害因素)项目划分为基本控制项目(必测项目)和选择控制项目两类。

在土壤环境质量评价指标限值中,食用农产品产地土壤环境质量应符合表 7-13 的规定。

表 7-13 土壤环境质量评价指标限值① 单位:mg/kg

项目[1][2]			pH < 6.5	pH[3] 6.5 ~ 7.5	pH > 7.5
土壤环境质量基本控制项目	总镉	水作、旱作、果树等 ≤	0.30	0.30	0.60
		蔬菜 ≤	0.30	0.30	0.40
	总汞	水作、旱作、果树等 ≤	0.30	0.50	1.0
		蔬菜 ≤	0.25	0.30	0.35
	总砷	旱作、果树等 ≤	40	30	25
		水作、蔬菜 ≤	30	25	20
	总铅	水作、旱作、果树等 ≤	80	80	80
		蔬菜 ≤	50	50	50
	总铬	旱作、蔬菜、果树等 ≤	150	200	250
		水作 ≤	250	300	350
	总铜	水作、旱作、蔬菜、柑橘等 ≤	50	100	100
		果树 ≤	150	200	200
	六六六[4] ≤		0.10		
	滴滴涕[4] ≤		0.10		

① 参见《食用农产品产地环境质量评价标准》(HJ/T 332-2006),第 1~2 页。

续表

项目		pH＜6.5	pH 6.5～7.5	pH＞7.5
土壤环境质量选择控制项目	总锌 ≤	200	250	300
	总镍 ≤	40	50	60
	稀土总量(氧化稀土) ≤	背景值[5]＋10	背景值[5]＋15	背景值[5]＋20
	全盐量 ≤	1000	2000[6]	

注:〔1〕对实行水旱轮作、菜粮套种或果粮套种等种植方式的农地,执行其中较低标准值的一项作物的标准值。

〔2〕重金属(铬主要是三价)和砷均按元素量计,适用于阳离子交换量大于5cmol/kg的土壤,若小于等于5cmol/kg,其标准值为表内数值的半数。

〔3〕若当地某些类型土壤pH变异为6.0～7.5,鉴于土壤对重金属的吸附率,在pH 6.0时接近pH 6.5,pH 6.5～7.5组可考虑在该地扩展为pH 6.0～7.5。

〔4〕六六六为4种异构体总量,滴滴涕为4种衍生物总量。

〔5〕背景值:采用当地土壤母质相同、土壤类型和性质相似的土壤背景值。

〔6〕适用于半漠境及漠境区。

在灌溉水质量评价指标限值中,食用农产品产地灌溉水质量应符合表7－14的规定。

表7－14　灌溉水质量评价指标限值①

项目		作物种类[1]		
		水作	旱作	蔬菜
灌溉水质量基本控制项目	pH	5.5～8.5		
	总汞(mg/L) ≤	0.001		
	总镉(mg/L) ≤	0.005	0.01	0.005
	总砷(mg/L) ≤	0.05	0.1	0.05
	六价铬(mg/L) ≤	0.1		
	总铅(mg/L) ≤	0.1	0.2	0.1

① 参见《食用农产品产地环境质量评价标准》(HJ/T 332－2006),第2～3页。

续表

项目			作物种类		
			水作	旱作	蔬菜
灌溉水质量选择控制项目	三氯乙醛(mg/L)	≤	1.0	0.5	0.5
	五日生化需氧量(mg/L)	≤	50	80	30[2]　10[3]
	水温(℃)	≤	35		
	粪大肠菌群数(个/L)	≤	40,000	40,000	20,000[2] 10,000[3]
	蛔虫卵数(个/L)	≤	2		2[2]　1[3]
	全盐量(mg/L)	≤	1000　20,000[4]		
	氯化物(mg/L)	≤	350		
	总铜(mg/L)	≤	0.5	1.0	
	总锌(mg/L)	≤	2.0		
	总硒(mg/L)	≤	0.02		
	氟化物(mg/L)	≤	2.0		
	硫化物(mg/L)	≤	1.0		
	氰化物(mg/L)	≤	0.5		
	石油类(mg/L)	≤	5.0	10.0	1.0
	挥发酚(mg/L)	≤	1.0		
	苯(mg/L)	≤	2.5		
	丙烯醛(mg/L)	≤	0.5		
	总硼(mg/L)	≤	1.0		

注:〔1〕对实行菜粮套种种植方式的农地,执行蔬菜的标准值。
〔2〕加工、烹调及去皮蔬菜。
〔3〕生食类蔬菜、瓜类及草本水果。
〔4〕盐碱土地区,即具有一定的淡水资源和水利灌排设施,能保证排水和地下水径流条件而满足冲洗土体中盐分的地区,依据当地试验结果,农田灌溉水质全盐量指标可以适当放宽。

在环境空气质量评价指标限值中,食用农产品产地环境空气质量应符合表7－15的规定。

表 7-15　环境空气质量评价指标限值①

项目			浓度限值〔1〕	
			日平均浓度〔2〕	植物生长季平均浓度〔3〕
环境空气质量基本控制项目〔5〕	二氧化硫〔6〕(mg/m^3)	≤	0.15[a]	0.05[a]
			0.25[b]	0.08[b]
			0.30[c]	0.12[c]
	氟化物〔7〕[μg/(dm^2 · d)]	≤	5.0[d] 10.0[e] 15.0[f]	1.0[d] 2.0[e] 4.5[f]
	铅(ug/m^3)	≤	—	1.5
环境空气质量选择控制项目	总悬浮颗粒物(mg/m^3)	≤	0.30	—
	二氧化氮(mg/m^3)	≤	0.12	—
	苯并[*a*]芘(μg/m^3)	≤	0.01	—
	臭氧(m/m^3)	≤	1小时平均浓度〔4〕:0.16	

注:〔1〕各项污染物数据统计的有效性按《环境空气质量标准》(GB 3095-2012)中的第6条规定执行。

〔2〕日平均浓度指任何1日的平均浓度。

〔3〕植物生长季平均浓度指任何一个植物生长季月平均浓度的算术平均值。月平均浓度指任何1月的日平均浓度的算术平均值。

〔4〕1小时平均浓度指任何1小时的平均浓度。

〔5〕均为标准状态,指温度为273.15K,压力为101.325 kPa时的状态。

〔6〕二氧化硫:a.适用于敏感作物,如冬小麦、春小麦、大麦、荞麦、大豆、甜菜、芝麻,菠菜、青菜、白菜、莴苣、黄瓜、南瓜、西葫芦、马铃薯,苹果、梨、葡萄。b.适用于中等敏感作物,如水稻、玉米、燕麦、高粱,番茄、茄子、胡萝卜,桃、杏、李、柑橘、樱桃。c.适用于抗性作物,如蚕豆、油菜、向日葵、甘蓝、芋头、草莓。

〔7〕氟化物:d.适用于敏感作物,如冬小麦、花生、甘蓝、菜豆,苹果、梨、桃、杏、李、葡萄、草莓、樱桃。e.适用于中等敏感作物,如大麦、水稻、玉米、高粱、大豆,白菜、芥菜、花椰菜,柑橘。f.适用于抗性作物,如向日葵、棉花、茶、茴香,番茄、茄子、辣椒、马铃薯。

(六)污染地块地下水修复和风险管控

污染地块地下水修复和风险管控主要规定在《污染地块地下水修复和风险管控技术导则》(HJ 25.6-2019)中,该标准规定了污染地块地下水修复和风险管控的基本原则、工作程序和技术要求。

1.适用范围

该标准适用于污染地块地下水修复和风险管控的技术方案制订、工程设计及施

① 参见《食用农产品产地环境质量评价标准》(HJ/T 332-2006),第3~4页。

工、工程运行及监测、效果评估和后期环境监管。但该标准不适用于放射性污染和致病性生物污染地块的地下水修复和风险管控。

2. 基本原则

污染地块地下水修复和风险管控的基本原则主要包括统筹性原则、规范性原则、可行性原则和安全性原则。

统筹性原则要求污染地块地下水修复和风险管控应兼顾土壤、地下水、地表水和大气，统筹地下水修复和风险管控，防止污染地下水对人体健康和生态受体产生影响。

规范性原则是根据地下水修复和风险管控法律法规要求，采用程序化、系统化方式规范地下水修复和风险管控过程，保证地下水修复和风险管控过程的科学性和客观性。

可行性原则是根据污染地块水文地质条件、地下水使用功能、污染程度和范围以及对人体健康和生态受体造成的危害，合理选择修复和风险管控技术，因地制宜制订修复和风险管控技术方案，使地下水修复和风险管控工程切实可行。

安全性原则要求污染地块地下水修复和风险管控技术方案制订、工程设计及施工时，要确保工程实施安全，应防止对施工人员、周边人群健康和生态受体产生危害。

3. 工作程序

污染地块地下水修复和风险管控的工作程序主要包括选择地下水修复和风险管控模式、筛选地下水修复和风险管控技术、制订地下水修复和风险管控技术方案、地下水修复和风险管控工程设计及施工、地下水修复和风险管控工程运行及监测、地下水修复和风险管控效果评估、后期环境监管等。

(1)选择地下水修复和风险管控模式

第一个阶段是确认地块条件，更新地块概念模型。根据地下水使用功能、风险可接受水平，经修复技术经济评估，提出地下水修复和风险管控目标；确认对地下水修复和风险管控的要求，结合地块水文地质条件、污染特征、修复和风险管控目标等，明确污染地块地下水修复和风险管控的总体思路。

(2)筛选地下水修复和风险管控技术

第二个阶段是根据污染地块的具体情况、确定的修复和风险管控模式，初步筛选地下水修复和风险管控技术。通过实验室小试，现场中试和模拟分析等，从技术成熟度、适用条件、效果、成本、时间和环境风险等方面确定适宜的修复和风险管控技术。

(3)制订地下水修复和风险管控技术方案

第三个阶段是根据确定的修复和风险管控技术，采用一种及以上技术进行优化组合集成，制定技术路线，确定地下水修复和风险管控技术工艺参数，估算工程量、费用和周期,形成备选技术方案。从技术指标、工程费用、环境及健康安全等方面比较备选技术方案,确定最优技术方案。

(4)地下水修复和风险管控工程设计及施工

第四个阶段是根据确定的修复和风险管控技术方案,开展修复和风险管控工程设计及施工。工程设计根据工作开展阶段划分为初步设计和施工图设计,根据专业划分为工艺和辅助专业设计。工程施工宜包括施工准备、施工过程,施工过程应同时开展环境管理。

(5)地下水修复和风险管控工程运行及监测

第五个阶段是地下水修复和风险管控工程施工完成后,开展工程运行维护、运行监测、趋势预测和运行状况分析等。工程运行中应同时开展运行监测,对地下水修复和风险管控工程运行监测数据进行趋势预测。根据地下水监测数据及趋势预测结果开展工程运行状况分析,判断地下水修复和风险管控工程的目标可达性。

(6)地下水修复和风险管控效果评估

第六个阶段是制订地下水修复和风险管控效果评估布点和采样方案,评估修复是否达到修复目标,评估风险管控是否达到工程性能指标和污染物指标要求。

对于地下水修复效果,当每口监测井中地下水检测指标持续稳定达标时,可判断达到修复效果。若未达到评估标准但判断地下水已达到修复极限,可在实施风险管控措施的前提下,对残留污染物进行风险评估。若地块残留污染物对受体和环境的风险可接受,则认为达到修复效果;若对风险不可接受,需对风险管控措施进行优化或提出新的风险管控措施。

对于风险管控效果,若工程性能指标和污染物指标均达到评估标准,则判断风险管控达到预期效果,可对风险管控措施继续开展运行与维护,若工程性能指标或污染物指标未达到评估标准,则判断风险管控未达到预期效果,应对风险管控措施进行优化或调整。

(7)后期环境监管

第七个阶段需要根据修复和风险管控工程实施情况与效果评估结论,提出后期环境监管要求。

三、建设用地土壤污染风险管控标准

建设用地土壤污染风险管控标准规定于《土壤环境质量 建设用地土壤污染风险管控标准(试行)》(GB 36600－2018),此标准文件于2018年6月22日发布,与系列标准《土壤环境质量 农用地土壤污染风险管控标准(试行)》(GB 15618－2018)共同成为生态环境部成立以来在土壤环境保护生态环境标准领域参与发布的唯有的两部国家标准。具言之,《土壤环境质量 建设用地土壤污染风险管控标准(试行)》规定了保护人体健康的建设用地土壤污染风险筛选值和管制值，以及监测、实施与监督要求，适用于建设用地土壤污染风险筛查和风险管制。

（一）建设用地分类

在建设用地土壤污染风险管控中，不同种类的建设用地土壤污染风险筛选值和管制值不同，因此首先需要介绍建设用地的分类方法。城市建设用地根据保护对象暴露情况的不同，可划分为两类。

第一类用地主要用于生活、教育、医疗等活动，土壤污染风险管控力度较为严格。其包括《城市用地分类与规划建设用地标准》（GB 50137－2011）规定的城市建设用地中的居住用地（R）、公共管理与公共服务用地中的中小学用地（A33）、医疗卫生用地（A5）和社会福利设施用地（A6），以及公园绿地（G1）中的社区公园或儿童公园用地等。

第二类用地主要用于工业生产、物流仓储、商业服务等活动，土壤污染风险管控力度比第一类土地宽松。其包括《城市用地分类与规划建设用地标准》规定的城市建设用地中的工业用地（M）、物流仓储用地（W）、商业服务业设施用地（B）、道路与交通设施用地（S）、公用设施用地（U）、公共管理与公共服务用地（A）（A33、A5、A6除外），以及绿地与广场用地（G）（G1 中的社区公园或儿童公园用地除外）等。

（二）建设用地土壤污染风险筛选值和管制值

建设用地土壤污染风险筛选值的测试项目分为基本项目和其他项目。其中，基本项目为初步调查阶段建设用地土壤污染风险筛选的必测项目。初步调查阶段建设用地土壤污染风险筛选的选测项目依据《建设用地土壤污染状况调查技术导则》（HJ 25.1－2019）、《建设用地土壤污染风险管控和修复监测技术导则》（HJ 25.2－2019）及相关技术规定确定，可以包括但不限于其他项目。

（三）建设用地土壤污染风险筛选值和管制值的使用

首先，在筛选值和管制值的适用上，建设用地规划用途明确为第一类用地或第二类用地的，适用对应的筛选值和管制值。规划用途不明确的，适用第一类用地的筛选值和管制值。

其次，对于筛选值的使用，建设用地土壤中污染物含量等于或者低于风险筛选值的，建设用地土壤污染风险一般情况下可以忽略。通过初步调查确定建设用地土壤中污染物含量高于风险筛选值，应当依据《建设用地土壤污染状况调查技术导则》《建设用地土壤污染风险管控和修复监测技术导则》等标准及相关技术要求，开展详细调查。

最后，对于管控值的使用，通过详细调查确定建设用地土壤中污染物含量等于或者低于风险管制值，应当依据《建设用地土壤污染风险评估技术导则》等标准及相关技术要求,开展风险评估,确定风险水平,判断是否需要采取风险管控或修复措施。如果通过详细调查确定建设用地土壤中污染物含量高于风险管制值,对人体健康通常存在不可接受风险,应当采取风险管控或修复措施。建设用地若需采取修复措施,其修复目标应当依据《建设用地土壤修复技术导则》(HJ 25.4 – 2019)等标准及相关技术要求确定,且应当低于风险管制值。

(四)建设用地土壤污染风险监测要求

建设用地土壤污染风险监测工作由各级生态环境主管部门及其他相关主管部门监督实施。土壤污染物分析方法按照《土壤环境质量 建设用地土壤污染风险管控标准(试行)》的规定执行。暂未制定分析方法标准的污染物项目,待相应分析方法标准发布后实施。

四、建设用地土壤污染状况调查技术标准

建设用地土壤污染状况调查技术标准规定于《建设用地土壤污染状况调查技术导则》(HJ 25.1 – 2019)中,该标准与《建设用地土壤污染风险管控和修复监测技术导则》(HJ 25.2 – 2019)、《建设用地土壤污染风险评估技术导则》(HJ 25.3 – 2019)、《建设用地土壤修复技术导则》(HJ 25.4 – 2019)、《污染地块风险管控与土壤修复效果评估技术导则(试行)》(HJ 25.5 – 2018)、《污染地块地下水修复和风险管控技术导则》(HJ 25.6 – 2019)共同组成建设用地土壤污染风险管控和修复系列环境保护标准。从内容和适用范围上看,《建设用地土壤污染状况调查技术导则》规定了建设用地土壤污染状况调查的原则、内容、程序和技术要求,适用于建设用地土壤污染状况调查,为建设用地土壤污染风险管控和修复提供基础数据和信息,但不适用于含有放射性污染的地块调查。

(一)建设用地土壤污染状况调查基本原则

建设用地土壤污染状况调查基本原则包括针对性原则、规范性原则和可操作性原则。

针对性原则,是指针对地块的特征和潜在污染物特性,进行污染物浓度和空间分布调查,为地块的环境管理提供依据。

规范性原则,是指采用程序化和系统化的方式规范土壤污染状况调查过程,保证调查过程的科学性和客观性。

可操作性原则,是指综合考虑调查方法、时间和经费等因素,结合当前科技发展和专业技术水平,使调查过程切实可行。

(二)建设用地土壤污染状况调查报告编制程序

土壤污染状况调查可分为三个阶段,其中,第一阶段是必经阶段,第二阶段和第三阶段是非必经阶段。若第一阶段调查确认地块内及周围区域当前和历史上均无可能的污染源,则认为地块的环境状况可以接受,无须进行第二阶段、第三阶段的调查,可径行编制土壤污染状况调查报告。

1. 第一阶段土壤污染状况调查

第一阶段土壤污染状况调查是以资料收集、现场踏勘、人员访谈和报告编制为主的污染识别阶段,原则上不进行现场采样分析。

(1)资料收集与分析

第一阶段土壤污染状况调查需要进行的第一项工作是收集地块有关资料并进行分析,且当调查地块与相邻地块存在相互污染的可能时,须调查相邻地块的相关记录和资料。调查人员应根据专业知识和经验识别资料中的错误和不合理的信息,如资料缺失影响判断地块污染状况时,应在报告中说明。

具言之,第一阶段土壤污染状况调查需要收集的主要包括以下五方面内容。一是地块利用变迁资料。包括用来辨识地块及其相邻地块的开发及活动状况的航片或卫星图片、地块的土地使用和规划资料、其他有助于评价地块污染的历史资料,如土地登记信息资料等,以及地块利用变迁过程中的地块内建筑、设施、工艺流程和生产污染等的变化情况。二是地块环境资料。包括地块土壤及地下水污染记录、地块危险废物堆放记录以及地块与自然保护区和水源地保护区等的位置关系等。三是地块相关记录。包括产品、原辅材料及中间体清单、平面布置图、工艺流程图、地下管线图、化学品储存及使用清单、泄漏记录、废物管理记录、地上及地下储罐清单、环境监测数据、环境影响报告书或表、环境审计报告和地勘报告等。四是由政府机关和权威机构所保存和发布的环境资料。包括区域环境保护规划、环境质量公告、企业在政府部门相关环境备案和批复以及生态和水源保护区规划等。五是地块所在区域的自然和社会信息。自然信息包括地理位置图、地形、地貌、土壤、水文、地质和气象资料等;社会信息包括人口密度和分布,敏感目标分布,土地利用方式,区域所在地的经济现状和发展规划,相关的国家和地方的政策、法规与标准,以及当地地方性疾病统计信息等。

(2)现场踏勘

第一阶段土壤污染状况调查需要进行的第二项工作是现场踏勘。此项工作应注意以下五点。第一,在现场踏勘前,根据地块的具体情况掌握相应的安全卫生防护知识,并装备必要的防护用品。第二,现场踏勘的范围应以地块内为主,并应包括地块的周围区域,周围区域的范围应由现场调查人员根据污染可能迁移的距离来判断。第三,现场踏勘的主要内容包括:地块的现状与历史情况,相邻地块的现状与历史情况,周围区域的现状与历史情况,区域的地质、水文地质和地形的描述等。第四,重点踏勘对象一般应包括:有毒有害物质的使用、处理、储存、处置;生产过程和设备、储槽与管线;恶臭、化学品味道和刺激性气味,污染和腐蚀的痕迹;排水管或渠、污水池或其他地表水体、废物堆放地、井等。第五,从方法上看,现场踏勘时可通过对异常气味的辨识、摄影和照相、现场笔记等方式初步判断地块污染的状况。踏勘期间,可以使用现场快速测定仪器。

(3)人员访谈

第一阶段土壤污染状况调查需要进行的第三项工作是人员访谈。此项工作应注意以下三点。第一,访谈内容和方法上,访谈内容应包括资料收集和现场踏勘所涉及的疑问,以及信息补充和已有资料的考证;访谈方法可采取当面交流、电话交流、电子或书面调查表等方式。第二,访谈对象上,受访者为地块现状或历史的知情人,应包括:地块管理机构和地方政府的官员、生态环境主管部门的官员、地块过去和现在各阶段的使用者,以及地块所在地或熟悉地块的第三方,如相邻地块的工作人员和附近的居民。第三,应对访谈内容进行整理,并对照已有资料,对其中可疑处和不完善处进行核实和补充,作为调查报告的附件。

在结束资料收集与分析、现场踏勘、人员访谈三项工作后,需要总结第一阶段的调查结论。调查结论应明确地块内及周围区域有无可能的污染源,并进行不确定性分析。若有可能的污染源,应说明可能的污染类型、污染状况和来源,并应提出第二阶段土壤污染状况调查的建议。

(4)报告编制

第一阶段土壤污染状况调查报告要对第一阶段调查过程和结果进行分析、总结和评价。报告的内容主要包括土壤污染状况调查的概述、地块的描述、资料分析、现场踏勘、人员访谈、结果和分析、调查结论与建议、附件等。报告的调查结论应尽量明确地块内及周围区域有无可能的污染源,若有可能的污染源,应说明可能的污染类型、污染状况和来源,并应提出第二阶段土壤污染状况调查的建议。此外,报告应列出调查过程中遇到的限制条件和欠缺的信息,以及对调查工作和结果的影响。

2. 第二阶段土壤污染状况调查

第二阶段土壤污染状况调查是以采样与分析为主的污染证实阶段。若第一阶段土壤污染状况调查表明地块内或周围区域存在可能的污染源,如化工厂、农药厂、冶炼厂、加油站、化学品储罐、固体废物处理等可能产生有毒有害物质的设施或活动,以及由于资料缺失等原因造成无法排除地块内外存在污染源时,进行第二阶段土壤污染状况调查,确定污染物种类、浓度(程度)和空间分布。第二阶段土壤污染状况调查通常可以分为初步采样分析和详细采样分析两步,每步均包括初步采样分析工作计划、详细采样分析工作计划、现场采样、数据评估和结果分析、报告编制等步骤。初步采样分析和详细采样分析均可根据实际情况分批次实施,逐步减少调查的不确定性。

（1）初步采样分析工作计划

初步采样分析工作计划，是指根据第一阶段土壤污染状况调查的情况制订初步采样分析工作计划，内容包括核查已有信息、判断污染物的可能分布、制订采样方案、制订健康和安全防护计划、制订样品分析方案，以及确定质量保证和质量控制程序等任务。

第一，核查已有信息。核查已有信息是指对已有信息，包括第一阶段土壤污染状况调查中重要的环境信息，如土壤类型和地下水埋深进行核查；查阅污染物在土壤、地下水、地表水或地块周围环境的可能分布和迁移信息；查阅污染物排放和泄漏的信息。应核查上述信息的来源，以确保其真实性和适用性。

第二，判断污染物的可能分布。判断污染物的可能分布需要根据地块的具体情况、地块内外的污染源分布、水文地质条件以及污染物的迁移和转化等因素，判断地块污染物在土壤和地下水中的可能分布，为制订采样方案提供依据。

第三，制订采样方案。采样方案一般包括采样点的布设，样品数量，样品的采集方法，现场快速检测方法，样品收集、保存、运输和储存等要求。

第四，制订健康和安全防护计划，是指根据有关法律法规和工作现场的实际情况，制订地块调查人员的健康和安全防护计划。

第五，制订样品分析方案。应根据保守性原则，按照第一阶段调查确定的地块内外潜在污染源和污染物，依据国家和地方相关标准中的基本项目要求，同时考虑污染物的迁移转化，判断样品的检测分析项目。对于不能确定的项目，可选取潜在典型污染样品进行筛选分析。一般工业地块可选择的检测项目有重金属、挥发性有机物、半挥发性有机物、氰化物和石棉等。如土壤和地下水明显异常而常规检测项目无法识别时，可进一步结合色谱—质谱定性分析等手段对污染物进行分析，筛选判断非常规的特征污染物，必要时可采用生物毒性测试方法进行筛选判断。

第六，质量保证和质量控制。现场质量保证和质量控制程序应包括防止样品污染的工作程序、运输空白样分析、现场平行样分析、采样设备清洗空白样分析、采样介质对分析结果影响分析，以及样品保存方式和时间对分析结果的影响分析等。

（2）详细采样分析工作计划

在初步采样分析的基础上制订详细采样分析工作计划。详细采样分析工作计划主要包括评估初步采样分析结果、制订采样方案，以及制订样品分析方案等。详细调查过程中监测的技术要求按照《建设用地土壤污染风险管控和修复监测技术导则》（HJ 25.2－2019）中的规定执行。

第一，评估初步采样分析的结果。分析初步采样获取的地块信息，主要包括土壤类型、水文地质条件、现场和实验室检测数据等；初步确定污染物种类、程度和空间分布;评估初步采样分析的质量保证和质量控制。

第二,制订采样方案。根据初步采样分析的结果,结合地块分区,制订采样方案。应采用系统布点法加密布设采样点。对于需要划定污染边界范围的区域,采样单元面积不大于1600m^2(40m×40m网格)。垂直方向采样深度和间隔根据初步采样的结果判断。

第三,制订样品分析方案。根据初步调查结果,制订样品分析方案。样品分析项目以已确定的地块关注污染物为主。

(3)现场采样

第二阶段土壤污染状况调查中的现场采样工作包括采样前的准备、定位和探测、现场检测、土壤样品采集、地下水水样采集、样品追踪管理。

第一,采样前的准备。现场采样应准备的材料和设备包括定位仪器、现场探测设备、调查信息记录装备、监测井的建井材料、土壤和地下水取样设备、样品的保存装置和安全防护装备等。

第二,定位和探测。采样前,可采用卷尺、GPS卫星定位仪、经纬仪和水准仪等工具在现场确定采样点的具体位置和地面标高,并在图中标出。可采用金属探测器或探地雷达等设备探测地下障碍物,确保采样位置避开地下电缆、管线、沟、槽等地下障碍物。采用水位仪测量地下水水位,采用油水界面仪探测地下水非水相液体。

第三,现场检测。现场检测中,可采用便携式有机物快速测定仪、重金属快速测定仪、生物毒性测试等现场快速筛选技术手段进行定性或定量分析,可采用直接贯入设备现场连续测试地层和污染物垂向分布情况,也可采用土壤气体现场检测手段和地球物理手段初步判断地块污染物及其分布,指导样品采集及监测点位布设。采用便携式设备现场测定地下水水温、pH、电导率、浊度和氧化还原电位等。

第四,土壤样品采集。采集土壤样品时应注意以下四点。一是应注意区分土壤分层,对表层土壤和下层土壤应注意不同的采集要点。二是采集含挥发性污染物的样品时,应尽量减少对样品的扰动,严禁对样品进行均质化处理。三是土壤样品采集后,应根据污染物理化性质等,选用合适的容器保存。汞或有机污染的土壤样品应在4℃以下的温度条件下保存和运输。四是土壤采样时应进行现场记录,主要内容包括样品名称和编号、气象条件、采样时间、采样位置、采样深度、样品质地、样品的颜色和气味、现场检测结果以及采样人员等。

第五,地下水水样采集。地下水采样一般应建地下水监测井。监测井的建设过程分为设计、钻孔、过滤管和井管的选择和安装、滤料的选择和装填,以及封闭和固定等。监测井的建设可参照《地下水环境监测技术规范》(HJ/T 164－2020)中的有关要求。所用的设备和材料应清洗除污,建设结束后需及时进行洗井。监测井建设记录和地下水采样记录、样品保存、容器和采样体积的要求参照《地下水环境监测技术规范》。

第六，样品追踪管理。应建立完整的样品追踪管理程序，内容包括样品的保存、运输和交接等过程的书面记录和责任归属，避免样品被错误放置、混淆及保存过期。

(4)数据评估和结果分析

第二阶段土壤污染状况调查的最后一步是数据评估和结果分析。在数据评估工作中，调查者需要整理调查信息和检测结果，评估检测数据的质量，分析数据的有效性和充分性，确定是否需要补充采样分析，进行系统性的数据评估工作。在结果分析工作中，调查者可以将土壤和地下水样品送往实验室，委托有资质的实验室进行样品检测分析。实验室检测分析完成后，要根据土壤和地下水检测结果进行统计分析，确定地块关注污染物种类、浓度水平和空间分布。

(5)报告编制

第二阶段土壤污染状况调查报告需要对第二阶段调查过程和结果进行分析、总结和评价。内容主要包括工作计划、现场采样和实验室分析、数据评估和结果分析、结论和建议、附件(报告格式可参照图 7-1)。在报告的结论和建议中，应提出地块关注污染物清单和污染物分布特征等内容。此外，报告还应说明第二阶段土壤污染状况调查与计划的工作内容的偏差以及限制条件对结论的影响。

1　前言
2　概述
　　2.1　调查的目的和原则
　　2.2　调查范围
　　2.3　调查依据
　　2.4　调查方法
3　地块概况
　　3.1　区域环境状况
　　3.2　敏感目标
　　3.3　地块的使用现状和历史
　　3.4　相邻地块的使用现状和历史
　　3.5　第一阶段土壤污染状况调查总结
4　工作计划
　　4.1　补充资料的分析
　　4.2　采样方案
　　4.3　分析检测方案

5　现场采样和实验室分析
　5.1　现场探测方法和程序
　5.2　采样方法和程序
　5.3　实验室分析
　5.4　质量保证和质量控制
6　结果和评价
　6.1　地块的地质和水文地质条件
　6.2　分析检测结果
　6.3　结果分析和评价
7　结论和建议
8　附件(现场记录照片、现场探测的记录、监测井建设记录、实验室报告、质量控制结果和样品追踪监管记录表等)

图7-1　土壤污染状况调查第二阶段报告编制大纲①

3.第三阶段土壤污染状况调查

第三阶段土壤污染状况调查以补充采样和测试为主,获得满足风险评估及土壤和地下水修复所需的参数。本阶段的调查工作可单独进行,也可在第二阶段调查过程中同时开展。

第三阶段土壤污染状况调查的主要工作内容包括地块特征参数和受体暴露参数的调查。其中,地块特征参数包括:不同代表位置和土层或选定土层的土壤样品的理化性质分析数据,如土壤pH、容重、有机碳含量、含水率和质地等;地块(所在地)气候、水文、地质特征信息和数据,如地表年平均风速和水力传导系数等。根据风险评估和地块修复实际需要,选取适当的参数进行调查。受体暴露参数包括地块及周边地区土地利用方式、人群及建筑物等相关信息。

第三阶段土壤污染状况调查可采用资料查询、现场实测和实验室分析测试等方法,调查结果供地块风险评估、风险管控和修复使用。在编制第三阶段土壤污染状况调查报告时,要按照《建设用地土壤污染风险评估技术导则》和《建设用地土壤修复技术导则》的要求,提供相关内容和测试数据。

五、建设用地土壤污染风险管控和修复监测技术标准

建设用地土壤污染风险管控和修复监测规定于《建设用地土壤污染风险管控和修复监测技术导则》(HJ 25.2-2019),其规定了建设用地土壤污染风险管控和修复监测的基本原则、程序、内容和技术要求,是建设用地土壤污染风险管控和修复系列环境保护标准的重要组成部分。该标准适用于建设用地土壤污染状况调查和土壤污

① 参见《建设用地土壤污染状况调查技术导则》(HJ 25.1-2019),第11页。

染风险评估、风险管控、修复、风险管控效果评估、修复效果评估、后期管理等活动的环境监测，但不适用于建设用地的放射性及致病性生物污染监测。

（一）建设用地土壤污染风险管控和修复监测的基本原则、工作内容

1. 建设用地土壤污染风险管控和修复监测的基本原则

建设用地土壤污染风险管控和修复监测的基本原则包括针对性原则、规范性原则和可行性原则。

针对性原则是指地块环境监测应针对土壤污染状况调查与土壤污染风险评估、治理修复、修复效果评估及回顾性评估等各阶段环境管理的目的和要求开展，确保监测结果的协调性、一致性和时效性，为地块环境管理提供依据。

规范性原则是指以程序化和系统化的方式规范地块环境监测应遵循的基本原则、工作程序和工作方法，保证地块环境监测的科学性和客观性。

可行性原则是指在满足地块土壤污染状况调查与土壤污染风险评估、治理修复、修复效果评估及回顾性评估等各阶段监测要求的条件下，综合考虑监测成本、技术应用水平等方面因素，保证监测工作切实可行及后续工作的顺利开展。

2. 建设用地土壤污染风险管控和修复监测的工作内容

建设用地土壤污染风险管控和修复监测的工作内容包括地块土壤污染状况调查监测、地块治理修复监测、地块修复效果评估监测和地块回顾性评估监测。

地块土壤污染状况调查监测是指地块土壤污染状况调查和土壤污染风险评估过程中的环境监测，主要工作是采用监测手段识别土壤、地下水、地表水、环境空气、残余废弃物中的关注污染物及水文地质特征，并全面分析、确定地块的污染物种类、污染程度和污染范围。

地块治理修复监测是指地块治理修复过程中的环境监测，主要工作是针对各项治理修复技术措施的实施效果所开展的相关监测，包括治理修复过程中涉及环境保护的工程质量监测和二次污染物排放的监测。

地块修复效果评估监测是指对地块治理修复工程完成后的环境监测，主要工作是考核和评价治理修复后的地块是否达到已确定的修复目标及工程设计所提出的相关要求。

地块回顾性评估监测是指地块经过修复效果评估后，在特定的时间范围内，为评价治理修复后地块对土壤、地下水、地表水及环境空气的环境影响所进行的环境监测，同时包括针对地块长期原位治理修复工程措施的效果开展验证性的环境监测。

（二）建设用地土壤污染风险管控和修复监测的工作程序

地块环境监测的工作程序主要包括监测内容确定、监测计划制订、监测实施及监测报告编制。监测内容确定是监测启动后按照前文所列要求确定具体工作内容，此处不再赘述；监测计划制订包括资料收集分析，确定监测范围、监测对象、监测项目及

监测工作的组织等过程;监测实施包括监测点位布设、样品采集及样品分析等过程;监测报告编制包括土壤污染风险评估、修复治理等内容。

1. 监测计划制订

(1)资料收集分析

资料收集分析是指根据地块土壤污染状况调查阶段性结论,同时考虑地块治理修复监测、修复效果评估监测、回顾性评估监测各阶段的目的和要求,确定各阶段监测工作应收集的地块信息,主要包括地块土壤污染状况调查阶段所获得的信息和各阶段监测补充收集的信息。

(2)确定监测范围

根据监测活动的性质不同,确定监测范围应做如下区分。第一,地块土壤污染状况调查监测范围为前期土壤污染状况调查初步确定的地块边界范围。第二,地块治理修复监测范围应包括治理修复工程设计中确定的地块修复范围,以及治理修复中废水、废气及废渣影响的区域范围。第三,地块修复效果评估监测范围应与地块治理修复监测的范围一致。第四,地块回顾性评估监测范围应包括可能对土壤、地下水、地表水及环境空气产生环境影响的范围,以及地块长期治理修复工程可能影响的区域范围。

(3)确定监测对象

监测对象主要为土壤,必要时也应包括地下水、地表水及环境空气等。土壤包括地块内的表层土壤和下层土壤,表层土壤和下层土壤的具体深度划分应根据地块土壤污染状况调查阶段性结论确定。地块中存在的回填层一般可作为表层土壤。地下水主要为地块边界内的地下水或经地块地下径流到下游汇集区的浅层地下水。在污染较重且地质结构有利于污染物向下层土壤迁移的区域,则对深层地下水进行监测。地表水主要为地块边界内流经或汇集的地表水,对于污染较重的地块也应考虑流经地块地表水的下游汇集区。环境空气是指地块污染区域中心的空气和地块下风向主要环境敏感点的空气。

此外,地块土壤污染状况调查的监测对象中还应考虑地块残余废弃物,主要包括地块内遗留的生产原料、工业废渣,废弃化学品及其污染物,残留在废弃设施、容器及管道内的固态、半固态及液态物质,其他与当地土壤特征有明显区别的固态物质。地块治理修复监测的对象还应包括治理修复过程中排放的物质,如废气、废水及废渣等。

(4)确定监测项目

在地块土壤污染状况调查监测项目方面,地块土壤污染状况调查初步采样监测项目应根据《土壤环境质量　建设用地土壤污染风险管控标准(试行)》的要求、前期土壤污染状况调查阶段性结论与本阶段工作计划确定,具体按照《建设用地土壤污染状况调查技术导则》相关要求确定。可能涉及的危险废物监测项目应参照《危险废物鉴别标准 通则》(GB 5085.7－2019)中相关指标确定。地块土壤污染状况调查详细采样监测项目包括土壤污染状况调查确定的地块特征污染物和地块特征参数,应根据《建设用地土壤污染状况调查技术导则》相关要求确定。

地块治理修复、修复效果评估及回顾性评估监测项目方面,土壤的监测项目为土壤污染风险评估确定的需治理修复的各项指标。地下水、地表水及环境空气的监测项目应根据治理修复的技术要求确定。监测项目还应考虑地块治理修复过程中可能产生的污染物,具体应根据地块治理修复工艺技术要求确定,可参见《建设用地土壤修复技术导则》中的相关要求。

(5)监测工作的组织

监测工作的组织包括分工、准备、实施三个方面。第一,监测工作的分工一般包括信息收集整理、监测计划编制、监测点位布设、样品采集及现场分析、样品实验室分析、数据处理、监测报告编制等。承担单位应根据监测任务组织好单位内部及合作单位间的责任分工。第二,监测工作的准备一般包括人员分工、信息的收集整理、工作计划编制、个人防护准备、现场踏勘、采样设备和容器及分析仪器准备等。第三,监测工作的实施主要包括监测点位布设、样品采集、样品分析,以及后续的数据处理和报告编制。一般情况下,监测工作实施的核心是布点采样,因此应及时落实现场布点采样的相关工作条件。在样品的采集、制备、运输及分析过程中,应采取必要的技术和管理措施,保证监测人员的安全防护。

2. 监测实施

监测实施包括监测点位布设、样品采集及样品分析等过程。

(1)监测点位布设

监测点位布设方法包括土壤监测点位布设方法、地下水监测点位布设方法、地表水监测点位布设方法、环境空气监测点位布设方法、地块内残余废弃物监测点位布设方法等。

地块土壤污染状况调查监测点位的布设包括土壤监测点位的布设、地下水监测点位的布设、地表水监测点位的布设、环境空气监测点位的布设以及地块残余废弃物监测点位的布设。

地块治理修复监测点位的布设包括地块残余危险废物和具有危险废物特征土壤清理效果的监测、污染土壤清挖效果的监测、污染土壤治理修复的监测等。

(2)样品采集

样品采集包括土壤样品采集、地下水样品的采集以及其他样品的采集。

在土壤样品采集中,应当注意以下五点内容:第一,在采样时,应当对表层土壤和下层土壤采取不同的采样手段。第二,对原位治理修复工程措施效果(如客土、隔离、防迁移扩散等)的监测采样,应根据工程设计提出的要求进行。第三,挥发性有机物污染、易分解有机物污染、恶臭污染土壤的采样,应采用无扰动式的采样方法和工具。第四,如需采集土壤混合样时,将等量各点采集的土壤样品充分混拌后四分法取得土壤混合样。第五,土壤样品的保存与流转过程应注意不同样品的特性。

地下水采样时应依据地块的水文地质条件,结合调查获取的污染源及污染土壤特征,应利用最低的采样频次获得最有代表性的样品。

其他样品的采集包括地表水样品的采集、环境空气样品的采集以及地块残余废弃物样品的采集。

(3)样品分析

建设用地土壤污染风险管控和修复监测的样品分析包括现场样品分析和实验室样品分析。

在现场样品分析过程中,可采用便携式分析仪器设备进行定性和半定量分析。水样的温度须在现场进行分析测试,溶解氧、pH、电导率、色度、浊度等监测项目亦可在现场进行分析测试,并应保持监测时间一致性。采用便携式仪器设备对挥发性有机物进行定性分析,可将污染土壤置于密闭容器中稳定一定时间后测试容器中顶部的气体。

实验室样品分析中,可根据监测对象的不同区分分析方法。对最常见的土壤样品进行分析时,应参照《土壤环境质量 建设用地土壤污染风险管控标准(试行)》和《土壤环境监测技术规范》的指定方法。土壤的常规理化特征土壤 pH、粒径分布、密度、孔隙度、有机质含量、渗透系数、阳离子交换量等的分析测试应按照《岩土工程勘察规范》(GB 50021－2001)执行。污染土壤的危险废物特征鉴别分析,应按照《危险废物鉴别标准 腐蚀性鉴别》(GB 5085.1－2007)、《危险废物鉴别标准 急性毒性初筛》(GB 5085.2－2007)、《危险废物鉴别标准 浸出毒性鉴别》(GB 5085.3－2007)、《危险废物鉴别标准 易燃性鉴别》(GB 5085.4－2007)、《危险废物鉴别标准 反应性鉴别》(GB 5085.5－2007)、《危险废物鉴别标准 毒性物质含量鉴别》(GB 5085.6－2007)、《危险废物鉴别标准 通则》(GB 5085.7－2019)中的指定方法进行。对于地下水样品、地表水样品、环境空气样品、残余废弃物样品的分析,应分别按照《地下水环境监测技术规范》(HJ 164－2020)、《地表水和污水监测技术规范》(HJ/T 91－2002)、《环境空气质量标准》(GB 3095－2012)、《恶臭污染物排放标准》(GB 14554－93)和《危险废物鉴别技术规范》(HJ 298－2019)中的指定方法进行。

3. 监测报告编制

建设用地土壤污染风险管控和修复监测报告应包括但不限于以下内容:报告名

称、任务来源、编制目的及依据、监测范围、污染源调查与分析、监测对象、监测项目、监测频次、布点原则与方法、监测点位图、采样与分析方法和时间、质量控制与质量保证、评价标准与方法、监测结果汇总表等。同时,其应包括实验室名称,报告编号,报告每页和总页数,采样者,分析者,报告编制、复核、审核和签发者及时间等相关信息。

对于监测结果,可按照地块土壤污染状况调查和土壤污染风险评估、治理修复、修复效果评估及回顾性评估等不同阶段的要求与相关标准的技术要求进行监测数据的汇总分析。

六、建设用地土壤修复技术标准

建设用地土壤修复技术标准规定于《建设用地土壤修复技术导则》(HJ 25.4-2019)中。该标准规定了建设用地土壤修复方案编制的基本原则、程序、内容和技术要求,是建设用地土壤污染风险管控和修复系列环境保护标准的重要组成部分。该标准适用于建设用地土壤修复方案的制订,但不适用于地下水修复、放射性污染和致病性生物污染的土壤修复。

(一)建设用地土壤修复基本原则

建设用地土壤修复基本原则包括科学性原则、可行性原则和安全性原则。

科学性原则,是指采用科学的方法,综合考虑地块修复目标、土壤修复技术的处理效果、修复时间、修复成本、修复工程的环境影响等因素,制订修复方案。

可行性原则,是指制订的地块土壤修复方案要合理可行,要在前期工作的基础上,针对地块的污染性质、程度、范围以及对人体健康或生态环境造成的危害,合理选择土壤修复技术,因地制宜制订修复方案,使修复目标可达到,且修复工程切实可行。

安全性原则,是指制订地块土壤修复方案要确保地块修复工程实施安全,防止对施工人员、周边人群健康以及生态环境产生危害和二次污染。

(二)土壤修复方案编制程序

地块土壤修复方案编制分为选择修复模式、筛选修复技术、制订修复方案三个阶段。

1. 选择修复模式

选择修复模式,是指在分析前期土壤污染状况调查和风险评估资料的基础上,根据地块特征条件、目标污染物、修复目标、修复范围和修复时间长短等,选择确定地块修复总体思路。

(1)确认地块选择

确认地块选择工作由核实地块相关资料、现场考察地块状况、补充相关技术资料三个环节组成。

核实地块相关资料时，需要审阅前期按照《建设用地土壤污染状况调查技术导则》（HJ 25.1－2019）和《建设用地土壤污染风险管控和修复监测技术导则》（HJ 25.2－2019）完成的土壤污染状况调查报告和按照《建设用地土壤污染风险评估技术导则》（HJ 25.3－2019）完成的地块风险评估报告等相关资料，核实地块相关资料的完整性和有效性，重点核实前期地块信息和资料是否能反映地块目前实际情况。

现场考察地块状况时，考察地块目前现状情况，特别关注与前期土壤污染状况调查和风险评估时发生的重大变化，以及周边环境保护敏感目标的变化情况。现场考察地块修复工程施工条件，特别关注地块用电、用水、施工道路、安全保卫等情况，为修复方案的工程施工区布局提供基础信息。

补充相关技术资料时，通过核查地块已有资料和现场考察地块状况，如发现不能满足修复方案编制基础信息要求，应适当补充相关资料。必要时应适当开展补充监测，甚至进行补充性土壤污染状况调查和风险评估，相关技术要求参考《建设用地土壤污染状况调查技术导则》《建设用地土壤污染风险管控和修复监测技术导则》《建设用地土壤污染风险评估技术导则》。

（2）提出修复目标

提出修复目标，是指通过对前期获得的土壤污染状况调查和风险评估资料进行分析，结合必要的补充调查，确认地块土壤修复的三项具体目标：目标污染物、修复目标值和修复范围。

确认目标污染物，需要确认前期土壤污染状况调查和风险评估提出的土壤修复目标污染物，分析其与地块特征污染物的关联性和与相关标准的符合程度。

提出修复目标值，需要分析比较按照《建设用地土壤污染风险评估技术导则》计算的土壤风险控制值、《土壤环境质量 建设用地土壤污染风险管控标准（试行）》规定的筛选值和管制值、地块所在区域土壤中目标污染物的背景含量以及国家和地方有关标准中规定的限值，结合目标污染物形态与迁移转化规律等，合理提出土壤目标污染物的修复目标值。

确认修复范围，要求确认前期土壤污染状况调查与风险评估提出的土壤修复范围是否清楚，包括四周边界和污染土层深度分布，特别要关注污染土层异常分布情况，如非连续性自上而下分布。依据土壤目标污染物的修复目标值，分析和评估需要修复的土壤量。

（3）确认修复要求与选定修复模式

确认修复要求，是指与地块利益相关方进行沟通，确认对土壤修复的要求，如修复时间、预期经费投入等。在最终选定修复模式时，相关方的修复要求应当被修复方案制订者充分掌握。

选定修复模式,是指根据地块特征条件、修复目标和修复要求,最终选择确定地块修复总体思路。在选定修复模式时,应当遵循以下原则:第一,永久性处理修复优先于处置的原则,以便显著地减少污染物数量、毒性和迁移性;第二,鼓励采用绿色的、可持续和资源化修复;第三,治理与修复工程原则上应当在原址进行,确需转运污染土壤的,应确定运输方式、路线,污染土壤数量、去向和最终处置措施。

2. 筛选修复技术

筛选修复技术,发生于选择修复模式之后,需要根据地块的具体情况,按照确定的修复模式,筛选实用的土壤修复技术,开展必要的实验室小试和现场中试,或对土壤修复技术应用案例进行分析,从适用条件、对本地块土壤修复效果、成本和环境安全性等方面进行评估,最终确定修复技术。

首先,要分析比较实用修复技术,结合地块污染特征、土壤特性和选择的修复模式,从技术成熟度、适合的目标污染物和土壤类型、修复的效果、时间和成本等方面分析比较现有的土壤修复技术优缺点,重点分析各修复技术工程应用的实用性。可以采用列表对修复技术原理、适用条件、主要技术指标、经济指标和技术应用的优缺点等方面进行比较分析,也可以采用权重打分的方法。通过比较分析,提出一种或多种备选修复技术进行下一步可行性评估。

其次,要进行修复技术可行性评估。具体而言,修复技术可行性评估可细分为实验室小试、现场中试和应用案例分析 3 种评估方式,分别适用于不同情景。第一种评估方式是实验室小试,这也是最简易的一种评估方式。评估者需采集地块的污染土壤进行试验,针对试验修复技术的关键环节和关键参数制订实验室试验方案。第二种评估方式为现场中试,这种评估方式适用于对土壤修复技术适用性不确定的情况,要求评估者尽快赴地块现场进行评估,验证试验修复技术的实际效果,同时考虑工程管理和二次污染防范等。中试试验应尽量兼顾地块中不同区域、不同污染浓度和不同土壤类型,获得土壤修复工程设计所需要的参数。第三种评估方式是应用案例分析,是指采用相同或类似地块修复技术的应用案例分析进行,必要时,也可现场考察和评估应用案例实际工程。

在分析比较土壤修复技术优缺点和开展技术可行性试验的基础上,评估者从技术的成熟度、适用条件,对地块土壤修复的效果、成本、时间和环境安全性等方面对各备选修复技术进行综合比较,选择确定修复技术,以进入下一步的制订修复方案阶段。

3. 制订修复方案

制订修复方案,发生于筛选修复技术之后,需要根据确定的修复技术,制定土壤修复技术路线,确定土壤修复技术的工艺参数,估算地块土壤修复的工程量,提出初步修复方案。从主要技术指标、修复工程费用以及二次污染防治措施等方面进行方案可行性比选,确定经济、实用和可行的修复方案。

(1)制定土壤修复技术路线

制订修复方案的第一个步骤是制定土壤修复技术路线。修复方案编制者需要根据确定的地块修复模式和土壤修复技术制定土壤修复技术路线,可以采用单一修复技术制定,也可以采用多种修复技术进行优化组合集成。修复技术路线应反映地块修复总体思路和修复方式、修复工艺流程和具体步骤,还应包括地块土壤修复过程中受污染水体、气体和固体废物等的无害化处理处置等。

(2)确定土壤修复技术的工艺参数

制订修复方案的第二个步骤是确定土壤修复技术的工艺参数。土壤修复技术的工艺参数应通过实验室小试和(或)现场中试获得。工艺参数包括但不限于药剂投加量或比例、设备影响半径、设备处理能力、处理需要时间、处理条件、能耗、设备占地面积或作业区面积等。

(3)估算地块土壤修复的工程量

制订修复方案的第三个步骤是估算地块土壤修复的工程量。修复方案编制者需要根据技术路线,按照确定的单一修复技术或修复技术组合的方案,结合工艺流程和参数,估算每个修复方案的修复工程量。根据修复方案的不同,修复工程量可能是调查和评估阶段确定的土壤处理和处置所需工程量,也可能是方案涉及的工程量,还应考虑土壤修复过程中受污染水体、气体和固体废物等的无害化处理处置的工程量。

(4)修复方案比选

制订修复方案的第四个步骤是修复方案比选。对于修复方案,要从确定的单一修复技术或多种修复技术组合方案的主要技术指标、工程费用估算和二次污染防治措施三个方面进行比选,最后确定最佳修复方案。

第一,在比较主要技术指标时,要结合地块土壤特征和修复目标,从符合法律法规、长期和短期效果、修复时间、修复成本和修复工程的环境影响等方面比较不同修复方案主要技术指标的合理性。

第二,在比较修复工程费用时,要根据地块修复工程量,估算并比较不同修复方案所产生的修复费用,包括直接费用和间接费用。直接费用主要包括修复工程主体设备、材料、工程实施等费用;间接费用包括修复工程监测、工程监理、质量控制、健康安全防护和二次污染防范措施等费用。

第三,在比较二次污染防治措施时,应分析地块修复工程实施的环境影响,并应根据土壤修复工艺过程和施工设备清洗等环节产生的废水、废气、固体废物,噪声和扬尘等环境影响,制订相关的收集、处理和处置技术方案,提出二次污染防治措施。综合比较不同修复方案二次污染防治措施的有效性和可实施性。

(5)制订环境管理计划

制订修复方案的第五个步骤是制订环境管理计划。具言之,地块土壤修复工程环境管理计划包括修复工程环境监测计划和环境应急安全计划两种。

修复工程环境监测计划包括修复工程环境监理、二次污染监控和修复效果评估中的环境监测。修复方案编制者应根据确定的最佳修复方案,结合地块污染特征和地块所处环境条件,有针对性地制订修复工程环境监测计划。相关技术要求按照《建设用地土壤污染风险管控和修复监测技术导则》(HJ 25.2－2019)、《污染地块风险管控与土壤修复效果评估技术导则(试行)》(HJ 25.5－2018)执行。

为确保地块修复过程中施工人员与周边居民的安全,应制订周密的地块修复工程环境应急安全计划,内容包括安全问题识别、需要采取的预防措施、突发事故时的应急措施、必须配备的安全防护装备和安全防护培训等。

(三)土壤修复方案文书制作

在选择修复模式、筛选修复技术、制订修复方案三项程序后,修复方案编制工作进入最后阶段,编制者开始进行土壤修复方案文书制作。在制作修复方案文书时,要全面和准确地反映全部工作内容。报告中的文字应简洁和准确,并尽量采用图、表和照片等形式描述各种关键技术信息,以利于后续土壤修复工程的设计与施工。为保证修复方案内容的全面性,《建设用地土壤修复技术导则》于附录 A 中列明了地块土壤修复方案编制大纲(如图 7－2 所示),要求修复方案编制者根据地块的环境特征和地块修复工程的特点选择附录 A 全部或部分内容进行编制。

1　总论
　1.1　任务由来
　1.2　编制依据
　1.3　编制内容
2　地块问题识别
　2.1　所在区域概况
　2.2　地块基本信息
　2.3　地块环境特征
　2.4　地块污染特征
　2.5　土壤污染风险
3　地块修复模式
　3.1　地块修复总体思路
　3.2　地块修复范围
　3.3　地块修复目标

4 修复技术筛选
  4.1 土壤修复技术简述
  4.2 土壤修复技术可行性评估
5 修复方案设计
  5.1 修复技术路线
  5.2 修复技术工艺参数
  5.3 修复工程量估算
  5.4 修复工程费用估算
  5.5 修复方案比选
6 环境管理计划
  6.1 修复工程监理
  6.2 二次污染防范
  6.3 修复效果评估监测
  6.4 环境应急方案
7 成本效益分析
  7.1 修复费用
  7.2 环境效益、经济效益、社会效益
8 结论
  8.1 可行性研究结论
  8.2 问题和建议

图7-2 地块土壤修复方案编制大纲①

七、区域性土壤环境背景含量统计标准

区域性土壤环境背景含量统计标准是一类较新的环境标准,规定在《区域性土壤环境背景含量统计技术导则(试行)》(HJ 1185-2021)中。在主要内容上,《区域性土壤环境背景含量统计技术导则(试行)》规定了区域性土壤环境背景含量统计工作程序以及数据获取、数据处理分析、统计与表征等技术要求。其中,土壤环境背景含量是指一定时间条件下,仅受地球化学过程和非点源输入影响的土壤中元素或化合物的含量。在适用范围上,该标准适用于区域性土壤环境背景含量的统计,地块尺度土壤环境背景含量统计的相关标准另行制定。

(一)区域性土壤环境背景含量统计工作内容

具体来说,土壤环境背景含量统计活动的内容包括两个方面:一是确定调查范围,即明确调查区域、目标时间范围和目标元素或化合物;二是进行数据统计,统计与表征调查区域目标时间范围内土壤中目标元素或化合物的环境背景含量以数据获取、数据处理分析、统计和表征为具体内容。

---

① 参见《建设用地土壤修复技术导则》(HJ 25.4-2019),第7页。

首先,在确定调查范围时,需要确定土壤环境背景含量统计的空间范围、时间范围、客体范围。空间范围上,需要明确调查区域的平面范围与垂向深度。平面范围可以是行政区域,也可以是行政区域内一定土壤类型、成土母质(岩)类型、流域或土地利用类型等区域,或以上类型组合形成的区域。垂向深度可以是相对固定土壤深度,也可以是一定土壤层次。时间范围上,目标时间范围可以是历史上某一时间段,也可以是当前一定时间段,此时间范围内土壤中目标元素或化合物未发生超预期的富集、损失或含量水平的变化。客体范围是统计活动所指向的土壤中的目标元素或化合物,可以是某一种、某一类或多种。

其次,在进行数据统计时,要按照规范的程序进行,《区域性土壤环境背景含量统计技术导则(试行)》规定了数据获取、数据处理分析、统计与表征三个环节。第一个环节是数据获取,此环节调查者需要收集整理区域性土壤环境背景含量统计所需的相关数据资料,明确是否存在已有数据。当存在已有数据时,应进行点位数据评估,若存在满足要求的点位数据,还应进行数据集评估。当不存在已有数据或已有数据不能完全满足要求时,如目标时间范围为当前一定时间段,则应当开展或结合已有数据开展土壤环境背景调查以获取数据,如目标时间范围为历史上某一时间段,则已有数据仅作为参考。

第二个环节是数据处理分析,此环节中,调查者需要先根据区域性土壤环境背景含量统计的工作目标划分统计单元,再检验统计单元土壤环境背景含量数据的分布类型,判别和处理异常值。出现异常值时,要重新进行数据分布类型检验,并对新的检测结果重新进行异常值判别,循环进行此操作至不出现异常值时进入统计与表征环节。

第三个环节是统计与表征环节,这是使用数据处理分析结果编制分析成果的环节,包括统计与表征两个具体方面。其中,统计是指在数据处理分析的基础上,统计不同统计单元的区域性土壤环境背景含量;表征是指用图和表的形式表征区域性土壤环境背景含量,编制区域性土壤环境背景含量统计技术报告。表征工作应于统计工作之后进行。

(二)数据资料收集与整理

数据获取的首个环节就是数据资料收集与整理。在数据收集中,需要注意数据收集方法和数据收集内容。在数据收集方法上,需要注意所收集图件的比例尺应与调查区域相匹配。在数据收集内容上,调查者需要收集自然和社会经济信息、土地利用及其变化图件、环境数据资料等区域资料。其中,自然和社会经济信息包括地形、地貌、植被、土壤类型、成土母质(岩)类型、水文、气候和矿产资源分布等。土地利用及其变化图件包括调查区域土地利用现状及其变化图件资料等。环境数据资料包括由政府机关和权威机构所保存和发布的环境资料（如区域环境保护规划、环境质量公报等）、污染源信息（如工农业生产及排污）、农业投入品使用情况（如农药、肥料、土壤调理剂、农膜等）、土壤环境调查数据等。

收集到足够的数据后，需要进行数据整理。调查者根据专业知识和经验识别处理资料中的错误和不合理信息，并将此类排除。排除错误数据后，需要对收集的资料进行归类整理，如存在所需已有数据，应建立由点位数据组成的数据集，以便进行下一步的数据评估工作。

（三）已有数据评估

在进行数据资料收集与整理后，应当判断是否存在已有数据，如果存在已有数据，应当进行点位数据评估，若点位数据满足要求，则应进一步进行数据集评估。点位数据评估、数据集评估和数据集合并方法共同组成已有数据评估活动，其目的是经评估筛选出符合要求的数据作为土壤环境背景含量数据供数据处理分析环节使用。

1. 点位数据评估

点位数据评估应于数据获取阶段进行，是在收集整理区域性土壤环境背景含量统计所需的相关数据资料，发现存在已有数据时，应当进行的数据评估活动。点位数据评估包括数据完整性评估、数据符合性评估和数据规范性评估。

数据完整性评估将评估数据内容的完整性。根据《区域性土壤环境背景含量统计技术导则（试行）》的规定，已有数据达到以下信息项要求的，则其完整性满足要求：采样日期、布点方法、选点原则、样点位置（坐标）、样品采集方法、样品采集层次、分析测试项目、样品分析测试方法、野外信息记录［如土壤类型、成土母质（岩）类型、土地利用类型和作物类型］。

数据符合性评估将评估数据内容与区域性土壤环境背景含量统计工作目标的相符程度。数据规范性评估的客体是满足完整性要求的已有数据，调查者需要对照工作目标对时间范围、采样层次或深度、目标元素或化合物的相关要求，对已有数据进行符合性评估，如果已有数据的采样日期、样品采集层次、分析测试项目等相关信息符合区域性土壤环境背景含量统计工作目标相关要求，则其符合性满足要求。

数据规范性评估将评估数据收集方法的规范性、科学性和可靠性。数据规范性评估的客体是满足完整性和符合性要求的已有数据，调查者需要对照《区域性土壤环境背景含量统计技术导则（试行）》对区域性土壤环境背景调查点位布设、样品分析测试和质量控制与质量保证的相关要求，评估数据的规范性。如果已有数据的布点方法、点位选择、样品分析测试、质量控制与质量保证符合《区域性土壤环境背景含量统计技术导则（试行）》第 5.4 条规定的相关要求，则其规范性满足要求。

2. 数据集评估和数据集合并方法

在数据通过点位数据评估后,需要进行数据集评估。所谓数据集,即点位数据的集合。满足完整性、符合性和规范性要求的点位需按照《区域性土壤环境背景含量统计技术导则(试行)》确定的调查单元划分方法进行数据合并,形成调查单元。待单一调查单元内满足要求的点位数量达到该标准规定的数量时,调查者方可结合已有数据开展区域性土壤环境背景调查。

在合并数据形成数据集时,应当注意以下四项技术要点。第一,应评估合并不同来源数据可增加样本代表性的优点与可能引入不准确性的缺点,数据的合并可能需作出数据准确性上的妥协。第二,应考虑合并后点位数据的空间分布相对均匀性,点位数据存在聚集的,应进行去聚集化处理,综合考虑点位的均匀性和代表性,尽可能随机选择保留点位。第三,按照发生层次与按照固定深度两种不同土壤样品采集方法获得的数据不宜合并。第四,对于来自不同分析测试方法的数据,应确保不同分析测试方法之间的等效性。

数据集必须满足上述要求才能用于开展区域性土壤环境背景调查,但不满足形成数据集条件的已有有效数据也会得到利用。在数据集不满足要求,但存在满足要求的点位数据且目标时间范围为当前一定时间段时,可结合这些点位数据进行区域性土壤环境背景调查。在此情况下,在调查过程中应考虑与满足要求的已有点位数据的衔接:一是在布点数量上,可以减去满足要求的点位数据对应的点位数量;二是在布点位置上,在满足要求的点位数据对应的网格内可不布设采样点位。

(四)区域性土壤环境背景调查

如果不存在已有数据,或已有数据经评估不符合要求,则需要进行区域性土壤环境背景调查,通过调查获得土壤环境背景含量数据。

1. 调查项目确定和调查单元划分

开展区域性土壤环境背景调查,首先要确定调查项目。调查项目需根据工作目标确定,可以是土壤中各种元素或化合物,也可以是部分土壤理化性质参数,包括土壤 pH、土壤质地、容重、有机质含量、阳离子交换量等。

确定调查项目后,要进行调查单元划分活动。在调查区域内,应按照影响该区域土壤环境背景含量的主导因素土壤类型和成土母质(岩)类型等划分调查单元。土壤类型和成土母质(岩)类型图件的比例尺应相对一致。土壤类型采用《中国土壤分类与代码》(GB/T 17296—2009)规定的分类方法,可按照土类、亚类、土属、土种的顺序,结合工作目标进行逐级细化。具言之,当工作目标为统计与表征调查区域内不同流域、行政区或土地利用类型的土壤环境背景含量时,在调查区域内,按照流域、行政区、土地利用类型等因素或综合主导因素划分调查单元。当工作目标为统计与表征整个调查区域的土壤环境背景含量时，将整个调查区域作为一个调查单元。

2. 调查点位布设

确定调查项目、划分调查单元后，要在调查单元内布设调查点位。布设调查点位需要做好基础样本数量评估、布点数量确定、布点方法选择、布点位置选定四项工作。

（1）基础样本数量评估

第一项工作是基础样本数量评估，需要通过变异系数和相对偏差计算样本数量，计算公式如式（7-1）所示。①

$$N=\frac{t^2C_v^2}{m^2} \tag{7-1}$$

式中各变量代表应做如下理解：一是“N”，代表基础样本数量，以“个”为单位。二是“t”，代表选定置信水平（土壤环境监测一般选定为95%）一定自由度下的 t 值，具体值参见《区域性土壤环境背景含量统计技术导则（试行）》附录A。三是“C_v”，代表变异系数，从已有的其他研究资料中估计，以%为单位。开展过背景含量调查的区域，可以参考当时的 C_v；没有开展过背景含量调查的区域，可参考上一级区域的 C_v；没有开展过背景含量调查且土壤变异程度较小的区域，一般 C_v 可用10%～30%粗略估计，如土壤变异程度较大，应开展初步调查进行估计。四是“m”，代表可接受的相对偏差，土壤环境监测一般限定为20～30，以%为单位。

（2）布点数量确定

第二项工作是布点数量确定，实际工作中土壤布点数量要根据调查目的、调查精度和调查区域环境状况等因素确定。原则上，各调查单元的布点数量应同时满足基础样本数量和统计单元最少样本量30个的要求。对于以历史上某一时间段为目标时间范围的，若点位数不满足要求，应注明点位数量，所得结果作为参考。

此外，还需考虑土壤变异的不确定性和可能出现异常值等因素对布点数量的影响。为保证统计数据的有效性，在存在土壤变异的不确定性和可能出现异常值情况时，布点数量宜适度增加。获取土壤环境背景含量数据后，若实际变异系数大于设定 C_v 且反算的 m 值不可接受时，则土壤变异的不确定性和可能出现异常值过大，应考虑补充点位后重新统计。当调查项目为多个元素或化合物时，各元素或化合物的土壤变异不确定性和可能出现的异常值不同时，可按照最大变异系数来确定布点数量，协调布设调查点位。

（3）布点方法选择

针对调查区域内调查单元的布点选择方法一般有3种：系统布点法、系统随机布

① 参见《区域性土壤环境背景含量统计技术导则（试行）》（HJ 1185-2021），第5页。

点法、专业判断布点法。一般情况下,调查者多应采用系统布点或系统随机布点方法并结合专业判断进行布点,在保证样点相对均匀分布的情况下,也可以单独采用专业判断布点法。

系统布点法需要将调查单元划分成面积相等的网格,网格的数量等于布点数量,每个网格内布设1个采样点。该方法适用于既有认知较少,自然因素变异较大,或者目标元素或化合物含量变化较大的区域,也适用于同一土壤类型、流域类型。

系统随机布点法需要将调查单元划分成面积相等的网格,网格的数量大于布点数量2倍,对每个网格进行编号,从中随机抽取满足布点数量的网格,每个网格内布设1个采样点。可以利用掷骰子、抽签、查随机数表的方法随机抽取网格。该方法适用于土壤类型、成土母质(岩)类型单一,地形相对平坦,其他自然因素差异较小的区域。当随机布设的点位分布不均时,需适当增加或调整点位。

专业判断布点法则只需要根据专家判断,选择具有代表性的样点进行采样。此方法中,调查者的自由裁量权较大,适用于对调查单元有较充分了解的情形,选择具有代表性的样点需要有一定的土壤分类和地质学知识和经验。但由于专家的判断存在较强的主观任意性,此方法的适用范围应当限缩,在方法选择顺位中劣后于前两种方法。

(4)布点位置选定

布点位置选定的基本要求是具有代表性,并尽量避开人为活动的影响,需要遵守以下选点规则。第一,采样点自然景观应符合土壤环境背景研究的要求。采样点选在所采土壤类型特征明显,地形相对平坦、稳定、植被良好的地点;坡脚、洼地等具有从属景观特征的地点,一般不布设采样点。第二,采样点以剖面发育完整、层次较清楚为准,不在水土流失严重或表土被破坏处设采样点。第三,不宜在多种土类、多种成土母质(岩)交错分布、面积较小的边缘地区布设采样点。第四,现状及历史上的城镇、住宅、工矿企业、交通运输、水利设施、殡葬、粪坑等人为干扰大的区域及其影响范围内不宜设采样点,其对周边的影响范围应根据实际情况进行综合判断。在确定工矿企业、交通运输的人为影响范围时,可参考《区域性土壤环境背景含量统计技术导则(试行)》的规定进行初步判定:工矿企业的影响范围为周边5000m;铁路交通的影响范围为铁路两侧500m;二级以上公路的影响范围为公路两侧350m;农村道路的影响范围为农村道路两侧50m。

3.调查样品的采集、保存和分析测试、质量控制与质量保证

样品的采集工作中,一般按照发生层次采集剖面土壤样品,或根据工作目标特殊需求,采集固定深度土壤样品,同一调查区域应采用相同的样品采集方法。固定深度土壤样品一般按照0~20cm、40~60cm和80~100cm中的一个或多个深度进行采

集,也可以根据工作目标增加采集其他固定深度的土壤样品。以钻孔取样为主,也可以采用槽探的方式进行,样品采集量、采样记录等参照剖面土壤样品采集。

样品的保存和分析测试按照《土壤环境监测技术规范》(HJ/T 166－2004)中的相关规定执行。其中,分析测试标准方法优先采用《土壤环境质量 农用地土壤污染风险管控标准(试行)》(GB 15618－2018)和《土壤环境质量 建设用地土壤污染风险管控标准(试行)》(GB 36600－2018)中的分析方法,《土壤环境质量 农用地土壤污染风险管控标准(试行)》和《土壤环境质量 建设用地土壤污染风险管控标准(试行)》中污染物项目以外的分析方法选用现行有效的国家、行业标准方法。除上述分析方法标准外,《区域性土壤环境背景含量统计技术导则(试行)》实施后发布的其他污染物分析方法标准,如明确适用于土壤样品分析测试,也可采用该分析方法标准。

样品的质量控制与质量保证按照《土壤环境监测技术规范》(HJ/T 166－2004)中的相关规定执行。为保证所产生的区域性土壤环境背景调查数据具有代表性、准确性、精密性、可比性和完整性,质量控制与质量保证应涉及调查的全部过程。

(五)数据处理分析

在通过已有数据评估或区域性土壤环境背景获取足够的土壤环境背景含量数据后,要对数据进行处理分析。具言之,数据处理分析工作包括统计单元划分、数据分布类型检验、异常值判别与处理等步骤。

首先需要进行统计单元划分。数据处理人员按照影响土壤环境背景含量的主导因素不同,将土壤环境背景含量数据划分为不同统计单元,使统计单元内土壤环境背景含量的变异性相对较小。在划分时,可以充分利用现有区划,根据工作目标要求,按照划分调查单元的流域、行政区划或土地利用类型等划分统计单元。

其次是数据分布类型检验。这项工作在划定统计单元后,由调查者基于统计单元内每层土壤环境背景含量数据进行。从分布类型种类来看,区域性土壤环境背景含量数据的分布类型大致分为正态分布、对数正态分布和其他分布,需要根据《数据的统计处理和解释 正态性检验》(GB/T 4882－2001)进行数据的正态性检验。

再次要进行异常值判别。常用判别样本异常值的方法包括格拉布斯(Grubbs)检验法、狄克逊(Dixon)检验法、T(Thompson)检验法、箱线图法和富集系数法。在使用这些判别方法时要注意以下两点:一是 Grubbs 检验法、Dixon 检验法、T 检验法仅适用于来自正态总体的样本,若来自对数正态总体,应先将数据取对数,然后对对数数据样本实施上述判别检验。对于其他分布的数据样本可以采用箱线图法进行判别。二是 Dixon 检验法的适用对样本容量有特殊要求,仅适用于样本容量不大于100的样本,而 Grubbs 检验法和 T 检验法对大、小样本都适用。

最后要进行异常值处理。对于所判别的异常值,要从以下四个方面判断,决定剔除、更正或保留:一是检查原始记录,若是过失或错误的数据,如样品采集、分析检测、数据输入错误等原因导致的异常数据,应予更正或剔除。二是考察取样的实际情况,根据目标元素或化合物含量特征和组合特征综合分析,或结合富集系数等方法判断异常原因。若异常值来源于污染,则剔除;若来源于高背景,应予以保留。三是若判别出的异常值不止一个,按异常值数字从大到小的顺序逐个判断,逐个处理。四是对于呈现多峰的数据,应根据实际情况判断异常值原因,谨慎处理。若根据以上条件决定对异常值进行剔除或更正,被剔除或更正的异常值及其理由应予记录,以备查询。处理后样本数量不能满足统计要求的,应补充样本数据。

(六)统计与表征

对异常值处理后,进入统计与表征阶段。首先进行区域性土壤环境背景含量统计,统计的具体数据指标包括样点数量、最小值、最大值、分位数(2.5%、5%、10%、25%、50%、75%、90%、95%、97.5%)、算术平均值、算术标准差、几何平均值、几何标准差等统计量。有关计算公式参见式(7-2)。①

$$
\begin{aligned}
\bar{x} &= \frac{1}{n}\sum_{i=1}^{n} x_i \\
S &= \sqrt{\frac{\sum_{i=1}^{n}(x_i-\bar{x})^2}{n-1}} \\
M &= \log^{-1}\left(\frac{1}{n}\sum_{i=1}^{n} x'_i\right) \\
D &= \log^{-1}\left(\sqrt{\frac{\sum_{i=1}^{n}\left(x'_i-\frac{1}{n}\sum_{i=1}^{n} x'_i\right)^2}{n-1}}\right)
\end{aligned}
\qquad (7-2)
$$

式中:n——样本量,个;

x_i——第 i 个样本值;

x'_i——$\log x_i$($i=1,2,\cdots,n$);

$\bar{x}$——算术平均值;

S——算术标准差;

M——几何平均值;

D——几何标准差。

在完成统计后,需进行区域性土壤环境背景含量表征。具体来说,表征工作可以

① 参见《区域性土壤环境背景含量统计技术导则(试行)》(HJ 1185-2021),第8页。

通过两种途径实现。第一种途径是以图件和表格相结合的形式表征区域性土壤环境背景含量,并给予必要的说明。第二种途径是编制区域性土壤环境背景含量统计技术报告。技术报告内容要完整、详细,内容包括工作目标、工作程序、调查区域概况[包括自然地理条件、成土母质(岩)类型、土壤类型、土地利用类型等内容]、数据资料收集与整理、已有数据评估、区域性土壤环境背景调查、数据处理分析和统计与表征,记录区域性土壤环境背景含量统计过程。

第四节 大气环境损害鉴定评估相关国家标准

一、大气环境损害鉴定评估相关国家标准体系

我国的大气环境损害鉴定评估相关国家标准体系由大气环境质量标准、大气固定源污染物排放标准、大气移动源污染物排放标准和其他相关标准组成。

首先是大气环境质量标准。大气环境质量标准总数较少,包括《环境空气质量标准》《乘用车内空气质量评价指南》《室内空气质量标准》三部国家标准。其次是大气固定源污染物排放标准。大气固定源污染物排放标准主要是针对各工业行业的工业工厂废气的排放标准。工厂工业生产固定于特定区域,会对周围大气环境造成持续影响,需要进行监测和规制。再次是大气移动源污染物排放标准。大气移动源污染物排放标准主要是针对交通运输过程中产生的废气的排放标准。最后是其他相关标准。其他相关标准包括大气污染物泄漏检测与修复技术标准、生活垃圾焚烧飞灰污染控制技术标准、车用汽油及柴油有害物质控制标准、发动机排气污染物测量设备技术标准等,多属于生态环境主管部门发布的行业标准。

二、大气环境质量标准

大气环境质量标准是为了保护人群健康和生存环境、促进生态良性循环所制定的在一定时间和空间内大气中污染物质的最高允许含量的标准。大气环境质量标准包括《环境空气质量标准》《乘用车内空气质量评价指南》《室内空气质量标准》三部国家标准(见表7-16)。

表7-16 大气环境质量标准

序号	发布部门	标准名称	标准编号	实施日期
1	国家市场监督管理总局、国家标准化管理委员会	《室内空气质量标准》	GB/T 18883-2022	2023年2月1日

续表

序号	发布部门	标准名称	标准编号	实施日期
2	原环境保护部、原国家质量监督检验检疫总局	《环境空气质量标准》	GB 3095－2012	2016 年 1 月 1 日
3	原环境保护部、原国家质量监督检验检疫总局	《乘用车内空气质量评价指南》	GB/T 27630－2011	2012 年 3 月 1 日

（一）环境空气质量标准

《环境空气质量标准》（GB 3095－2012）是为贯彻《环境保护法》和《大气污染防治法》，保护和改善生活环境、生态环境，保障人体健康制定的标准。

1. 适用范围

《环境空气质量标准》规定了环境空气功能区分类、标准分级、污染物项目、平均时间及浓度限值、监测方法、数据统计的有效性规定及实施与监督等内容。该标准适用于环境空气质量评价与管理。

2. 环境空气功能区质量要求

一类区适用一级浓度限值，二类区适用二级浓度限值。该标准自 2016 年 1 月 1 日起在全国实施。基本项目在全国范围内实施，其他项目由国务院生态环境主管部门或者省级人民政府根据实际情况，确定具体实施方式。

3. 监测

环境空气质量监测工作应按照《环境空气质量监测规范（试行）》等规范性文件的要求进行。主要包括监测点位布设、样品采集、分析方法 3 个步骤。

首先是监测点位布设，环境空气污染物监测点位的设置，应按照《环境空气质量监测规范（试行）》中的要求执行。

其次是样品采集，环境空气质量监测中的采样环境、采样高度及采样频率等要求，按《环境空气质量自动监测技术规范》（HJ/T 193－2005）或《环境空气质量手工监测技术规范》（HJ/T 194－2005）的要求执行。

最后是分析方法，针对各项污染物的分析方法，主要有手工分析方法和自动分析两种。

针对二氧化硫（SO_2），手工分析方法可以采用环境空气、二氧化硫的测定、甲醛吸收　副玫瑰苯胺分光光度法，可以参考的标准编号为 HJ 482；自动分析方法可以采用紫外荧光法、差分吸收光谱分析法。

针对二氧化氮（NO_2），手工分析方法可以采用环境空气、氮氧化物（一氧化氮和二氧化氮）的测定、盐酸萘乙二胺分光光度法，可以参考的标准编号为 HJ 479；自动分析方法可以采用化学发光法、差分吸收光谱分析法。

针对一氧化碳(CO),其中手工分析法可以采用空气质量、一氧化碳的测定、非分散红外法,可以参考的标准编号为 GB 9801;自动分析方法可以采用气体滤波相关红外吸收法、非分散红外吸收法。

针对臭氧(O_3),其中手工分析方法可以采用环境空气、臭氧的测定、靛蓝二磺酸钠分光光度法,可以参考的标准编号是 HJ 504 及 HJ 590;自动分析方法可以采用紫外荧光法、差分吸收光谱分析法。

针对颗粒物(粒径小于等于 10μm),其中手工分析方法可以采用环境空气 PM_{10} 和 $PM_{2.5}$ 的测定、重量法,可以参考的环境标准为 HJ 618;自动分析方法可以采用微量振荡天平法、β 射线法。

针对颗粒物(粒径小于等于 2.5μm),其中手工分析方法可以采用环境空气 PM_{10} 和 $PM_{2.5}$ 的测定、重量法,可以参考的标准编号为 HJ 618;自动分析方法可以采用微量振荡天平法、β 射线法。

针对总悬浮颗粒物(TSP)仅有手工分析方法,可以采用环境空气、总悬浮颗粒物的测定、重量法,可以参考的标准编号是 GB/T 15432。

针对氮氧化物(NO_x),其中手工分析方法是环境空气、氮氧化物(一氧化氮和二氧化氮)的测定、盐酸萘乙二胺分光光度法,可以参考的标准编号为 HJ 479;自动分析方法可以采用化学发光法、差分吸收光谱分析法。

针对铅(Pb),仅有手工分析方法,可以采用环境空气、铅的测定、石墨炉原子吸收分光光度法(暂行)以及火焰原子吸收分光光度法,可以参考的标准编号为 HJ 539 及 GB/T 15264。

针对苯并[*a*]芘(BaP),仅有手工分析方法,可以采用的是空气质量、飘尘中苯并[*a*]芘的测定、乙酰化滤纸层析荧光分光光度法、环境空气、苯并[*a*]芘的测定、高效液相色谱法,可以参考的标准编号为 GB 8971 及 GB/T 15439。

4. 数据统计的有效性规定

应采取措施保证监测数据的准确性、连续性和完整性,确保全面、客观地反映监测结果。所有有效数据均应参加统计和评价,不得选择性地舍弃不利数据以及人为干预监测和评价结果。

采用自动监测设备监测时,监测仪器应全年 365 天(闰年 366 天)连续运行。在监测仪器校准、停电和设备故障,以及其他不可抗拒的因素导致不能获得连续监测数据时,应采取有效措施及时恢复。

异常值的判断和处理应符合《环境监测质量管理技术导则》(HJ 630 - 2011)的规定。对于监测过程中缺失和删除的数据均应说明原因,并保留详细的原始数据记录,以备数据审核。任何情况下,有效的污染物浓度数据均应符合《环境空气质量标准》规定的最低要求,否则应视为无效数据。

(二)乘用车内空气质量评价标准

乘用车内空气质量评价标准主要规定在《乘用车内空气质量评价指南》(GB/T 27630－2011)中,该标准自2012年3月1日起实施。

1. 适用范围

该标准规定了车内空气中苯、甲苯、二甲苯、乙苯、苯乙烯、甲醛、乙醛、丙烯醛的浓度要求,适用于评价乘用车内空气质量。该标准主要适用于销售的新生产汽车,使用中的车辆也可参照使用。

2. 技术要求

车内空气中有机物浓度执行表7－17规定的要求。

表7－17　车内空气中有机物浓度要求①　单位:mg/m^3

序号	项目	浓度要求
1	苯	≤0.11
2	甲苯	≤1.10
3	二甲苯	≤1.50
4	乙苯	≤1.50
5	苯乙烯	≤0.26
6	甲醛	≤0.10
7	乙醛	≤0.05
8	丙烯醛	≤0.05

(三)室内空气质量标准

《室内空气质量标准》(GB/T 18883－2022)规定了室内空气质量参数及检验方法,该标准于2023年2月1日起实施,适用于住宅和办公建筑物,其他室内环境可参照该标准执行。室内的空气应无毒、无害、无异常嗅味。

三、大气固定源污染物排放标准

固定污染源,通常是指向环境排放或释放有害物质或对环境产生有害影响的场所、设备和装置。大气固定源污染,是指大气污染物固定的排放源,包括工厂、企事业、饮食服务业单位的锅、窑炉以及居民用于生活的排气筒等向空气中排放污染物所

① 参见《乘用车内空气质量评价指南》(GB/T 27630－2011),第1页。

造成的污染。随着人类生产的发展，尤其是现代工业、农业以及能源的发展，大气固定污染源排放的污染物给环境造成的危害已日趋明显。其污染物的种类主要有烟尘、二氧化碳、二氧化硫、一氧化碳、氮氧化物、氟化物、硫化氢、氯气、氯化氢、硫酸及气溶胶、磷的氧化物、酚、苯、汽油、汞、铅及其化合物、砷化氢、镉、铬及其化合物等。大气固定源污染物排放标准如表 7－18 所示。

表 7－18　大气固定源污染物排放标准

序号	发布部门	标准名称	标准编号	实施日期
1	生态环境部、国家市场监督管理总局	《加油站大气污染物排放标准》	GB 20952－2020	2021 年 4 月 1 日
2	生态环境部、国家市场监督管理总局	《储油库大气污染物排放标准》	GB 20950－2020	2021 年 4 月 1 日
3	生态环境部、国家市场监督管理总局	《铸造工业大气污染物排放标准》	GB 39726－2020	2021 年 1 月 1 日
4	生态环境部、国家市场监督管理总局	《农药制造工业大气污染物排放标准》	GB 39727－2020	2021 年 1 月 1 日
5	生态环境部、国家市场监督管理总局	《陆上石油天然气开采工业大气污染物排放标准》	GB 39728－2020	2021 年 1 月 1 日
6	生态环境部、国家市场监督管理总局	《涂料、油墨及胶粘剂工业大气污染物排放标准》	GB 37824－2019	2019 年 7 月 1 日
7	生态环境部、国家市场监督管理总局	《制药工业大气污染物排放标准》	GB 37823－2019	2019 年 7 月 1 日
8	生态环境部、国家市场监督管理总局	《挥发性有机物无组织排放控制标准》	GB 37822－2019	2019 年 7 月 1 日
9	原环境保护部、原国家质量监督检验检疫总局	《烧碱、聚氯乙烯工业污染物排放标准》	GB 15581－2016	2016 年 9 月 1 日
10	原环境保护部、原国家质量监督检验检疫总局	《无机化学工业污染物排放标准》	GB 31573－2015	2015 年 7 月 1 日
11	原环境保护部、原国家质量监督检验检疫总局	《石油化学工业污染物排放标准》	GB 31571－2015	2015 年 7 月 1 日

续表

序号	发布部门	标准名称	标准编号	实施日期
12	原环境保护部、原国家质量监督检验检疫总局	《石油炼制工业污染物排放标准》	GB 31570－2015	2015 年 7 月 1 日
13	原环境保护部、原国家质量监督检验检疫总局	《火葬场大气污染物排放标准》	GB 13801－2015	2015 年 7 月 1 日
14	原环境保护部、原国家质量监督检验检疫总局	《再生铜、铝、铅、锌工业污染物排放标准》	GB 31574－2015	2015 年 7 月 1 日
15	原环境保护部、原国家质量监督检验检疫总局	《合成树脂工业污染物排放标准》	GB 31572－2015	2015 年 7 月 1 日
16	原环境保护部、原国家质量监督检验检疫总局	《锅炉大气污染物排放标准》	GB 13271－2014	2014 年 7 月 1 日
17	原环境保护部、原国家质量监督检验检疫总局	《锡、锑、汞工业污染物排放标准》	GB 30770－2014	2014 年 7 月 1 日
18	原环境保护部、原国家质量监督检验检疫总局	《电池工业污染物排放标准》	GB 30484－2013	2014 年 3 月 1 日
19	原环境保护部、原国家质量监督检验检疫总局	《水泥工业大气污染物排放标准》	GB 4915－2013	2014 年 3 月 1 日
20	原环境保护部、原国家质量监督检验检疫总局	《砖瓦工业大气污染物排放标准》	GB 29620－2013	2014 年 1 月 1 日
21	原环境保护部、原国家质量监督检验检疫总局	《电子玻璃工业大气污染物排放标准》	GB 29495－2013	2013 年 7 月 1 日
22	原环境保护部、原国家质量监督检验检疫总局	《轧钢工业大气污染物排放标准》	GB 28665－2012	2012 年 10 月 1 日
23	原环境保护部、原国家质量监督检验检疫总局	《炼钢工业大气污染物排放标准》	GB 28664－2012	2012 年 10 月 1 日
24	原环境保护部、原国家质量监督检验检疫总局	《炼铁工业大气污染物排放标准》	GB 28663　2012	2012 年 10 月 1 日
25	原环境保护部、原国家质量监督检验检疫总局	《钢铁烧结、球团工业大气污染物排放标准》	GB 28662－2012	2012 年 10 月 1 日

续表

序号	发布部门	标准名称	标准编号	实施日期
26	原环境保护部、原国家质量监督检验检疫总局	《火电厂大气污染物排放标准》	GB 13223－2011	2012年1月1日
27	原环境保护部、原国家质量监督检验检疫总局	《平板玻璃工业大气污染物排放标准》	GB 26453－2011	2011年10月1日
28	原环境保护部、原国家质量监督检验检疫总局	《煤层气(煤矿瓦斯)排放标准(暂行)》	GB 21522－2008	2008年7月1日
29	原国家环境保护总局、原国家质量监督检验检疫总局	《煤炭工业污染物排放标准》	GB 20426－2006	2006年10月1日
30	原国家环境保护总局、原国家质量监督检验检疫总局	《饮食业油烟排放标准(试行)》	GB 18483－2001	2002年1月1日
31	原国家环境保护局	《大气污染物综合排放标准》	GB 16297－1996	1997年1月1日
32	原国家环境保护局	《工业炉窑大气污染物排放标准》	GB 9078－1996	1997年1月1日
33	原国家环境保护局	《恶臭污染物排放标准》	GB 14554－93	1994年1月15日

(一)农药制造工业大气污染物排放标准

《农药制造工业大气污染物排放标准》(GB 39727－2020)规定了农药制造工业大气污染物排放控制要求、监测和监督管理要求。农药制造工业企业或生产设施排放水污染物、恶臭污染物、环境噪声适用相应的国家污染物排放标准,产生固体废物的鉴别、处理和处置适用相应的国家固体废物污染控制标准。该标准是农药制造工业大气污染物排放控制的基本要求,自2021年1月1日起实施。

1.适用范围

该标准适用于现有农药制造工业企业或生产设施的大气污染物排放管理,以及农药制造工业建设项目的环境影响评价、环境保护设施设计、竣工环境保护验收、排污许可证核发及其投产后的大气污染物排放管理。该标准也适用于供农药生产的农药中间体企业及其生产设施,以及农药研发机构及其实验设施的大气污染物排放管理。

2. 企业边界污染物监控要求

企业应对排放的有毒有害大气污染物进行管控，采取有效措施防范环境风险。新建企业自 2021 年 1 月 1 日起，现有企业自 2023 年 1 月 1 日起，企业边界任意 1 小时大气污染物平均浓度应符合表 7－19 规定的限值。

表 7－19　企业边界大气污染物浓度限值①　　单位：mg/m^3

序号	污染物项目	限值
1	氰化氢	0.024
2	光气	0.080
3	酚类	0.080
4	甲醛	0.20
5	氯化氢	0.20
6	氯气	0.40
7	苯	0.40
8	氯苯类	0.40
9	丙烯腈	0.60

3. 污染物监测的一般要求

污染物监测的一般要求主要有以下四个方面。

第一个要求是企业应按照有关法律、《环境监测管理办法》和《排污单位自行监测技术指南　农药制造工业》（HJ 987－2018）等规定，建立企业监测制度，制订监测方案，对大气污染物排放状况开展自行监测，保存原始监测记录，并公布监测结果。

第二个要求是企业安装大气污染物排放自动监控设备的要求，按有关法律和《污染源自动监控管理办法》等规定执行。

第三个要求是企业应按照环境监测管理规定和技术规范的要求，设计、建设、维护永久性采样口、采样测试平台和排污口标志。

第四个要求是大气污染物监测应在规定的监控位置进行，有废气处理设施的，应在处理设施后监测。根据企业使用的原料、生产工艺过程、生产的产品和副产品等，确定需要监测的污染物项目。

（二）石油化学工业污染物排放标准

石油化学工业污染物排放标准主要规定于《石油化学工业污染物排放标准》中，

① 参见《农药制造工业大气污染物排放标准》（GB 39727－2020），第 11 页。

该标准规定了石油化学工业企业及其生产设施的水污染物和大气污染物排放限值、监测和监督管理要求，是石油化学工业水污染物和大气污染物排放控制的基本要求。

该标准适用于法律允许的污染物排放行为，适用范围包括现有石油化学工业企业或生产设施的水污染物和大气污染物排放管理，以及石油化学工业建设项目的环境影响评价、环境保护设施设计、竣工环境保护验收及其投产后的水污染物和大气污染物排放管理。

（三）石油炼制工业污染物排放标准

石油炼制工业污染物排放标准主要规定在《石油炼制工业污染物排放标准》中，该标准规定了石油炼制工业企业及其生产设施的水污染物和大气污染物排放限值、监测和监督管理要求，是石油炼制工业水污染物和大气污染物排放控制的基本要求。

该标准适用于现有石油炼制工业企业或生产设施的水污染物和大气污染物排放管理，以及石油炼制工业建设项目的环境影响评价、环境保护设施设计、竣工环境保护验收及其投产后的水污染物和大气污染物排放管理。石油炼制工业企业内的汽油储存罐及发油过程中油气排放控制按照该标准规定执行。

（四）水泥工业大气污染物排放标准

水泥工业大气污染物排放标准主要规定在《水泥工业大气污染物排放标准》（GB 4915－2013）中，该标准是水泥工业大气污染物排放控制的基本要求，规定了水泥制造企业（含独立粉磨站）、水泥原料矿山、散装水泥中转站、水泥制品企业及其生产设施的大气污染物排放限值、监测和监督管理要求。

该标准适用于现有水泥工业企业或生产设施的大气污染物排放管理，以及水泥工业建设项目的环境影响评价、环境保护设施设计、竣工环境保护验收及其投产后的大气污染物排放管理。

（五）炼钢工业大气污染物排放标准

《炼钢工业大气污染物排放标准》（GB 28664－2012）规定了炼钢生产企业大气污染物的排放限值、监测和监控要求。为促进地区经济与环境协调发展，推动经济结构的调整和经济增长方式的转变，引导炼钢工业生产工艺和污染治理技术的发展方向，该标准规定了大气污染物特别排放限值。

从适用范围上看，该标准适用于现有炼钢生产企业或生产设施大气污染物排放管理，以及炼钢工业建设项目的环境影响评价、环境保护设施设计、竣工环境保护验收及其投产后的大气污染物排放管理，该标准只适用于法律允许的污染物排放行为。

（六）炼铁工业大气污染物排放标准

炼铁工业大气污染物排放标准主要规定于《炼铁工业大气污染物排放标准》

(GB 28663－2012)中,该标准规定了炼铁生产企业大气污染物浓度排放限值、监测和监控要求。为促进地区经济与环境协调发展,推动经济结构的调整和经济增长方式的转变,引导炼铁工业生产工艺和污染治理技术的发展方向,该标准规定了大气污染物特别排放限值。

该标准规定了炼铁生产企业或生产设施大气污染物排放限值、监测和监控要求,以及标准的实施与监督等相关内容。从适用范围上看,该标准适用于现有炼铁生产企业或生产设施大气污染物排放管理,以及炼铁工业建设项目的环境影响评价、环境保护设施设计、竣工环境保护验收及其投产后的大气污染物排放管理。

(七)火电厂大气污染物排放标准

《火电厂大气污染物排放标准》(GB 13223－2011)是为保护环境,改善环境质量,防治火电厂大气污染物排放造成的污染,促进火力发电行业技术进步和可持续发展而制定的中国国家标准。该标准于2012年1月1日实施,规定了火电厂大气污染物排放浓度限值、监测和监控要求。

从适用范围上看,该标准适用于现有火电厂的大气污染物排放管理以及火电厂建设项目的环境影响评价、环境保护工程设计、竣工环境保护验收及其投产后的大气污染物排放管理。

该标准适用于使用单台出力65t/h以上除层燃炉、抛煤机炉外的燃煤发电锅炉;各种容量的煤粉发电锅炉;单台出力65t/h以上燃油、燃气发电锅炉;各种容量的燃气轮机组的火电厂。单台出力65t/h以上采用煤矸石、生物质、油页岩、石油焦等燃料的发电锅炉,参照该标准中循环流化床火力发电锅炉的污染物排放控制要求执行。整体煤气化联合循环发电的燃气轮机组执行该标准中燃用天然气的燃气轮机组排放限值。该标准不适用于各种容量的以生活垃圾、危险废物为燃料的火电厂。

(八)煤炭工业污染物排放标准

煤炭工业污染物排放标准主要规定在《煤炭工业污染物排放标准》(GB 20426－2006)中,该标准主要规定了以下内容:采煤废水和选煤废水污染物排放限值;煤炭工业地面生产系统大气污染物排放限值和无组织排放限值;煤矸石堆置场管理技术要求;煤炭矿井水资源化利用指导性技术要求。

从适用范围上看,该标准适用于现有煤矿(含露天煤矿)、选煤厂及其所属煤矸石堆置场、煤炭贮存和装卸场所污染防治与管理,以及煤炭工业建设项目环境影响评价、环境保护设施设计、竣工环境保护验收及其投产后的污染防治与管理。

(九)饮食业油烟排放标准

《饮食业油烟排放标准(试行)》规定了饮食业单位油烟的最高允许排放浓度和油烟净化设备的最低去除效率。

在适用范围上，该标准适用于城市建成区；适用于现有饮食业单位的油烟排放管理，以及新设立饮食业单位的设计、环境影响评价、环境保护设施竣工验收及其经营期间的油烟排放管理；排放油烟的食品加工单位和非经营性单位内部职工食堂，参照该标准执行。该标准不适用于居民家庭油烟排放。

（十）大气污染物综合排放标准

大气污染物综合排放标准主要规定在《大气污染物综合排放标准》（GB 16297－1996）中，该标准规定了33种大气污染物的排放限值，同时规定了标准执行中的各种要求。

从适用范围上看，在我国现有的国家大气污染物排放标准体系中，按照综合性排放标准与行业性排放标准不交叉执行的原则，锅炉执行《锅炉大气污染物排放标准》（GB 13271－2014）、工业炉窑执行《工业炉窑大气污染物排放标准》（GB 9078－1996）、火电厂执行《火电厂大气污染物排放标准》（GB 13223－2011）、水泥工业执行《水泥工业大气污染物排放标准》（GB 4915－2013）、恶臭物质排放执行《恶臭污染物排放标准》（GB 14554－93），其他大气污染物排放均执行该标准。该标准适用于现有污染源大气污染物排放管理，以及建设项目的环境影响评价、设计，环境保护设施竣工验收及其投产后的大气污染物排放管理。

四、大气移动源污染物排放标准

大气移动源污染物主要是指向空气排放污染物的交通工具，如排放碳氧化物、氮氧化物、硫氧化物、碳氢化合物、铅化物及黑烟的汽车、飞机、船舶、机车等所造成的污染。大气移动源污染物排放标准如表7－20所示。

表7－20 大气移动源污染物排放标准

序号	发布部门	标准名称	标准编号	实施日期
1	生态环境部	《非道路柴油移动机械污染物排放控制技术要求》	HJ 1014－2020	2020年12月28日
2	生态环境部、国家市场监督管理总局	《油品运输大气污染物排放标准》	GB 20951－2020	2021年4月1日
3	生态环境部	《甲醇燃料汽车非常规污染物排放测量方法》	HJ 1137－2020	2020年11月10日
4	原环境保护部、原国家质量监督检验检疫总局	《轻型汽车污染物排放限值及测量方法（中国第六阶段）》	GB 18352.6－2016	2020年7月1日

续表

序号	发布部门	标准名称	标准编号	实施日期
5	生态环境部、国家市场监督管理总局	《重型柴油车污染物排放限值及测量方法（中国第六阶段）》	GB 17691－2018	2019年7月1日
6	生态环境部、国家市场监督管理总局	《汽油车污染物排放限值及测量方法（双怠速法及简易工况法）》	GB 18285－2018	2019年5月1日
7	生态环境部、国家市场监督管理总局	《柴油车污染物排放限值及测量方法（自由加速法及加载减速法）》	GB 3847－2018	2019年5月1日
8	生态环境部、国家市场监督管理总局	《非道路柴油移动机械排气烟度限值及测量方法》	GB 36886－2018	2018年12月1日
9	原环境保护部、原国家质量监督检验检疫总局	《轻便摩托车污染物排放限值及测量方法（中国第四阶段）》	GB 18176－2016	2018年7月1日
10	原环境保护部、原国家质量监督检验检疫总局	《船舶发动机排气污染物排放限值及测量方法（中国第一、二阶段）》	GB 15097－2016	2018年7月1日
11	原环境保护部、原国家质量监督检验检疫总局	《摩托车污染物排放限值及测量方法（中国第四阶段）》	GB 14622－2016	2018年7月1日
12	原环境保护部	《重型柴油车、气体燃料车排气污染物车载测量方法及技术要求》	HJ 857－2017	2017年10月1日
13	原环境保护部	《在用柴油车排气污染物测量方法及技术要求（遥感检测法）》	HJ 845－2017	2017年7月27日
14	原环境保护部、原国家质量监督检验检疫总局	《轻型混合动力电动汽车污染物排放控制要求及测量方法》	GB 19755－2016	2016年9月1日

续表

序号	发布部门	标准名称	标准编号	实施日期
15	原环境保护部、原国家质量监督检验检疫总局	《非道路移动机械用柴油机排气污染物排放限值及测量方法(中国第三、四阶段)》	GB 20891－2014	2014 年 10 月 1 日
16	原环境保护部	《城市车辆用柴油发动机排气污染物排放限值及测量方法(WHTC 工况法)》	HJ 689－2014	2015 年 1 月 1 日
17	原环境保护部、原国家质量监督检验检疫总局	《非道路移动机械用小型点燃式发动机排气污染物排放限值与测量方法(中国第一、二阶段)》	GB 26133－2010	2011 年 3 月 1 日
18	原环境保护部、原国家质量监督检验检疫总局	《重型车用汽油发动机与汽车排气污染物排放限值及测量方法(中国Ⅲ、Ⅳ阶段)》	GB 14762－2008	2009 年 7 月 1 日
19	原国家环境保护总局、原国家质量监督检验检疫总局	《三轮汽车和低速货车用柴油机排气污染物排放限值及测量方法(中国Ⅰ、Ⅱ阶段)》	GB 19756－2005	2006 年 1 月 1 日
20	原国家环境保护总局、原国家质量监督检验检疫总局	《装用点燃式发动机重型汽车曲轴箱污染物排放限值及测量方法》	GB 11340－2005	2005 年 7 月 1 日
21	原国家环境保护总局、原国家质量监督检验检疫总局	《摩托车和轻便摩托车排气烟度排放限值及测量方法》	GB 19758－2005	2005 年 7 月 1 日
22	原国家环境保护总局、原国家质量监督检验检疫总局	《装用点燃式发动机重型汽车燃油蒸发污染物排放限值及测量方法(收集法)》	GB 14763－2005	2005 年 7 月 1 日
23	原国家环境保护总局、原国家质量监督检验检疫总局	《农用运输车自由加速烟度排放限值及测量方法》	GB 18322－2002	2002 年 7 月 1 日

（一）非道路柴油移动机械污染物排放控制标准

非道路柴油移动机械污染物排放控制标准主要规定在《非道路柴油移动机械污染物排放控制技术要求》（HJ 1014－2020）中，该标准规定了第四阶段非道路柴油移动机械及其装用的柴油机污染物排放控制技术要求。

从适用范围上看，该标准存在两种适用情况，分别是在非恒定转速下工作的柴油机、在恒定转速下工作的柴油机。

该标准适用于以下（包括但不限于）非道路柴油移动机械及其装用的在非恒定转速下工作的柴油机的型式检验、生产一致性检查、排放达标检查、在用符合性检查和耐久性要求，如工程机械（包括挖掘机械、铲土运输机械、起重机械、叉车、压实机械、路面施工养护机械、混凝土机械、掘进机械、桩工机械、高空作业机械、凿岩机械等）、农业机械（包括拖拉机、联合收割机等）、林业机械、机场地勤设备、材料装卸机械、雪犁装备、工业钻探设备。

该标准适用于以下（包括但不限于）非道路柴油移动机械及其装用的在恒定转速下工作的柴油机的型式检验、生产一致性检查、排放达标检查、在用符合性检查和耐久性要求，如空气压缩机、发电机组、渔业机械（增氧机、池塘挖掘机等）、水泵。

三轮汽车及其装用的柴油机、额定净功率小于37kW的船舶及其装用的柴油机执行该标准。

（二）轻型汽车污染物排放限值及测量方法

轻型汽车污染物排放限值及测量方法主要规定在《轻型汽车污染物排放限值及测量方法（中国第六阶段）》（GB 18352.6－2016）中，该标准规定了轻型汽车污染物排放第六阶段型式检验的要求、生产一致性和在用符合性检查的要求和判定方法。生产企业应确保所生产和销售的车辆，满足该标准要求。

与《轻型汽车污染物排放限值及测量方法（中国第五阶段）》（GB 18352.5－2013）相比，该标准的主要变化有：变更了Ⅰ型试验测试循环，加严了污染物排放限值，增加了汽油车排放颗粒物数量测量要求；将实际行驶污染物排放（RDE）试验定为Ⅱ型试验；加严了Ⅵ型试验项目和限值；修订了对车载诊断（OBD）系统的监测项目、阈值及监测条件等技术要求；修订了获取汽车OBD系统和汽车维护修理信息的相关要求；修订了生产一致性检查的判定方法和在用符合性检查的相关要求；修订了试验用燃料的技术要求；增加了加油过程污染物控制要求；增加了混合动力电动汽车的试验要求。

1. 适用范围

该标准适用于以点燃式发动机或压燃式发动机为动力、最大设计车速大于或等于50km/h的轻型汽车（包括混合动力电动汽车）。

该标准主要规定了5种不同类型汽车的技术要求和方法，包括装用点燃式发动机的轻型汽车、装用压燃式发动机的轻型汽车、燃用液化石油气(LPG)或天然气(NG)轻型汽车。该标准也规定了作为独立技术总成、拟安装在轻型汽车上的替代用污染控制装置，在污染物排放方面的型式检验规程。该标准还规定了排气后处理系统使用反应剂的汽车的技术要求，以及装有周期性再生系统汽车的排放试验规程。

若该标准适用范围车辆已按照《重型柴油车污染物排放限值及测量方法(中国第六阶段)》(GB 17691－2018)通过型式检验，可不按该标准进行型式检验。

2. 污染控制要求

污染控制要求包括型式检验要求、环保生产一致性和在用符合性以及信息公开三个方面。

在型式检验要求方面，汽车生产企业生产、进口汽车应按该标准进行型式检验。一种车型的型式检验内容包括排气污染物、实际行驶排气污染物、曲轴箱污染物、蒸发污染物、加油过程污染物、污染控制装置耐久性和OBD系统等方面；应选择一辆能代表型式检验车型的汽车进行试验。如果满足了实验描述和要求规定的各方面的技术要求，则该车型通过型式检验。汽车生产企业或检测机构应将型式检验样车封存1年备查，1年后将样车的电子控制器单元(Electronic Control Unit，ECU)封存备查；生态环境主管部门可对型式检验结果进行确认检查。

在环保生产一致性和在用符合性方面，汽车生产企业应按该标准规定确保批量生产汽车的环保生产一致性，并按该标准的要求向生态环境主管部门提交生产一致性保证材料；汽车生产企业应按该标准规定确保汽车的在用符合性，并按该标准的要求向生态环境主管部门提交在用符合性相关材料。

在信息公开方面，汽车生产企业应公开相关污染控制和检验信息，如涉及企业机密的相关内容，经技术处理后公开。

(三)重型柴油车污染物排放限值及测量方法

重型柴油车污染物排放限值及测量方法主要规定在《重型柴油车污染物排放限值及测量方法(中国第六阶段)》(GB 17691－2018)中，该标准是2019年7月1日实施的一项国家标准。该标准规定了第六阶段装用压燃式发动机汽车及其发动机所排放的气态和颗粒污染物的排放限值及测试方法，以及装用以天然气或液化石油气作为燃料的点燃式发动机汽车及其发动机所排放的气态污染物的排放限值及测量方法。

1. 适用范围

该标准适用于装用压燃式、气体燃料点燃式发动机的M_2类、M_3类、N_1类、N_2类及总质量大于3500kg的M_1类汽车及其发动机的型式检验、生产一致性检查、新生产车排放监督检查和在用车符合性检查。

按该标准进行的整车型式检验可以扩展至基准质量超过2380kg的变型、改装车辆。若装用压燃式、气体燃料点燃式发动机的M_1类、M_2类、N_1类、N_2类汽车已经按《轻型汽车污染物排放限值及测量方法（中国第六阶段）》（GB 18352.6－2016）进行了型式检验，可不按该标准进行型式检验。

2. 发动机（车辆）标牌

发动机（车辆）标牌包括一般要求、发动机标牌位置、发动机标牌内容以及限定燃料范围的天然气和液化石油气发动机（车辆）标牌的特殊要求。

发动机（车辆）标牌的一般要求是发动机的标牌可采用文字和数字的形式，也可采用二维码的形式。标牌必须简洁明了，其文字、数字或图案应确保清晰、明显、可阅读，且不可被拆除。标牌在发动机的全寿命期内必须牢固，不得拆除。

发动机标牌位置要求标牌在发动机上的安装位置不能妨碍发动机的正常工作，并且在发动机寿命期内，一般不需要更换位置。此外，在发动机运转所需的所有附件安装完成后，标牌应位于正常人容易看见的地方。标牌应靠近或合并在生产企业铭牌上。

发动机的标牌，至少包含以下内容：发动机型号、生产日期；年月日（"日"为可选项目，如在其他部位已经标注生产日期，则标牌中不必重复标注）；"国六"字样；生产企业的商标或全称；排放控制关键部件（如EGR、DOC、SCR、DPF等）。

限定燃料范围的天然气和液化石油气发动机（车辆）标牌的特殊要求主要有两个方面。一个方面是对型式检验时限定燃料范围的天然气和液化石油气发动机，除满足发动机的标牌内容的要求，还应包括：限于使用高（低）热值天然气；限于使用规格为液化石油气的天然气。另一个方面是装有限定燃料范围的天然气和液化石油气发动机的车辆，也应具备第一个方面中规定的标牌，该标牌应位于近车辆燃料加注口处。

在车身标识中，该标准适用范围的车辆，应在车身明显位置标注"国六"的字样。

（四）汽油车污染物排放限值及测量方法

汽油车污染物排放限值及测量方法主要规定在《汽油车污染物排放限值及测量方法（双怠速法及简易工况法）》（GB 18285－2018）中，该标准是对《点燃式发动机汽车排气污染物排放限值及测量方法（双怠速法及简易工况法）》（GB 18285－2005）和《确定点燃式发动机在用汽车简易工况法排气污染物排放限值的原则和方法》（HJ/T 240－2005）的修订。

1. 适用范围

该标准规定了汽油车双怠速法、稳态工况法、瞬态工况法和简易瞬态工况法排气污染物排放限值及测量方法。该标准同时规定了汽油车外观检验、OBD 系统检查、燃油蒸发排放控制系统检测的方法和判定依据。该标准适用于新生产汽车下线检验、注册登记检验和在用汽车检验。该标准也适用于其他装用点燃式发动机的汽车。

2. 检验流程和要求

新生产汽车下线检验时生产企业应确保所有下线车辆污染物控制装置与随车清单内容一致。生产企业应完成 OBD 系统检查。排气污染物检测应至少按照车型年产量的 1.0% 进行抽测,最小抽查数量为 15 辆/年,年产量不足 15 辆的车型,每辆车均应进行检测。排气污染物检测可在该标准中选择任意一种方法(对无法手动切换两驱模式的全时四驱车等车辆可以采用双怠速法)进行排放检测。

生态环境主管部门在下线环节可对车辆进行外观检验、OBD 系统检查以及排气污染物检测等。外观检验重点查验车辆污染控制装置是否与随车清单内容一致。进口车应在入境前完成新生产汽车下线检验,并将检验信息报送生态环境主管部门。

五、大气环境损害鉴定评估其他相关标准

其他相关标准包括大气污染物泄漏检测与修复技术标准、生活垃圾焚烧飞灰污染控制技术标准、车用汽油及柴油有害物质控制标准、发动机排气污染物测量设备技术标准等(见表 7－21),本部分将详细解读有关工业企业挥发性有机物及生活垃圾的相关标准。

表 7－21　大气环境损害鉴定评估其他相关标准

序号	发布部门	标准名称	标准编号	实施日期
1	生态环境部	《工业企业挥发性有机物泄漏检测与修复技术指南》	HJ 1230－2021	2022 年 4 月 1 日
2	生态环境部	《生活垃圾焚烧飞灰污染控制技术规范(试行)》	HJ 1134－2020	2020 年 8 月 27 日
3	原环境保护部	《车用汽油有害物质控制标准(第四、五阶段)》	GWKB 1.1－2011	2011 年 5 月 1 日
4	原环境保护部	《车用柴油有害物质控制标准(第四、五阶段)》	GWKB 1.2－2011	2011 年 5 月 1 日
5	原环境保护部	《轻型汽车车载诊断(OBD)系统管理技术规范》	HJ 500－2009	2010 年 2 月 1 日
6	原环境保护部	《车用陶瓷催化转化器中铂、钯、铑的测定 电感耦合等离子体发射光谱法和电感耦合等离子体质谱法》	HJ 509－2009	2010 年 1 月 1 日

续表

序号	发布部门	标准名称	标准编号	实施日期
7	原环境保护部	《空气质量 词汇》	HJ 492 – 2009	2009 年 11 月 1 日
8	原国家环境保护总局	《点燃式发动机汽车瞬态工况法排气污染物测量设备技术要求》	HJ/T 396 – 2007	2008 年 3 月 1 日
9	原国家环境保护总局	《压燃式发动机汽车自由加速法排气烟度测量设备技术要求》	HJ/T 395 – 2007	2008 年 3 月 1 日
10	原环境保护部	《车用压燃式、气体燃料点燃式发动机与汽车在用符合性技术要求》	HJ 439 – 2008	2008 年 7 月 1 日
11	原环境保护部	《车用压燃式、气体燃料点燃式发动机与汽车排放控制系统耐久性技术要求》	HJ 438 – 2008	2008 年 7 月 1 日
12	原环境保护部	《车用压燃式、气体燃料点燃式发动机与汽车车载诊断(OBD)系统技术要求》	HJ 437 – 2008	2008 年 7 月 1 日
13	原国家环境保护总局、原国家质量监督检验检疫总局	《重型汽车排气污染物排放控制系统耐久性要求及试验方法》	GB 20890 – 2007	2007 年 10 月 1 日
14	原国家环境保护总局	《汽油车双怠速法排气污染物测量设备技术要求》	HJ/T 289 – 2006	2006 年 9 月 1 日
15	原国家环境保护总局	《汽油车简易瞬态工况法排气污染物测量设备技术要求》	HJ/T 290 – 2006	2006 年 9 月 1 日
16	原国家环境保护总局	《汽油车稳态工况法排气污染物测量设备技术要求》	HJ/T 291 – 2006	2006 年 9 月 1 日
17	原国家环境保护总局	《柴油车加载减速工况法排气烟度测量设备技术要求》	HJ/T 292 – 2006	2006 年 9 月 1 日
18	原国家环境保护总局	《城市机动车排放空气污染测算方法》	HJ/T 180 – 2005	2005 年 10 月 1 日

(一)工业企业挥发性有机物泄漏检测与修复技术标准

工业企业挥发性有机物泄漏检测与修复技术标准主要规定在《工业企业挥发性有机物泄漏检测与修复技术指南》(HJ 1230 - 2021)中,该标准规定了工业企业设备与管线组件密封点挥发性有机物泄漏检测与修复的项目建立、现场检测、泄漏修复、质量保证与控制以及报告等技术要求。

1. 适用范围

该标准适用于工业企业开展设备与管线组件、废气收集系统输送管道组件挥发性有机物泄漏检测与修复工作。

2. 工作步骤

首次开展泄漏检测与修复(LDAR)工作包括但不限于项目建立、现场检测和泄漏修复3个步骤。非首次开展LDAR工作包括但不限于现场检测和泄漏修复2个步骤。企业应基于上述工作结果至少编制首轮报告和年度报告,各个步骤应符合相应的质量保证与控制要求。若企业因开停工、检维修以及改扩建等原因发生密封点变更的,应重新对变更部分进行建档信息修订,并开展现场检测和泄漏修复工作。

(二)生活垃圾焚烧飞灰污染控制技术标准

《生活垃圾焚烧飞灰污染控制技术规范(试行)》(HJ 1134 - 2020)规定了生活垃圾焚烧飞灰收集、贮存、运输、处理和处置过程的污染控制技术要求。

1. 适用范围

从内容上看,该标准规定了生活垃圾焚烧飞灰污染控制的总体要求,收集、贮存、运输、处理和处置过程的污染控制技术要求,以及监测和环境管理要求。从适用范围上看,该标准适用于生活垃圾焚烧飞灰收集、贮存、运输、处理和处置过程的污染控制,可作为与生活垃圾焚烧飞灰处理和处置有关建设项目的环境影响评价、环境保护设施设计、竣工环境保护验收、排污许可管理、清洁生产审核等的技术依据。

2. 总体要求

《生活垃圾焚烧飞灰污染控制技术规范(试行)》(HJ 1134 - 2020)的总体要求是应根据后续利用或处置方式对飞灰污染控制的要求,选择适当的处理技术;对飞灰处理和处置技术,有专用污染控制标准的,执行专用污染控制标准。

第五节 噪声环境损害鉴定评估相关国家标准

一、噪声环境损害鉴定评估相关国家标准体系

我国的噪声环境损害鉴定评估相关国家标准体系由声环境质量标准(见表7 -

22)和环境噪声排放标准(见表7-23)组成。

表7-22　声环境质量标准

序号	发布部门	标准名称	标准编号	实施日期
1	原环境保护部、原国家质量监督检验检疫总局	《声环境功能区划分技术规范》	GB/T 15190-2014	2015年1月1日
2	原环境保护部、原国家质量监督检验检疫总局	《声环境质量标准》	GB 3096-2008	2008年10月1日
3	原国家环境保护局	《机场周围飞机噪声环境标准》	GB 9660-88	1988年11月1日
4	原国家环境保护局	《城市区域环境振动标准》	GB 10070-88	1989年7月1日

表7-23　环境噪声排放标准

序号	发布部门	标准名称	标准编号	实施日期
1	原环境保护部、原国家质量监督检验检疫总局	《建筑施工场界环境噪声排放标准》	GB 12523-2011	2012年7月1日
2	原环境保护部、原国家质量监督检验检疫总局	《社会生活环境噪声排放标准》	GB 22337—2008	2008年10月1日
3	原环境保护部、原国家质量监督检验检疫总局	《工业企业厂界环境噪声排放标准》	GB 12348—2008	2008年10月1日
4	原国家环境保护总局、原国家质量监督检验检疫总局	《摩托车和轻便摩托车定置噪声限值及测量方法》	GB 4569-2005	2005年7月1日
5	原国家环境保护总局、原国家质量监督检验检疫总局	《三轮汽车和低速货车加速行驶车外噪声限值及测量方法(中国Ⅰ、Ⅱ阶段)》	GB 19757-2005	2005年7月1日
6	原国家环境保护总局、原国家质量监督检验检疫总局	《摩托车和轻便摩托车加速行驶噪声限值及测量方法》	GB 16169-2005	2005年7月1日
7	原国家环境保护总局、原国家质量监督检验检疫总局	《汽车加速行驶车外噪声限值及测量方法》	GB 1495-2002	2002年10月1日

续表

序号	发布部门	标准名称	标准编号	实施日期
8	原国家环境保护局、原国家技术监督局	《汽车定置噪声限值》	GB 16170 - 1996	1997 年 1 月 1 日
9	原国家环境保护局	《铁路边界噪声限值及其测量方法》	GB 12525 - 90 - 2008	1991 年 3 月 1 日

二、声环境功能区划分技术标准

声环境功能区划分技术标准主要规定在《声环境功能区划分技术规范》(GB/T 15190 - 2014)中,该标准于 1994 年首次发布,经过第一次修订后于 2015 年 1 月 1 日起实施。该标准规定了声环境功能区划分(以下简称区划)的原则和方法,经过修订完善了区划的基本原则,调整了区划的方法,补充了部分术语、定义及区划的技术要求。

(一)内容与范围

该标准规定了区划的原则和方法。该标准适用于《声环境质量标准》(GB 3096 - 2008)规定的区划工作。

(二)声环境功能区分类

按照《声环境质量标准》的规定,声环境功能区分为以下 5 种类型:

0 类声环境功能区,指康复疗养区等特别需要安静的区域。

1 类声环境功能区,指以居民住宅、医疗卫生、文化教育、科研设计、行政办公为主要功能,需要保持安静的区域。

2 类声环境功能区,指以商业金融、集市贸易为主要功能,或者居住、商业、工业混杂,需要维护住宅安静的区域。

3 类声环境功能区,指以工业生产、仓储物流为主要功能,需要防止工业噪声对周围环境产生严重影响的区域。

4 类声环境功能区,指交通干线两侧一定距离之内,需要防止交通噪声对周围环境产生严重影响的区域,包括 4a 类和 4b 类两种类型。4a 类为高速公路、一级公路、二级公路、城市快速路、城市主干路、城市次干路、城市轨道交通(地面段)、内河航道两侧区域;4b 类为铁路干线两侧区域。

(三)区划的基本原则及主要依据

区划以有效地控制噪声污染的程度和范围,有利于提高声环境质量为宗旨。

1. 区划的基本原则

(1)区划应以城市规划为指导,按区域规划用地的主导功能、用地现状确定。应覆盖整个城市规划区面积。

(2)区划应便于城市环境噪声管理和促进噪声治理。

(3)单块的声环境功能区面积,原则上不小于0.5km。山区等地形特殊的城市,可根据城市的地形特征确定适宜的区域面积。

(4)调整声环境功能区类别需进行充分的说明。严格控制4类声环境功能区范围。

(5)根据城市规模和用地变化情况,噪声区划可适时调整,原则上不超过5年调整一次。

2. 区划的主要依据

进行区划的主要依据有以下四个方面:《声环境质量标准》(GB 3096－2008)中各类标准适用区域;城市性质、结构特征、城市规划及城市用地现状;区域环境噪声污染特点和城市环境噪声管理的要求;城市的行政区划及城市的地形地貌。

(四)区划的程序

区划的程序主要包括以下7个部分:

第一,应当准备以下区划工作资料:城市区域用地现状统计资料、声环境质量现状统计资料、城市总体规划、分区规划和比例适当的工作底图。第二,确定区划单元,依据区划方法初步划定各区划单元的区域类型。第三,把多个区域类型相同且相邻的单元连成片,充分利用交通干线(主干线及以上级别)、区行政边界、河流、沟壑、绿地等地形地貌作为区划边界。第四,对初步划定的区划方案进行分析、调整,并征求相关部门意见。第五,确定区划方案并绘制区划图后系统整理区划工作报告、区划方案、区划图等资料。第六,区划方案由地方生态环境主管部门组织评审。第七,由地方生态环境主管部门将区划方案报当地人民政府审批、公布实施,并报上级生态环境主管部门备案。

(五)区划的方法

区划的方法主要包括区划的划分次序、0～3类区划、4类区划三个方面。

1. 区划的划分次序

区划宜首先对0类、1类、3类声环境功能区确认划分,余下区域划分为2类声环境功能区,在此基础上划分4类声环境功能区。

2. 0～3类区划

0类声环境功能区适用于康复疗养区等特别需要安静的区域。该区域内及附近区域应无明显噪声源,区域界限明确。

符合下列条件之一的划为1类声环境功能区:

城市用地现状已形成一定规模或近期规划已明确主要功能的区域,其用地性质符合 1 类声环境功能区；

1 类用地占地率大于 70%（含 70%）的混合用地区域。

符合下列条件之一的划为 2 类声环境功能区：

城市用地现状已形成一定规模或近期规划已明确主要功能的区域，其用地性质符合 2 类声环境功能区；

划定的 0 类、1 类、3 类声环境功能区以外居住、商业、工业混杂区域。

符合下列条件之一的划为 3 类声环境功能区：

城市用地现状已形成一定规模或近期规划已明确主要功能的区域，其用地性质符合 3 类声环境功能区；

2 类用地占地率大于 70%（含 70%）的混合用地区域。

3.4 类区划

首先是 4a 类区划，将交通干线边界线外一定距离内的区域划分为 4a 类声环境功能区。距离的确定方法如下：

相邻区域为 1 类声环境功能区，距离为 50m ± 5m；相邻区域为 2 类声环境功能区，距离为 35m ± 5m；相邻区域为 3 类声环境功能区，距离为 20m ± 5m。

当临街建筑高于三层楼房以上（含三层）时，将临街建筑面向交通干线一侧至交通干线边界线的区域定为 4a 类声环境功能区。

其次是 4b 类区划，将交通干线边界线外一定距离内的区域划分为 4b 类声环境功能区。距离的确定方法同 4a 类声环境功能区的距离确定方法。

划分 4 类声环境功能区时，不同的道路、不同的路段、同路段的两侧及道路的同侧其距离可以不统一。

各地划分时，应按照 4a 类声环境功能区距离确定方法规定的距离范围确定具体值。

三、声环境质量标准

声环境质量标准主要规定在《声环境质量标准》（GB 3096－2008）中，该标准是对《城市区域环境噪声标准》（GB 3096－93）和《城市区域环境噪声测量方法》（GB/T 14623－93）的修订，与原标准相比主要修改内容如下：扩大了标准适用区域，将乡村地区纳入标准适用范围；将环境质量标准与测量方法标准合并为一项标准；明确了交通干线的定义，对交通干线两侧 4 类区环境噪声限值做了调整；提出了声环境功能区监测和噪声敏感建筑物监测的要求。

（一）适用范围

该标准规定了 5 类声环境功能区的环境噪声限值及测量方法，适用于声环境质量评价与管理。机场周围区域受飞机通过（起飞、降落、低空飞越）噪声的影响，不适用该标准。

（二）声环境功能区的分类

按区域的使用功能特点和环境质量要求，声环境功能区分为以下5种类型：

0类声环境功能区，指康复疗养区等特别需要安静的区域。

1类声环境功能区，指以居民住宅、医疗卫生、文化教育、科研设计、行政办公为主要功能，需要保持安静的区域。

2类声环境功能区，指以商业金融、集市贸易为主要功能，或者居住、商业、工业混杂，需要维护住宅安静的区域。

3类声环境功能区，指以工业生产、仓储物流为主要功能，需要防止工业噪声对周围环境产生严重影响的区域。

4类声环境功能区，指交通干线两侧一定距离内，需要防止交通噪声对周围环境产生严重影响的区域，包括4a类和4b类两种类型。4a类为高速公路、一级公路、二级公路、城市快速路、城市主干路、城市次干路、城市轨道交通（地面段）、内河航道两侧区域；4b类为铁路干线两侧区域。

（三）环境噪声限值

各类声环境功能区适用表7－24规定的环境噪声等效声级限值。表7－24中4b类声环境功能区环境噪声限值，适用于2011年1月1日起环境影响评价文件通过审批的新建铁路（含新开廊道的增建铁路）干线建设项目两侧区域。

表7－24 环境噪声限值① 单位：dB（A）

声环境功能区分类		昼间限值	夜间限值
0类		50	40
1类		55	45
2类		60	50
3类		65	55
4类	4a类	70	55
	4b类	70	60

在下列情况下，铁路干线两侧区域不通过列车时的环境背景噪声限值，按昼间70dB（A）、夜间55dB（A）执行：穿越城区的既有铁路干线；对穿越城区的既有铁路干线进行改建、扩建的铁路建设项目。既有铁路是指2010年12月31日前已建成运营的铁路或环境影响评价文件已通过审批的铁路建设项目。

① 参见《声环境质量标准》（GB 3096－2008），第4页。

各类声环境功能区夜间突发噪声，其最大声级超过环境噪声限值的幅度不得高于15dB(A)。

四、建筑施工场界环境噪声排放标准

建筑施工场界环境噪声排放标准主要规定在《建筑施工场界环境噪声排放标准》(GB 12523－2011)中，该标准于2012年7月1日实施。该标准将《建筑施工场界噪声限值》(GB 12523－90)和《建筑施工场界噪声测量方法》(GB 12524－90)合并为一个标准，并将名称改为《建筑施工场界环境噪声排放标准》。

(一)适用范围

该标准规定了建筑施工场界环境噪声排放限值及测定方法。该标准适用于周围有噪声敏感建筑物的建筑施工噪声排放的管理、评价及控制，市政、通信、交通、水利等其他类型的施工噪声排放可参照该标准执行。该标准不适用于抢修、抢险施工过程中产生噪声的排放监管。

(二)环境噪声排放限值

建筑施工过程中场界环境噪声不得超过昼间70dB(A)、夜间55dB(A)的排放限值，夜间噪声最大声级超过限值的幅度不得高于15dB(A)，当场界距噪声敏感建筑物较近，其室外不满足测量条件时，可在噪声敏感建筑室内测量，并将昼间70dB(A)、夜间55dB(A)的相应的限值减10dB(A)作为评价依据。

(三)测量方法

在对噪声进行测量时需要考量多种因素，包括测量仪器、测量气象条件、测点位置、测量时段、背景噪声测量、测量记录、测量结果修正等。

测量仪器为积分平均声级计或噪声自动监测仪，其性能应不低于《积分平均声级计》(GB/T 17181－1997)对2型仪器的要求。校准所用仪器应符合《声校准器》(GB/T 15173－94)对1级或2级声校准器的要求。测量仪器和校准仪器应定期检定合格，并在有效使用期限内使用；每次测量前、后必须在测量现场进行声学校准，其前、后校准的测量仪器示值偏差不得大于0.5dB(A)，否则测量结果无效。测量时传声器加防风罩，测量仪器时间计权特性设为快(F)档。

测量气象条件应当满足无雨雪、无雷电天气，风速为5m/s等条件。

测点位置包括测点布设、测点位置一般规定、测点位置其他规定等内容。对于测点布设，应根据施工场地周围噪声敏感建筑物位置和声源位置的布局，测点应设在对噪声敏感建筑物影响较大、距离较近的位置。测点位置一般规定是一般情况测点设在建筑施工场界外1m，高度1.2m以上的位置。测点位置其他规定是当场界有围墙且周围有噪声敏感建筑物时，测点应设在场界外1m，高于围墙0.5m以上的位置，且位于施工噪声影响的声照射区域。当场界无法测量到声源的实际排放时，如声源位于高空、场界有声屏障、噪声敏感建筑物高于场界围墙等情况，测点可设在噪声敏感建筑物户外1m处的位置。在噪声敏感建筑物室内测量时，测点设在室内中央、距室内任一反射面0.5m以上、距地面1.2m高度以上，在受噪声影响方向的窗户开启状态下测量。

测量时段是施工期间，测量连续20分钟的等效声级，夜间同时测量最大声级。

背景噪声是指被测量噪声源以外的声源发出的环境噪声的总和。背景噪声的测量环境需要不受被测声源影响且其他声环境与测量被测声源时保持一致。测量的时段需稳态噪声测量1分钟的等效声级，非稳态噪声测量20分钟的等效声级。

噪声测量时需要做测量记录，记录内容应主要包括被测量单位名称、地址、测量时气象条件、测量仪器、校准仪器、测点位置、测量时间、仪器校准值(测前、测后)、主要声源、示意图(场界、声源、噪声敏感建筑物、场界与噪声敏感建筑物间的距离、测点位置等)、噪声测量值、最大声级值(夜间时段)、背景噪声值、测量人员、校对人员、审核人员等相关信息。

测量结果修正按以下方法执行：第一，背景噪声值比噪声测量值低10dB(A)以上时，噪声测量值不做修正。第二，噪声测量值与背景噪声值相差在3~10dB(A)时，噪声测量值与背景噪声值的差值修约后，按表7-25进行修正。噪声测量值与背景噪声值相差小于3dB(A)时，采取措施降低背景噪声后，视情况按前述方法执行；仍无法满足前两种要求的，应按环境噪声监测技术规范的有关规定执行。

表7-25 测量结果修正① 单位：dB(A)

差值	修正值
3	-3
4~5	-2
6~10	-1

五、社会生活环境噪声排放标准

社会生活环境噪声排放标准主要规定在《社会生活环境噪声排放标准》(GB 22337-2008)中，该标准根据现行法律对社会生活噪声污染源达标排放义务的规定，对营业性文化娱乐场所和商业经营活动中可能产生环境噪声污染的设备、设施规定了边界噪声排放限值和测量方法。

(一)适用范围

该标准适用于对营业性文化娱乐场所、商业经营活动中使用的向环境排放噪声

① 参见《建筑施工场界环境噪声排放标准》(GB 12523-2011)，第4页。

的设备、设施的管理、评价与控制。

(二)环境噪声排放限值

环境噪声排放限值包括边界噪声排放限值以及结构传播固定设备室内噪声排放限值。

1. 边界噪声排放限值

社会生活噪声排放源边界噪声不得超过表7－26规定的排放限值。

表7－26 社会生活噪声排放源边界噪声排放限值① 单位:dB(A)

边界外声环境功能区类别	昼间限值	夜间限值
0类	50	40
1类	55	45
2类	60	50
3类	65	55
4类	70	55

在社会生活噪声排放源边界处无法进行噪声测量或测量的结果不能如实反映其对噪声敏感建筑物的影响程度的情况下,噪声测量应在可能受影响的敏感建筑物窗外1m处进行。当社会生活噪声排放源边界与噪声敏感建筑物距离小于1m时,应在噪声敏感建筑物的室内测量,并将表7－26中相应的限值减10dB(A)作为评价依据。

2. 结构传播固定设备室内噪声排放限值

在社会生活噪声排放源位于噪声敏感建筑物内情况下,噪声通过建筑物结构传播至噪声敏感建筑物室内时,噪声敏感建筑物室内等效声级不得超过《社会生活环境噪声排放标准》规定的限值。

对于在噪声测量期间发生非稳态噪声(如电梯噪声等)的情况,最大声级超过限值的幅度不得高于10dB(A)。

六、工业企业厂界环境噪声排放标准

《工业企业厂界环境噪声排放标准》(GB 12348－2008)主要对工业企业厂界环境噪声排放标准进行了规定,该标准是对《工业企业厂界噪声标准》(GB 12348－90)和《工业企业厂界噪声测量方法》(GB 12349－90)的第一次修订,并于2008年10月1日起实施。

(一)适用范围

该标准规定了工业企业和固定设备厂界环境噪声排放限值及其测量方法,适用

① 参见《社会生活环境噪声排放标准》(GB 22337－2008),第2页。

于工业企业噪声排放的管理、评价及控制。机关、事业单位、团体等对外环境排放噪声的单位也按该标准执行。

（二）环境噪声排放限值

环境噪声排放限值包括厂界环境噪声排放限值和结构传播固定设备室内噪声排放限值。

1. 厂界环境噪声排放限值

工业企业厂界环境噪声不得超过表7－27的规定。

表7－27　工业企业厂界环境噪声排放限值①　　单位：dB（A）

厂界外声环境功能区类别	昼间限值	夜间限值
0类	50	40
1类	55	45
2类	60	50
3类	65	55
4类	70	55

夜间频发噪声的最大声级超过限值的幅度不得高于10dB（A）。夜间偶发噪声的最大声级超过限值的幅度不得高于15dB（A）。工业企业若位于未划分声环境功能区的区域，当厂界外有噪声敏感建筑物时，由当地县级以上人民政府参照《声环境质量标准》（GB 3096－2008）和《声环境功能区划分技术规范》（GB/T 15190－2014）的规定确定厂界外区域的声环境质量要求，并执行相应的厂界环境噪声排放限值。当厂界与噪声敏感建筑物距离小于1m时，厂界环境噪声应在噪声敏感建筑物的室内测量，并将表7－27中相应的限值减10dB（A）作为评价依据。

2. 结构传播固定设备室内噪声排放限值

当固定设备排放的噪声通过建筑物结构传播至噪声敏感建筑物室内时，噪声敏感建筑物室内等效声级不得超过《工业企业厂界环境噪声排放标准》规定的结构传播固定设备室内噪声排放限值（等效声压级）和结构传播固定设备室内噪声排放限值（倍频带声压级）规定的限值。

① 参见《工业企业厂界环境噪声排放标准》（GB 12348－2008），第2～3页。

参考文献

一、著作类

[1][美]约翰·M.斯特龙主编:《麦考密克论证据》,汤维建等译,中国政法大学出版社2004年版。

[2][美]肯尼斯·R.福斯特、[美]彼得·W.休伯:《对科学证据的认定——科学知识与联邦法院》,王增森译,法律出版社2001年版。

[3][美]特伦斯·安德森等:《证据分析》(第2版),张保生等译,中国人民大学出版社2012年版。

[4]司法部公共法律服务管理局组编:《〈司法鉴定程序通则〉释义》,中国政法大学出版社2020年版。

[5]俞亮:《证据相关性研究》,北京大学出版社2008年版。

[6]张保生主编:《证据法学》(第3版),中国政法大学出版社2018年版。

[7]张华:《司法鉴定若干问题实务研究》,知识产权出版社2009年版。

[8]司法部司法鉴定管理局编:《两大法系司法鉴定制度的观察与借鉴》,中国政法大学出版社2008年版。

[9]全国人大常委会法制工作委员会刑法室编:《关于修改中华人民共和国刑事诉讼法的决定条文说明、立法理由及相关规定》,北京大学出版社2012年版。

[10]江必新主编:《〈最高人民法院关于适用《中华人民共和国刑事诉讼法》的解释〉理解与适用》,中国法制出版社2013年版。

[11]最高人民法院研究室编著:《新刑事诉讼法及司法解释适用解答》,人民法院出版社2013年版。

[12]杜志淳等:《司法鉴定法立法研究》,法律出版社2011年版。

[13]朱晋峰:《环境损害司法鉴定管理及鉴定意见的形成与采信:以民事公益诉讼为对象的分析》,法律出版社2020年版。

[14]王利民:《侵权行为法研究》,中国人民大学出版社2004年版。

[15]王敏远、郭华:《司法鉴定与司法公正研究》,知识产权出版社2009年版。

[16]杜志淳、宋远升:《司法鉴定证据制度的中国模式》,法律出版社2013年版。

[17]易延友:《证据法学:原则 规则 案例》,法律出版社2017年版。

[18]王进喜:《美国〈联邦证据规则〉(2011年重塑版)条解》,中国法制出版社

2012 年版。

[19]张卫平:《民事证据法》,法律出版社 2017 年版。

[20]霍宪丹主编:《司法鉴定学》,中国政法大学出版社 2016 年版。

[21]苏青:《鉴定意见证据规则研究》,法律出版社 2016 年版。

[22]刘晓丹:《论科学证据》,中国检察出版社 2010 年版。

[23]贾治辉主编:《司法鉴定学》,法律出版社 2015 年版。

[24]程凡卿:《行政刑法立法研究》,法律出版社 2014 年版。

[25]郭华:《鉴定结论论》,中国人民公安大学出版社 2007 年版。

[26]黄松有主编:《民事诉讼证据司法解释的理解与适用》,中国法制出版社 2002 年版。

[27]刘振红:《司法鉴定:诉讼专门性问题的展开》,中国政法大学出版社 2015 年版。

[28]冷罗生:《日本公害诉讼理论与案例评析》,商务印书馆 2005 年版。

二、论文类

[1]陈幸欢:《生态环境损害赔偿司法认定的规则厘定与规范进路——以第 24 批环境审判指导性案例为样本》,载《法学评论》2021 年第 1 期。

[2]张泽涛:《论刑事诉讼非法证据排除规则的虚置——行政证据与刑事证据衔接的程序风险透视》,载《政法论坛》2019 年第 5 期。

[3]竺效:《论环境侵权原因行为的立法拓展》,载《中国法学》2015 年第 2 期。

[4]陈如超:《专家参与刑事司法的多元功能及其体系化》,载《法学研究》2020 年第 2 期。

[5]徐以祥:《〈民法典〉中生态环境损害责任的规范解释》,载《法学评论》2021 年第 2 期。

[6]王明远:《论我国环境公益诉讼的发展方向:基于行政权与司法权关系理论的分析》,载《中国法学》2016 年第 1 期。

[7]张永泉:《论民事鉴定制度》,载《法学研究》2000 年第 5 期。

[8]吕忠梅:《公益诉讼守护长江生物多样性——王小朋等 59 人非法捕捞、贩卖、收购鳗鱼苗案》,载《法律适用》2022 年第 3 期。

[9]吕忠梅、窦海阳:《修复生态环境责任的实证解析》,载《法学研究》2017 年第 3 期。

[10]董正爱、胡泽弘:《协商行政视域下生态环境损害赔偿磋商制度的规范表达》,载《中国人口·资源与环境》2019 年第 6 期。

[11]李兴宇:《生态环境损害赔偿磋商的性质辨识与制度塑造》,载《中国地质大

学学报(社会科学版)》2019 年第 4 期。

[12]吴一冉:《生态环境损害赔偿诉讼举证责任相关问题探析》,载《法律适用》2020 年第 7 期。

[13]杜志淳、廖根为:《论我国司法鉴定人出庭质证制度的完善》,载《法学》2011 年第 7 期。

[14]朱晋峰:《以审判为中心诉讼制度改革背景下科学证据审查的困境及出路》,载《法律适用》2018 年第 13 期。

[15]袁中华:《论民事诉讼中的法官调查取证权》,载《中国法学》2020 年第 5 期。

[16]孙佑海:《环境损害司法鉴定:如何依法有序发展?》,载《环境保护》2016 年第 24 期。

[17]田亦尧、刘英:《环境侵权诉讼中关联性的证明责任》,载《法律适用》2019 年第 24 期。

[18]杨严炎:《论民事诉讼中的协同主义》,载《中国法学》2020 年第 5 期。

[19]张文河:《环境损害司法鉴定意见采信标准研究》,载《环境与可持续发展》2021 年第 2 期。

[20]张南宁:《科学证据可采性标准的认识论反思与重构》,载《法学研究》2010 年第 1 期。

[21]张卫平:《民事公益诉讼原则的制度化及实施研究》,载《清华法学》2013 年第 4 期。

[22]江必新:《中国环境公益诉讼的实践发展及制度完善》,载《法律适用》2019 年第 1 期。

[23]金自宁:《作为科学证据的环境损害鉴定评估——基于环境司法案例的考察》,载《法学评论》2021 年第 5 期。

[24]刘静:《生态环境损害赔偿诉讼中的损害认定及量化》,载《法学评论》2020 年第 4 期。

[25]顾永忠:《论我国刑事公诉案件举证责任的突破、误区及理论根基》,载《甘肃社会科学》2015 年第 2 期。

[26]吕忠梅:《"生态环境损害赔偿"的法律辨析》,载《法学论坛》2017 年第 3 期。

[27]黄锡生、余晓龙:《社会组织提起环境公益诉讼的综合激励机制重构》,载《法学论坛》2021 年第 1 期。

[28]段厚省:《环境民事公益诉讼基本理论思考》,载《中外法学》2016 年第

4 期。

[29]李浩:《生态损害赔偿诉讼的本质及相关问题研究——以环境民事公益诉讼为视角的分析》,载《行政法学研究》2019 年第 4 期。

[30]巩固:《生态环境损害赔偿诉讼与环境民事公益诉讼关系探究——兼析〈民法典〉生态赔偿条款》,载《法学论坛》2022 年第 1 期。

[31]田亦尧、赵燊:《司法鉴定人及其意见的法律性质——基于新〈民事证据规定〉的分析》,载《中国司法鉴定》2021 年第 4 期。

[32]竺效:《生态损害公益索赔主体机制的构建》,载《法学》2016 年第 3 期。

[33]李昊:《论生态损害的侵权责任构造——以损害拟制条款为进路》,载《南京大学学报(哲学·人文科学·社会科学)》2019 年第 1 期。

[34]周兆进:《环境行政执法与刑事司法衔接的法律省思》,载《法学论坛》2020 年第 1 期。

[35]汪建成:《中国刑事司法鉴定制度实证调研报告》,载《中外法学》2010 年第 2 期。

[36]汪建成:《司法鉴定基础理论研究》,载《法学家》2009 年第 4 期。

[37]武晗、王国华:《从资源利用、生态保护到公共卫生安全——野生动物保护政策中的焦点事件与社会建构》,载《公共行政评论》2020 年第 6 期。

[38]张梓太:《中国环境行政诉讼之困境与对策分析》,载《法学评论》2003 年第 5 期。

[39]黎镇中、肖允中:《改革我国司法鉴定制度刍议》,载《现代法学》1987 年第 1 期。

[40]孔祥稳、王玎、余积明:《检察机关提起行政公益诉讼试点工作调研报告》,载《行政法学研究》2017 年第 5 期。

[41]曹建军:《论检察公益调查核实权的强制性》,载《国家检察官学院学报》2020 年第 2 期。

[42]窦海阳:《环境损害事件的应对:侵权损害论的局限与环境损害论的建构》,载《法制与社会发展》2019 年第 2 期。

[43]田亦尧、赵燊:《〈民法典〉中生态环境侵权金钱赔偿的裁量》,载《湖南师范大学社会科学学报》2021 年第 5 期。

[44]陈伟:《环境侵权因果关系类型化视角下的举证责任》,载《法学研究》2017 年第 5 期。

[45]陈伟:《疫学因果关系及其证明》,载《法学研究》2015 年第 4 期。

[46]杨继文:《污染环境犯罪因果关系证明实证分析》,载《法商研究》2020 年第

2 期。

[47]吕忠梅、张忠民、熊晓青:《中国环境司法现状调查——以千份环境裁判文书为样本》,载《法学》2011 年第 4 期。

[48]顾静薇、郭振:《我国刑事司法鉴定启动程序的改革与完善》,载《中国刑事法杂志》2012 年第 7 期。

[49]郭华:《切实保障刑事诉讼法中司法鉴定条款的实施》,载《法学》2012 年第 6 期。

[50]李学军:《诉讼中专门性问题的解决之道——兼论我国鉴定制度和法定证据形式的完善》,载《政法论坛》2020 年第 6 期。

[51]刘艺:《我国检察公益诉讼制度的发展态势与制度完善——基于 2017—2019 年数据的实证分析》,载《重庆大学学报(社会科学版)》2020 年第 4 期。

[52]韩成军:《行政检察调查核实权的规范化运行》,载《国家检察官学院学报》2021 年第 5 期。

[53]杨立新:《环境侵权司法解释对分别侵权行为规则的创造性发挥——〈最高人民法院关于审理环境侵权责任纠纷案件适用法律若干问题的解释〉第 3 条解读》,载《法律适用》2015 年第 10 期。

[54]王娟茹、张渝:《环境规制、绿色技术创新意愿与绿色技术创新行为》,载《科学学研究》2018 年第 2 期。